なぜ一流ほど

験《げん》を担ぐのか

THE RITUAL EFFECT

From Habit to Ritual, Harness the Surprising Power of Everyday Actions

MICHAEL NORTON マイケル・ノートン

渡会圭子［訳］

早川書房

なぜ一流ほど験《げん》を担ぐのか

THE RITUAL EFFECT
From Habit to Ritual, Harness the Surprising Power of Everyday Actions
by
Michael Norton

Translated by
Keiko Watarai
First published 2025 in Japan by
Hayakawa Publishing, Inc.
This book is published in Japan by
arrangement with
Park & Fine Literary and Media
through The English Agency (Japan) Ltd.

装幀／井上新八

メルへ

目次

第三部　儀式と人間関係

第四部　職場、そして国際関係における儀式

＊訳注は〔　〕で示した。

第一部

儀式の役割

序文　儀式の再発見

日が昇る前、フラナリー・オコナーは朝の祈りと、母親と一緒にポットのコーヒーを分かち合うことから一日を始める。午前七時、オコナーは毎日カトリックの礼拝に参加する。それと同じころ、マヤ・アンジェロウは家からそれほど離れていないモーテルの部屋に到着する。事前に壁からすべての絵をはずしておいてほしいと頼んでいた部屋だ。ヴィクトル・ユゴーは午前中にすっぱだかになり、その日の執筆の目標を果たすまで服を隠しておくよう従者に指示していた。イマヌエル・カントはぴったり午後三時半に（あまりに正確なので町全体で彼を見て時計を合わせていたほどだ）スペイン製の杖を持ち午後の散歩のために家を出る。アガサ・クリスティーは夕方になると風呂につかってリンゴを食べる。そしてチャールズ・ディケンズは長い一日の終わりに、常に身につけていた方位磁石を取り出してベッドが北に向いていることを確かめ、ろうそくを吹き消して眠りにつく。[1]

いま読んだ文章――世界的に有名な六人の作家の日常――は、天才の狂気の現われ、あるいは少なくとも奇癖のように思えるかもしれない。しかしこの著名な作家たちの行為はとても意義深いもので、彼らはそれを何度も何度も繰り返している。これらの行動は他人にはまったくでたらめに見えるかもしれないが、作家たち自身にとってはきわめて適切なことであり、それだけの効果もあったのだ。彼らはすべてある種の儀式を行なっていた。
　奇態な行動は、詩人、小説家、哲学者といった創造的な作業を行なう人々の特徴だと思われるかもしれない。しかし他の分野の有名人にも、こうした行動はいくらでも見られる。キース・リチャーズは〈ローリング・ストーンズ〉の一員として舞台に出る前に必ず、シェパーズパイ（ミートパイ）を一切れ、しかも最初に切った分を食べていた。〈コールドプレイ〉のボーカル、クリス・マーティンは決まったやり方で歯ブラシと歯磨きを使ってすばやく正確に歯を磨き終えるまで、バンドとともに楽屋を出ようとしなかった。マリー・キュリーは（悲痛な話ではあるが）枕元にラジウムが入った小さな瓶を置かないと眠れなかった。バラク・オバマは投票日には必ず、決まった友人たちと入念にお膳立てされたバスケットボールの試合をして過ごした。[2]
　では次の二つのパフォーマンス前の儀式的行動の主は誰かわかるだろうか。

　　手の関節を鳴らして、指で体のどこかをたたく。それが終わったら自分の体を頭からつま先までじっくりチェックする。

　　目を閉じて犬と一緒にいると想像する。目に入るものを四つ、匂いを感じるものを三つ、聞こえるものを二つ、触っているものを一つあげる。

　セリーナ・ウィリアムズ？　トム・ブレイディ？　いい線はいっている。セリーナとトムの儀式的行動についてはあとでわかる。しかしこれらは、私が同僚と一〇年以上の時間をかけて行なった、儀式の原理についてのアンケート調査に答えてくれた二人の一般人の回答なのだ。

私たち（ハーバード大学や世界中の心理学者、経済学者、神経科学者、人類学者といった仲間）は、本当に驚くほどたくさんの個人そして集団の儀式について調査してきた。その目的は、儀式とは何か、それがどのような機能を持つのか、そして毎日の生活の困難に立ち向かい、チャンスに気づく助けになっているかについて理解を深めることだった。一〇年を超える年月、私たちは世界中の何千、何万もの人々を調査し、研究室で実験を行ない、儀式的な行動の神経学的な土台を調べようと脳スキャンまで行なった。

本書は私たちが発見したことについて書いた本である。個人や仕事、公私の場、そして文化やアイデンティティを超える出会いにおいて、儀式は人を元気にして、インスピレーションを与え、気持ちを高揚させる、感情の触媒なのだ。私たちの調査は、特定の儀式のさまざまな要素を次々とはぎ取っていき、それが持つ影響力を特定してよく調べることで、儀式の論理を明らかにするものだ。私たちが取り組む問題には次のようなものがある。儀式と習慣と強迫観念の違いは、正確には何なのか。儀式はどのように生じるのか。そしてどうすればその儀式が害をなすものではなく、自分たちのためになるものであることを証明できるのか。

また次のような問いにも取り組んでいく。靴下を引き出しに片付けるとき、まるでかたつむりを整列させるように横向きに並べる、ただそれだけで、なぜときめきを感じるのか。家族がいるとなぜ夕食が退屈なものから楽しいものに変わるのか。スターバックスのような企業は、なぜ「習慣に安らぎを見出そう」と顧客を励ますことで利益をあげられるのか。オープンプランのオフィスがうまくいかない本当の理由。雨乞いの踊りや、管理職が部下たちにやらせる面倒で意味がなさそうなチームづくりのエクササイズが実際にうまくいくことがある理由。そして多種多様な感情を生み出せる力（私がエモダイバーシティとして説明する現象）を持つ儀式が、私たちの精神的な健康に、数値で示せるほど重要である理由。

自分は儀式的な行動はしないと主張する人でも、仕事のしかたや人との関わり方、人生の節目のつけかた、そして日常の経験――何を飲み食いするか、そしてどんな風に歯を磨くかまで――で、それがいかに大きな役割を果たしているかがわかるようになるだろう。

儀式的行動は、しばしば見えないところで、私たちが気づかないうちに、毎日の生活の経験を満喫できるようにするという形で影響を及ぼしている。儀式がなぜ一日を正しく始めて平和に終える役に立つのか、ふだんの生活や職場でどのように強力な関係を築いていくのか、戦争と平和にどのような影響を与えるのか、そしてどのように自動化された生活からもっと生き生きとした生活への変換をもたらすのかを考えていく。

私はみなさんに、日常生活を織りなす儀式を発見する科学的な道筋をお見せしたい。本書を読み終わったときには、誰もが遭遇する多くの難問を乗り越え、切り抜け、よい方向へ進むための自信を持ち、自らの儀式を生み出して実践しようという気になることを願っている。

儀式はさまざまな形で、私たちの生活を向上させ、魅力的なものにしている。それを私たちは儀式の効果と呼んでいるが、それを語るのが本書である。

第一章　儀式とは何か

メイビー：あのTという字がついたネックレスをどこで買えるか知ってる人いる？
マイケル：あれは十字架《クロス》だよ。
メイビー：クロスってどこの店？
――アレスティッド・ディヴェロップメント（Arrested Development〔（テレビドラマ）〕）

私がまだ幼かったころ、日曜日にはアイルランド人でカトリック信者である両親と怒鳴り合いのけんかになった。私としては、なんとか聖テレジア教会の礼拝に行かないですませたいという思いがあったのだが、結局は行くことになった。私が苦手だったのは説教の内容ではなく（「自分がされたいように～」というのはどんな時代でも通用する助言だと思っている）、あの場で求められるお決まりの行動だった。歩いて入る、座る、立つ、十字を切る、座る、立つ、歩く、ろうそくを灯す、食べる、飲む、ひざまずく、座る、立つ、握手する、座る、立つ、歌う、歩いて出る。私のまわりの信者席の人々、その中には私が大好きで世界で最も尊敬している人もいたが、そういう人たちもこの一連の行動に深い意味を見出していた。けれども私はそれを機械的で意味のないものだと感じていた。

これらの儀式を私は好きになれなかったが、宗教儀式で好きだったものもある。たいていの人がそうだと思うが、好きなものは限定的なのだ。聖なる日には興味ないが、祝日は大好きだった。特に年末、ハロウィーンから感謝祭、クリスマス、そして最後に新年を迎える時期。それですぐ察してもらえるだろう。ろうそく、キャンディ、甘やかしてくれる親戚たち、ちょっとした夜更かし、贈り物。もちろん八歳のときはこれらの儀式がもっと好きだった。そしてキャンディやおもちゃの持つ魔法は無視できない。

しかし自分が特に好きで、自分の中に刻み込まれたのは、特別な祝日の過ごし方だった。たとえば父の（年に一度、このときしか使わない）レコード・プレーヤーから流れるジョニー・マティスの『メリー・クリスマス』というアルバムの曲や、感謝祭の七面鳥に入れる三種類の詰め物（私は三つとも嫌いだったが）。祝日以外に行なう儀式もたくさんあった。たとえば私の家族は何十年も、食卓の同じ場所に座っていた（私は母の前、父と姉の一人に挟まれた席）。誰かが場所を替えようものなら大混乱に陥る。母が五人の子どものうち誰か一人にでも我慢できなくなると、三つ数える間に止めるよう告げる。しかし「一、二……」と数え始めると、誰かが「一度、二度……」と『永遠の人へ捧げる歌（Three times a lady）』を歌いだす。すると母はさらに腹を立てる。しかし何十年かたって、弟の結婚式で母はまさにこの曲で弟と踊っていた。母はすでに亡くなったが、この曲を聞くと母のことを思い出す。こうした我が家独特の行動が重要になっていった。それらは時間が経つうちに儀式化し、私たちを家族たらしめるものになったのだ。その行動こそが私たちそのものだった。

世俗の時代にようこそ

それから何年も経ったいまでは、私が伝統的な宗教儀式と礼拝への参加には抵抗する一方で、（特に我が家独特の）世俗的な儀式の多くに熱心だったことは、チャールズ・テイラーが〝世俗の時代〟と呼んだ文化のトレンドをなぞるものだったと理解できる。[1]

たとえば米国では現在、成人の一〇人に三人が、自分は〝無宗教〟であるという認識を持っている（一九九〇年代には九〇パーセントがキリスト教徒であるという認識を持っていた）。そして二〇七〇年までに〝宗教と関わりがない〟アメリカ人の数が、キリスト教徒の数に追いつくという予測がある。[2] 二〇二二年のギャラップ調査では、最高裁判所や宗教団体といった機関を信頼する人の数が過去最低だった。[3] これらの数字はある単純な真実を証明している。二〇世紀から二一世紀にかけて、以前は生活パターンを形成していた伝統的な権威や、その生活パターンに人をつなぎとめていた組織、そのどちらへの信頼も広く失われているということだ。

一〇〇年以上前、ドイツ人の弁護士で経済学者のマックス・ウェーバーが、こうした潮流を予測する大胆なナラティブを発表している。一八九七年、古代ローマの農業形態といった地味なテーマに没頭したあと、ウェーバーは神経衰弱で寝ついてしまった。その後、妻のマリアンヌ（いとこでもあった）の世話を受けながら、彼は近代世界からの〝目覚め〟とするものの記録を始めた。彼は技術体系と官僚制が、社会をまとめる新たな原則だと論じた。かつては習慣、宗教的義務、儀式が、日々の生活のおくりかたを決めていたが、いまは合理化された手続きと作業によって決められているというのが、ウェーバーの主張だった。科学と技術――そしてそれに動かされている機関――が、信仰や迷信、その他の魔術的な思考の原理に取って代わるだろうと。多くの人が彼の最高傑作とみなしている（ただし未完の）著書『経済と社会』で、ウェーバーは「凍える暗闇の極地の夜」が降りてきていると警告した。彼の考えによれば、人類は光と温もり、意味と魔法を奪われた世界に突入している。[4] その結果として何が生まれるのか。魔法が解けて儀式が失われた世界である。

大いなる魔法

ある意味で、ウェーバーは予言者だった。彼の頭にあった伝統的で確立した儀式は、この一〇〇年で価値が低下している。しかしこの世界は決して、冷酷なほど合理的なわけでもなく魔法が完全に解けてしまっているわけではない。神を信じている人は世界中にまだたくさんいる。二〇二二年でも、米国人の約八一パーセントが神を信じると答えている。[5] 世界的には六人に一人が宗教心を持っていないとされているが、まだ多くの人が宗教儀式を行なっている。たとえば中国では、宗教心はないという成人の四四パーセント[6]が墓地や埋葬所で祈ったことがあると答えている。他の超自然的存在、たとえば宇宙人を信じる人は増えている。

宗教的な場面以外での儀式について考えると、二〇世紀から二一世紀の初めに、無数の世俗的、あるいは宗教と関りの薄い儀式が生まれていることにすぐ気づく。急増している新たな集団的活動が、米国の荒野への聖地巡礼である。バーニング・マン〔ネバダで行なわれるイベント〕にはじまり、いまやコーチェラ・ミュージック・フェスティバル、ボンベイ・ビーチ・ビエンナーレ（カリフォルニア州ソルトン湖近くの砂漠で行なわれるアートイベント）などがある。[7] ヨガやフィットネスのグループは、オレンジシオリーの〝ヘル・ウィーク〟（社会的な団結を示す独特のハイタッチがある）のような入会時の儀礼をもうけている。[8] ソウルサイクルはろうそくを灯した部屋で、教会の説教のようなコーチングと、クラス全体を通しての〝ソウルフルな時間〟を過ごすことを特徴としている。[9] 新型コロナでロックダウンされたときは、ペロトンがフィットネス界のリーダーとなり、他人と集まって一緒に運動したいという集団的ニーズに応えた。[10]家で運動することでバーチャルの空間が生まれ、あらゆる体形の人々が仮想の汗くさいスタジオに集った。ネットで広まった「ジムは教会」[11]と書かれたTシャツを着た人々を全米中でよく目にしたものだ。

儀式はまた、最適化に向かおうとするテクノロジーから離れるための意義深い方法を提示して注目を集めている。〝デジタル・サバス（安息日）〟は、[12]実践者がいまの瞬間とつながり続けるための神聖な空間を意味する。〝アイ・アム・ヒア〟は、デジタル・デバイスなしで数日間を他人と一緒に過ごすイベントである。これはジャーナリストのアナンド・ギリダラダスが、妻で作家のプリヤ・パーカーとともに始めた活動だが、彼はこうした集まりについて「フェイスブックにはない友情と会話を楽しむ、あちこちに少人数で集まるのではなく、一つの場所に大勢で集まる」特別な時間であると説明している。これと同じような人とつながりたいという願望は、毎週日曜日にブルックリンのプロスペクト・パークに集まるティーンエージャーたちにも見られる。彼らは丸太を円形に並べ、スマホをしまって紙の本について議論し、スケッチブックを見せ合う。彼らはラッダイト・クラブの会員で、互いを支えて励まし合いながら、ほんの数時間のことではあるが、すべてのソーシャル・メディアから離れてスマホが出現する以前の生活をしようとしている。[13]

またシアトル・エイシースト教会[14]の台頭について考えてみよう。日曜日に無神論者が集まり、教会のよいことすべてを経験する。コミュニティ、沈思、歌——ただし神に関わることはない。礼拝が終わると、教会員は円になって座り〝話すウサギ〟を回す。話したい気持ちや考えがある人は誰でもそれを持って、そこにいる人たちに向かって話す。こうした儀式を用いるこの教会のミッションは、超自然的存在への信仰につきものの〝認知的不協和〟なしに、宗教共同体のよさを人々に提供することだ。

これらの例のすべてで、儀式はいまだ健在であり、おおいに活用されている。それは儀式についての伝統的な考えから離れた形を取っているにすぎず、そのためだいたいはニューエイジ的、ミレニアル的、甘い、そして単に奇妙なものとして片づけられてしまう。また儀式という言葉には明らかに神聖とか魔法のようなというイメージがともなうので、健康業界はそれを活用して大儲けしている。いまや〝儀式のプロ〟となった企業儀式コンサルタント[15]を雇い、無数のオンライン・アプリやプラットフォームの作成に関わっている。それはたとえば毎日の瞑想、感謝の実践、自己肯定、バレットジャーナル〔箇条書きで行動や思考を管理する〕を促すためのものだ。こうした新しい現象は、二一世紀の儀式の位置づけについて何を語っているのだろうか。

ある儀式懐疑派の物語

私はこうした新しい世俗的な儀式にだいたいたいは懐疑的で、それは幼いころから見てきた多くの伝統的な儀式についても同じだった。初めはそれらについても特に関心はなかった。世俗的な儀式が文化的に注目されるようになっても、宗教的なものを研究するという考えが、かけだしの行動科学者だった自分の頭にはまったくなかったのだ。私は実験をきっちり計画し、ある現象を徹底的に分解して本質を露わにし、重要な変数を特定し、その変数の効果を何かの指標で示すという作業が好きだった。私が追究しようとしていたのは、たとえば幸福になるための金銭の使い方の違い（自分のために使うか他人のために使うか）による差を正確に数値化するとか[16]、政治家への認識を評価するため、政治コンサルタントが伝える情報の種類を変えるとか[17]、頭がぼんやりするというありがちなことを支える脳の特定の部位[18]を示すといったことだ。

儀式の効果を実験室で測定することの難しさに、私（と行動科学分野の同僚たちの多く）は、やや怖気づいていた。私が〝儀式〟と聞いて頭に浮かべるのは、細かいところまで決まっていて、きわめて複雑、ある特定の文化に合わせたもので、その意義は何百年も前から根付いているため、従来の科学的手法で解析するのは無理というイメージだ。そのような習慣からどうすれば文化と歴史を引きはがすことができるのか。できたとしても、そこに研究すべきものが残るのか。

儀式がどのような機能を持つのか、それはどういう意味か、そしてその理由について調べ始めたときも、私は自分を儀式懐疑派だと思っていた。それはおそらくもうおわかりだろう。たいていの人は、毎日の生活（あるいは人生全般）が儀式的行動で組み立てられている友人や家族を知っている。フラナリー・オコナーのように、決まった時間に決まったやり方で一日を始め、一日中その調子で過ごし、チャールズ・ディケンズのように、また別の決まったやり方で一日を終える。しかし私は違った。違う時間に起き、違う時間に食べ、違う時間に休憩し、違う時間に寝る。私の人生に儀式的なものはない。そう思っていた。

しかしあることでそれが変わった。あることというより、ある人、つまり娘が生まれてからだ。娘が生まれてすぐさま、私は迷信にとらわれた狂信者のようになってしまった。寝床に入るのに、以前は歯を磨くとかスマホを充電するとかいった、面倒だが現実的な二、三のことを済ませればよかったのが、ある目的を果たすために一七もの儀式的な段階をふまなければならなくなった。その目的とは、子どもを寝かしつけることだ。そのためにどうしても必要だったのが、私と妻、子ブタ、茶色のウサギ、そして特に灰色のウサギ。必ず歌うのが、妻が子どものころキャンプで歌っていたバディ・ホリーの『エブリデイ』（娘にとっては『ジェットコースターの歌』）、ジェイムズ・テイラーの『スウィート・ベイビー・ジェイムズ』（『カウボーイ・ソング』）。聖典もあった。『おやすみなさい　おつきさま』、『はらぺこあおむし』、『オー、ザ・シンクス・ユー・キャン・シンク』。必須の行動は、娘が階段におやすみを言い、寝る前に何か必要ないか尋ねられるよう、ゆっくりとベッドまで連れていき、寝るまで静かに「しー」と繰り返すことだった。（私の「しー」が世界一心地よいと信じていたので、録音しておいて、自分が寝かしつける準備ができるまで一〇分間それを流していた）。

何カ月も、毎晩それを繰り返していたのは、それが必要だと信じていたからだ。どんな儀式的な行動でもそうだが、私は行動の順番をきっちり守り、それを繰り返した。一つでも欠けたら、娘はひと晩中、寝ないと思い込んでいた。そしてたいていの儀式がそうであるように、私の行動にも理屈で説明できないことがあった。なぜウサギが二つでブタが一つなのか。なぜ歌が『きみの行く道』ではないのか。なぜ挨拶するのが階段で、キッチン用品ではないのか。理由は今でもわからないが、この手順からはずれることはめったになかった。それはリスクが大きすぎた。もしどうしても眠くて、それを変えたり省略したりしようとしたら、すべての努力が無に帰すという恐怖があった。娘を寝かしつけることができず、最初からやり直さなければならなくなるかもしれないと。

時間がたち、この夜ごとの行動を、もっと分析的に考えられるようになった。いったい自分は何をしていたのか。あの儀式は娘のためだけのものではなかった。自分のためでもあったのだ。私がこうした一連の手順をきっちり行なっていたのは、それが何かの役に立つと信じていたからだ。来る夜も来る夜もこの儀式を実践するうちに、その力によって夕方から夜へと進み、眠りをもたらしてくれるのだと信じるようになった。私は自分でも気づかぬうちにいつのまにか強硬な儀式懐疑派から、真の儀式信奉派に転向していたのだ。

その変化に気づいたときから、私はこう考えるようになった。道ですれ違う人たちみんな、特別なことがない日でも、自分でつくった儀式にそって生活しているのだろうか。もしそうなら、なぜ、そしてどうやっているのだろうか。ペロトンやオレンジシオリーのようなフィットネス・グループの、儀式化された集団的アイデンティティのはるか向こう、バーニング・マンにおける集団的熱狂を求める人々からはほど遠いところで、私のような自称懐疑派でありながら、気づかないまま儀式の大きな力に頼っている人々が他にもいるのだろうか。

娘を寝かすために必要な作業が、これまでの儀式への私の思い込みが、よくても誤解、悪くすると完全に間違っていた可能性を突き付けてきた。そう、儀式はたしかに、一つの世代から次の世代へと伝えられる宗教的な伝統である。しかしそれは同時に自然に発生する独特の行動でもあるのだ。どんな行動でも儀式になりうることを、私自身が証明した。儀式を生み出すものはニーズである。伝統と先祖は必ずしも必要ではない。

新米の親だった私は、初めて見た幼い人間を落ち着かせて眠らせるために、とっさに儀式に頼ろうとした。しかしそれは自分自身の不安を落ち着かせるためでもあったのだ。私は儀式について多少の調査を始めていたが、科学者としての私は、隠れたところで何が起こっているのかについて、もっといい答えを欲していた。人が自分自身の儀式をすぐに思いつき、なおかつ経験や感情がそれによって形成されるなら、儀式とは正確には何で、どのように働いているのだろうか。こうした問いかけが、私の好奇心をおおいに刺激した。そして何としても答えを見つけようと決意したのだ。

儀式はどこから生まれるのか

幼少期の宗教的な経験は別として、儀式に関する私の知識の多くは、人類学と、社会科学のほかの記述的研究から得たものだ。人類学における民族誌学的手法は、人間の行なっていることを説明、観察して、なぜそれを行なうのかを解明しようとするものだった。いまや正統な研究手法となっているこれらのほとんどは、西洋以外の文化を研究する西洋の学者によってつくられ、その大半が一種類の儀式のみを対象としていた。それは古くから伝統として定着していた慣例である。儀式という言葉を聞いてたいていの人が思い浮かべる、コミュニティで共有されている厳格な習慣だ。それらは私が伝《レガ》来の儀式《シー・リチュアル》と呼んでいるものだ。

これらの研究は、もちろんすばらしいのだが、娘が生まれて寝かしつけようとしたときの経験を理解する手がかりにはまったくならなかった。そうした知識を教えてくれる祖先はいなかった。バディ・ホリーの名が書かれた古代の文書はない。そのうちに私は、儀式とは個人的につくれる経験なのだと理解できるようになった。

儀式について、それは神聖な場で行なうことだけでなく、自然に生まれる個人的な習慣でもあると見方が変わると、それがまわりにあふれていることに気づいた。私が娘を寝かしつけようとしたときのように、人々は個人でも集団でも、さまざまな小道具や飾り、演出に頼ろうとする。誰かから引き継いだ伝来の儀式の一部分のこともあれば、新たに思いついたものもある。多くは同時にどちらも行なっている。

従来の考え方だと、儀式は突然、生まれるものではない。儀式は儀式である。背筋を伸ばして座る、立つ、ひざまずくと言われたら、そのとおりにする。食べるよう言われたら食べる。なぜなら人はいつもそうしているし、これからもずっとそうするものだからだ。娘を寝かしつけるという経験に、私はそれとは違う儀式の考え方の、かすかな手がかりを見つけた。人々はいつでも、手元にある資源や材料を用いて、新しい儀式を考案しているのだ。伝来の儀式は一つの世代から次の世代へと引き継がれるかもしれないが、誰にとっても効果があるわけではなかった。私が教会でやっていた儀式のように。場合によっては、必要な儀式がまだ存在しないだけなのかもしれない。ときどき世界は人間にまったく新しい問題を突きつけてくる。二一世紀のパンデミックのように。[19]

儀式の原理にアプローチするこの手法――個人があるとき「自分はこれを違うやり方でやっている」と告げるかもしれないという考え方――で、私は行動経済学の領域、つまり人が決定を行なうときの原理という問題に正面から取り組むようになった。私の博士論文は社会心理学で、ポスドク研究は行動経済学を、ＭＩＴのスローン・スクール・オブ・マネジメントで行なった。論文を発表したばかりのころ初めてそこに行ったとき、私はこれこそ研究者の理想郷だと思った。好奇心にあふれた心の広い人々が、人の意思決定について、予測不能で思いがけない、あらゆる問いかけをしている。この知的な自由の精神から、私は初めて、儀式の影響を測定できる可能性について考えられるようになった。

一般的に儀式とは集団や文化と切り離せないもので、そのため科学の実験的な手法で研究はできないと考えられていた。実験の被験者を適当に分けて、それぞれに違う文化を割り振ることはできない（「このグループはこれからガーナ人、あちらのグループはブラジル人になります」）。しかし個人の意思決定のレベルから儀式を考えることによって、私は儀式の効能について、行動経済学の尺度である「ばかげているか賢明か」を用いて調べられるようになった。もし自分の目的が、違う見方をしたいということなら、この儀式に時間を使うのはばかげているのだろうか、あるいは賢明だろうか。もし目的が愛する人ともっとつながることなら、あるいは畏怖や超越を経験したいならどうなのか。自分が目指していることを考えたとき、その儀式的行動は理にかなったものなのだろうか。このまっすぐなアプローチ（人々にただ目標と、それを達成するために儀式がどのくらい役立つかを測定する）を用いることで、私は前へ進むための道筋、儀式の影響を測定する違う方法へと導いてくれる手がかりをさがし始めた。

行動経済学の論理に夢中になる中で、私はもう一つ、自分の考え方に重要な影響を与えるものに出会った。初めてMITに来たとき、私はメディア研究室にオフィスを与えてもらった。この研究所は科学技術者、アーティスト、夢想家、発明家を生み出す場所として知られていた。そして今でもそうあり続けている。そこは何か（技術的なもの、人間の経験、システム）をつくって、それについて研究したり論文を書いたりするところなのだ。この研究所の精神は、常に現実の空間で本物の材料を使ってつくるということだ。「実証するか死ぬか」[20]である。学会で仕事をして初めて、自然の環境での人間を理解しようとするだけでなく、その環境を積極的につくり、変えていくプロセスとしての社会科学について考えるようになった。これは儀式についての、これまでとは違う見方かもしれないと、わかり始めたのだ。二一世紀、人は周囲の環境の目につくあらゆるものから――ジョニー・マティスやドクター・スース〔絵本作家〕、リンゴやシェパーズパイ――儀式化された経験をつくっている。

しかし私が儀式の効果を調べることを真剣に検討し始めたのは、ハーバード・ビジネス・スクールの教授という現在の地位についてからだ。儀式的な体験についての新たな概念を考えていたとき、カリフォルニア大学バークレー校の社会学者アン・スウィドラーの研究を見つけた。彼女は著書『トーク・オブ・ラブ』（一九八〇年代の北カリフォルニア州に住む既婚、独身、離婚経験のある男女八八人のインタビューで構成されている）で、人々が愛情や献身を表現するために、どのように即興の儀式をつくりあげるかを分析している。それらの元になっていたのは、組織宗教、ニューエイジのイデオロギー、ポップスの歌詞、ハリウッド映画定番の展開など、さまざまだった[21]。

儀式へのこうした厳格すぎないアプローチ――儀式だけが持つ、違う心理状態を生み出す大きな力を利用する――は、メディア研究所の好奇心にあふれて新しいものを生み出す人々の精神と一致していると感じた。何よりも、儀式が一見何もないところから生まれることがあるという、私の経験そのままだと感じたのだ。私が儀式を生み出すために行なった作業は、ブリコラージュのように思える。私はそこにあるもの（ぬいぐるみと階段）を使った。人がどのようにまわりの世界を利用するかについての、スウィドラーの画期的な理論が、儀式が昔の慣習だけでなくまったく新しい行動を理解するための枠組みとなった。彼女はそれを〝行動の中の文化（カルチャー・イン・アクション）〟と呼んだ。

行動の中の文化（カルチャー・イン・アクション）――儀式のレパートリーを増やす

スウィドラーの分析によると、儀式――特に時代遅れの伝統さえも――とは、ある人の〝文化のツールキット〟の中に存在するものなのだ。人は文化的なレパートリーにあるものをあれこれ検討し、いくつもの方法で取り出して選んでいる。たとえばタキシードとチュールたっぷりの白いドレスを着て、伝統的な誓いを述べる結婚式を例に考えてみよう。スウィドラーのインタビューに答えた人の一部にとっては、こうした正式な結婚の儀式の手順に従うことがしっくり感じられたのだ。それは愛情や献身、喜びといった、その場に合った適切な感情を呼び起こす。しかし同じように正式な結婚式に出席した人でも、伝統的な儀式が気づまりだという人もいるだろう。嘘くさいとか大げさとか、その両方とか。そう感じる人にとっては、儀式がその状況にふさわしいあらゆる感情を経験する力を損なうものになる。スウィドラーの主張は、これらの違う反応は、文化が行動にどのように働きかけるかを正確に反映しているということだ。個としての主体を手放して、より大きな共同体の、凝り固まった〝文化〟におとなしく従うのではなく、文化のツールキットを、内部からダイナミックかつ戦術的に使いつつ、同じ行動でも心から熱心に取り組むこともあれば、退屈したり、態度を決めかねたり、はっきりと皮肉や反発を表明したりすることもある。カート・コバーンがハワイのビーチでの結婚式に、格子柄のパジャマを着ることを譲らなかったように。[22]

　行動の中の文化の枠組みは、儀式の調査を進めるための道を明らかにしてくれた。過去の民族誌学者や人類学者と違って、私は大きな共同体の、だいたいは宗教的なイベントで定着している儀式を分類することにはあまり興味がない。私が知りたいのは、人々が毎日の生活で、儀式をどう使ってどう体験しているのかということだ。人々が大切にしてきた儀式の多くが個人的な――人によって違う独自の――ものなら、儀式の特性とは何なのか。儀式と、一日に行なう他のルーティンや作業とを、どう区別すればいいのだろうか。そして儀式はばかげているのか、賢明なことなのか。それが本当に私たちの生活を向上させるのだろうか。

　儀式とは何かという問いに答えるには、儀式でないことを調べるのが一番だと知った。儀式は習慣とは違う。

習慣と儀式　機械的な行動と気合いを入れる行動

　儀式と習慣の違いについて気づいた初期の経験の一つは、歯医者でのことだった。歯医者が歯の磨き方について独自の理論を展開する中で――私は口に指を入れられている状態で、もごもご言いながら答えを伝えようともしていた――口の中を見れば、その人の歯磨きのパターンがわかると言った。たいていの人は初めのうちは熱心に気をつけて磨くため、その部分は歯垢が少ない。しかしだんだんいいかげんになってくるので、あとで磨く部分は歯垢が多くなる。そこで私は自分の歯磨きについてあらためて考えてみた。自分も最初はがんばるが、だんだんいいかげんになっていくタイプなのか。左側から磨き始めているか、右からなのか。前からなのか奥からなのか。また他の多くの日常的な作業についても考えるようになった。服を着ることから皿洗い、通勤からネットの使い方まで。そしていまは世界中にいる聴衆に、それを提示している。

質問：朝起きたとき（あるいは寝る前）あなたは

A：歯を磨いてからシャワーを浴びる

B：シャワーを浴びてから歯を磨く

講演会では必ず、多くの聴衆に向けてこの質問をしている。ドイツからブラジル、ノルウェー、シンガポール、スペイン、カナダ、マサチューセッツ州のケンブリッジ、イングランドのケンブリッジ。そして部屋いっぱいに行動経済学者（ダニエル・カーネマンとリチャード・セイラーというノーベル賞受賞者二人もいた）が集まった講演会もあったが、ほぼいつも答えは半々に分かれることに驚かされた。どうやらこの二つの重要な行動の〝正しい〟順番というものはないようだ。（ごく少数、シャワーを浴びながら歯を磨くという人もいるが、そういう人が話を面倒にするタイプであるのは明らかだ。）

そして私はこれら二つの作業を逆の順番で行なったらどう感じると思うか尋ねる。シャワーが先という人は歯磨きを先にしたらどう感じるか、歯磨きが先という人はシャワーを先にしたらどう感じるか、想像してもらうのだ。

質問：順番が逆になったらどう感じるか。

Ａ：気にならない。

Ｂ：理由はわからないが、違和感がある。

あなたの答えがＡなら、これらの作業はモーニング・ルーティンに近い。シャワーを浴びる必要があり、歯を磨く必要もあるが、どちらを先にするかはそれほど重要ではない。これらはあなたが毎日行なっていることで、その目指すところはそれを終わらせることだ。しかし答えがＢ、つまり作業の順序を変えることに、ごくわずかにしろ、理由がわからない違和感があるというのなら、決まった順序で行なうことが儀式に近くなっているのだ。モーニング・ルーティンは、清潔と健康を保つ助けとなる、無意識で行なう習慣にとどまらない。それは実際的な利点に加え、情動と心理的な共鳴を呼ぶ儀式なのだ。これらの作業（歯磨きとシャワー）を、ただ行なうだけでなく、どのように行なうか（この場合はどちらを先にするか）が重要なのである。

では儀式を習慣とは違うものにするのは何なのだろう。

習慣の核心は〝何〟をするか

習慣とは〝何〟である。私たちが行なうこと。歯を磨く、ジムに行く、葉物の野菜を食べる、ｅメールをチェックする、生活費を払う、まともな（あるいはそうでもない）時間に寝る。悪い習慣をよい習慣に変えることができれば、そのよい習慣が考えなくてもできるようになりたいと思う。地点AからBまで行くためのルーティンを、私たちは苦もなく、意識さえせずに行なっている。仕事中の休憩の最後にダブルチョコチップクッキーを食べるのは避け、ソーシャル・メディアの利用時間も最小限に抑え、毎朝三〇分間運動し、部屋を片付ける。そうすれば結果的に、大きな目標（減量、集中、部屋をきれいにする）を達成することができる。

儀式の核心は〝どのように〟するか

儀式はただの行為ではなく、それを実行する特定のやり方である。つまり〝どのように〟なのだ。重要なのは、ある行為をやり遂げるというだけでなく、どのようにやり遂げるかということだ。儀式は深く、そして本質的に感情に関わってもいる。たいていの習慣と違って、朝の儀式はよいにつけ悪いにつけ、感情を呼び起こす。たとえば朝の儀式をきちんと行なえると「朝を正しく始められて、その日がんばれる」と感じることが報告されている。こうしたあまり目立たない朝の儀式が決まった通りにできないと――お気に入りの歯磨きやシリアルが切れていてパートナーが選んだブランドのものを使わなくてはならなかった、あるいは客がシャワーを先に使いたいと言って湯をたっぷりと使った――一日中「何かずれている」と感じる。私と同僚による脳画像研究では、儀式的な行動は自分にぴったりと合っているはずのものなので、ほかの人が同じ儀式を違うやり方で行なっているのを見たとき[23]、処罰に関係する脳の部位が活性化した。

儀式と習慣の違いを調べてみると、儀式にだけ、あるいは習慣にだけにみられる行動はなかった。違いはむしろ、行動に自分が持ち込んでいる感情と意味付けなのだ。たとえば二人の人間が、コーヒーを淹れるといったごくふつうのことをしている。片方にとって大事なのは果たすべき目的、手っ取り早くカフェインを取り込むことだ。それが〝何〟である。もう片方にとっては〝どのように〟が重大になる。粉は必ず粗挽き。細挽きや中挽ではいけない。そして絶対にフレンチプレス。一方にとって機械的に行なう習慣であり、もう一方にとっては深い意味を持つ儀式である。

行動変容の科学が習慣の〝何〟と、儀式の〝どのように〟の違いを明らかにする可能性がある。一九三〇年代、自称〝過激な心理学者〟B・F・スキナーが[24]、オペラント条件付けと呼ぶ行動形成システムで重要な「刺激・反応・報酬」という三段階の連続的な現象を特定した。私たちは正の強化と負の強化を通して、周囲の環境から学ぶ。満足する報酬を受け取ると――たとえば走るとその後にエンドルフィンが大量に分泌されて幸せを感じる――それが正の強化となる。再び報酬をもらえるという期待で、同じ行動を繰り返すのだ。ランナーズハイの中で報酬を受け続けると、その経験自体を切望するようになる。

チャールズ・デュヒックは著書『習慣の力』[25]の中で、この切望を習慣のループの裏にある推進力として、ここからその行動が自動化される、つまり苦もなく意識せずに行なえるようになると述べている。習慣を毎日のように遭遇する難題や誘惑に対する、昔ながらの解決策と考えてみよう。友人からのメールは仕事に集中する妨げとなるし、焼き立てのクロワッサンの香りが漂ってくれば、二度目の朝食をとろうかと考える。きつい一日を過ごしていれば、夜はずっとテレビを見て過ごそうと考える。もし習慣に、体調のよさ、生産性、幸福感といった報酬がともなっていれば、こうした環境の中にある何かのきっかけに注意を向ける必要がなくなる。信頼のおけるアルゴリズム――もしこうなら、次はこう――のように、私たちの脳は、慣れた行動へと道筋を切り替える。仕事中に電話が鳴ればサイレントモードにする。近くのベーカリーから焼き立てのパンの匂いが漂ってきたら、道路の反対側に急いで渡っていい匂いから逃れる。こうした習慣はおおいに役に立つ。行動経済学の分野では、現在ではナッジとしてよく知られている手法が[26]、それと同様の技巧を通して人間の行動を形成するということになっている。ナッジは〝選択する環境〟をつくることで、よい習慣を形成し、長期的な目標を果たそうとする。それはたとえば企業年金を給料天引きにするとか、食べる量を減らすために小さい皿や椀をつくるとかいったことだ。

こうした工夫で自動化することで、得られるものはたくさんある。ふつうの日に迫られるすべての意思決定について悩んでいる暇はない。しかし私はいつのまにか、それで失われるものについても考えていた。「もしこうなら、次はこう」というアルゴリズム的な反応が、幸せや意義や愛を見つけるための最上の方法なのだろうか。よい習慣を実践できないのは、どんな場合でも失敗なのだろうか。ぜいたくなデザートを味わうという経験は、違う種類の成功なのだろうか。習慣は生活のある面を最適化するのに役立つかもしれないが、もともと限界があるため、私たちは「きっかけ、ルーティン、報酬」という機械的な領域での立ち位置は揺るがない。トム・エリソンが『マックスウィーニーズ』誌で健康についての皮肉な見方を「私はできるだけ長く不愉快な人生をおくるために、健康を最高の状態にしている[27]」と表現している。最適な効率化に執着しすぎると、たくさんの儀式を構成している独特な行動が、なぜ人生を価値あるものにする重要な要素になりうるのか、理解しづらくなる。それは白黒からテクニカラーへの切り替えに近い。よい習慣は私たちを自動化して、ものごとを完成する助けとなる。儀式は私たちを元気づけ、何かそれ以上のもので力を与えて魅力的なものにする。

感情を生み出すものとしての儀式

儀式は本来的に感情に関わっていて、人を元気づける性質がある。心理学者のイーサン・クロスとアーロン・ワイドマンは、感情は特別なニーズと作業を行なうために使うツールであると示唆している。悲しくなると、人はテレビのコメディドラマの再放送を見て楽しい気分になろうとするかもしれない。[28]寂しくなると、ハグを求めて誰かに連絡しようとするかもしれない。しかし感情をツールとして使うための私たちの能力には限界がある。自分の意思でそれを呼び出すことはできないのだ。悲しいときや落ち込んだとき、楽しめと自分に命令することはできない。ストレスを感じているとき、落ち着くよう自分を諭しても、うまくいくことはめったにない。自分の感情を変えたり増大させたりするには、行動を起こして、何かをする（映画に行く、外に出て散歩する、大好きな音楽をかける）必要がある。ここに儀式が意味を持つ。儀式を〝感情発生装置〟と考えてみよう。ある一連の動作が特定の感情と結びつくと、その行動が儀式となり、関連する感情を呼び起こせるようになる。それはキッチンにある触媒、たとえばパンをふくらませるための酵母のようなものに近い。

よい習慣に満たされた一日は、有益で誇らしく感じられるかもしれない。しかし習慣が人生の中での感情的経験の幅を膨らませる力は限られている。その幅が、私がかつて考えていたよりはるかに重要なのだ。私の同僚であるジョーディ・キドバックが中心となって行なった調査で、私たちは感情的経験の多様性――それをエモダイバーシティと名づけた――が人間の健康に相当な好影響を与えることを示した。[29]エモダイバーシティは生物多様性《バイオダイバーシティ》と似ている。それは物理的な生態系の健全さは、そこの特徴をなす生物種の相対的な豊かさと多様性で決まることを説明する用語である。たとえば狩猟者ばかりで獲物が少ない状態は、動的な状態でバランスを維持できないため持続可能ではない。

一日に経験する感情を、ポジティブなもの（喜びや誇り）とネガティブなもの（怒りや嫌悪）を含め、すべてリストアップして、その一日全体がどのくらい楽しかったかおしえてほしいと頼まれたと想像してほしい。私たちの調査の結果には、さまざまに異なる感情の陰影――満足、楽しみ、高揚、畏敬、感謝の他に、悲しみ、恐怖、不安なども――が積み重なって、人生の感情面が豊かになり、それが全般的な健康につながる。一日に楽しいことが三つあるほうが、うれしいこと二つと心配なことが一つの場合よりもいいのは明らかのようだ。そして喜びや満足といったポジティブな感情が、よい生活の指標であるのも本当だ。しかし三万七〇〇〇人を超える人を対象とした考査では、また違った、直感頼みでない見識にたどり着いた。私たちは生態系の生物多様性を数値化するのと同じ研究手法で、人が経験する感情の多様さと相対的な豊かさ――ポジティブな感情のほうが優勢というだけでなく――から、健康状態が予測できることを示している。

エモダイバーシティの恩恵についての私たちの発見は、生活習慣の役割に関する、現代の文化で前提とされている多くのこととは、はっきりとした対照を成している。たしかに習慣は明確な目標――もっと筋肉をつける、夜中にテレビを見過ぎない、歯垢を減らす――が、幅広い感情の方向をコントロールすることについては、そこまで役に立たないかもしれない。エモダイバーシティについての私たちの研究では、人の感情レパートリーのすべての違った側面――幅――にじゅうぶん目を向けていなかったことが明らかになった。絵画の比喩でこの点を説明してみよう。原色（赤、青、黄）だけでも、すばらしい絵は描ける。ピカソの青はよく知られている[30]。しかし人間は無数の違った微妙な陰影を認識できて、あらゆる色を使っている。習慣は赤、黄、青だ。儀式はひなげしの力強い赤橙色や、可視光をほぼ一〇〇パーセント吸収するベンタブラックの奥深い黒[31]をもたらしてくれる。

感情の研究者たちは、感情の幅は一九六〇年代に、この分野の第一人者だったポール・エクマン[32]が特定した、七つの基本的感情（怒り、驚き、嫌悪、快楽、恐怖、悲しみ、そして最近では軽蔑）より多岐にわたっていることを、少しずつ受け入れていった。しかし正確な数について、一致した意見はない。二七か二八[33]という声もあれば、一五〇という意見もある。

思い切り泣く、怒りをコントロールする、畏敬や驚異とのつながり、どのような感情のきっかけとなるにせよ、儀式は人間にとって、考えられうる最も幅広い感情を呼び起こす、最も効率のいいツールと、私は理解している。儀式的行動を行なうことで、朝の洗顔や家事や毎日の運動が、自動化された経験から元気が出る経験へと転換する可能性がある。喜びや驚異や平穏といった気分をすばやくつくりあげるのだ。

しかし毎日の生活の中で儀式がどのように作用しているかを調べるのに、行動科学のツールを使えるのだろうか。行動経済学の枠組みの中で活動し、メディア研究所の創造的精神を吹き込まれてきた私は、いまが飛び込むべきときだと覚悟を決めた。私は研究所と外部の両方で、世の中における儀式の役割を測定し、その影響を記録する方法を考え始めた。

最初のステップは、どのように儀式の効果を評価し、生活の中の主観的な経験への儀式の影響を測定するか決めることだった。学者としてのキャリアの中で、私はたくさんの違う手法を利用してきたが、主観的経験を調べるのに適した方法の一つは、ごくシンプルなものだと気づいていた。それはただ質問するということだ。初めてその方法を使ったのは、以前、幸福についての調査を行なったときだった。「あなたは～で、どのくらい幸せを感じますか？」たとえば、お金を使うことで。折り紙でカエルを折ることで。あるいは生活全般で。

伝来の儀式とＤＩＹ（自作の）儀式

この論理に従って、さまざまな儀式についての私の科学的な調査は、単純に何か儀式的な行動をしているか、それについてどう感じているか、人に尋ねることから始まることが多い。私の研究チームは何年もかけて、年齢や宗教心が強いか弱いかを問わず、全国的に何千人ものアメリカ人を調査した。私たちはこれらの人々に、特定の領域、あるいは人生の時期に、儀式に頼っているか尋ねた。たとえば恋人の家族と祝日を過ごすとき[34]、あるいは一日の終わりに職場のストレスを家に持ち帰らないよう同僚に対処するときなど。

そこで集まった儀式の多くは、文化、家族、宗教的伝統からの伝来の儀式だった。こうした引き継がれる儀式の背後には、祖先あるいは宗教の重みがある。これらの慣習は時空を超えて、個人と集団とをつなぐ。その行為を行なうことで、〝一人の人間〟が〝全員〟と混ざり合い、全員が同じ歌を歌い、同じように手をつなぎ、同じろうそくを灯し、まったく同じ歩調で歩く。伝来の儀式は私たちの想像力に大きな影響力を持つ。それは多くが、特別な服装、照明、音楽、ダンス、そして食べ物を基本とする、濃密な知覚体験を重ねることで、社会的な一体感を生みだすものだからだ。たとえばインドのデリーの大通りで灯明の祭りに踊るダンス[35]、メキシコの死者の日のお香と甘いケーキとクッキー、ユダヤ人が過ぎ越しの祭りのセデルと呼ばれる儀式で食べる平たいパン。

しかし私たちは、人々が常に昔ながらの神聖な儀式だけを実践しているわけではなく、独自の新しい儀式を考え出している光景も何度も何度も見ている。まったく新しいものもあれば、一部何かから引き継いだものもあった。私と妻が娘を寝かしつけるために、厳格な就寝の儀式を考え出したのも同じである。私はこうした独自の新しい慣習を、DIY儀式と呼ぶ。

たとえば夫婦を結びつける親密な関係のための儀式。**キスするときは、三回ずつします。いつからそうしていたか忘れましたが、二二年もたつと三回でないとすごく変な気がします。**独特であると同時に心に迫る追悼の儀式。**週に一回、愛する人の車を洗います。生きていたときと同じように。**舞台に立つ前の儀式。**何度か深呼吸し、体を〝揺すって〟マイナスのエネルギーを振り落とします**。あるいは一日を締めくくる儀式。**仕事のあとシャワーを浴びて、病院全体が液体となり、排水溝から渦を巻いて流れていくところを想像しないとやってられなかった**。

　アメリカ人の日常の儀式についての調査で、儀式が広く行なわれていること、それらは独特で豊かな感情に満ちたものもあることを確認できた。流布している先入観とは逆に、私のも含め、儀式はただおとなしく受け取るだけの指示や台本ではないし、元来そういうものであったわけでもない。それは私たちが状況に合わせ、新たに生み出し、文化のツールキットにある膨大なリストから選ぶものなのだ。

自分が何者かを決める　儀式の特質《シグネチャー》を確立する

　感情を発生させるという役割に加え、ＤＩＹ儀式の多くは、社会学者がアイデンティティ・ワーク[36]と呼ぶ活動的プロセスと私たちを結びつけることで意味が生じる。これらの儀式は個人的なものだ。それらをつくり出すことで、当事者意識や、それを儀式に浸透させて、唯一無二の自己意識を表現するのに使っているという感覚がかきたてられる。ものごとを行なうときの独自のやり方は、どんなにささいな、ごくありふれたもの――自分なりのどのように――であろうと、それが儀式の特質《シグネチャー》である。私は毎日ランニングに行くという習慣があるが、ランナーとしてのアイデンティティを受け入れられるのは、靴の紐を結ぶ儀式のおかげである。パートナーと私はディナーを一緒に食べるのを習慣にしているが、焼き物教室で一緒につくった皿を使うことで夫婦であることを感じられる。私の両親ときょうだいは毎年クリスマスを共に祝う習慣だが、家族であるのを実感するのは、ジョニー・マティスのレコードを聞くときだ。要するに、〝どのように〟儀式を行なうのかは、生活の中の〝何かを行なう理由〟の一部なのだ。

調査を続けるうちに、私は儀式とアイデンティティとの結びつきと、儀式に対する当事者意識が本当に重要であることに気づいた。

第二章　手をかけるほど大切になる

何もしなければ何もうまくいかない。

――マヤ・アンジェロウ

私のオフィスの棚に、以前、アートのクラスでつくった石の彫刻が置いてある。私はその教室に意を決して申し込んだ。しかし初日から毎回、他の受講者たちがみんな、私と違って才能に恵まれていることを思い知らされることになった。私は彼らに羨望の目を向けていた。席に座っている受講生の大学での専攻はさまざまだが、みんな才能にあふれ、嫌味のない自信を感じさせ、石の塊から人間の形とわかる美しい作品を生み出していた。一方、私の小さな石の彫刻は人間なのか何なのかさっぱりわからない代物だった。

しかし大学院以降、引っ越しするたびに、私はその石の彫刻を念入りに梱包材で包んで箱に入れ、新しい住まいに持っていった。それは美術展に出すようなものではないとわかっていた。同じものが誰かのデスクに置いてあったら、お子さんがつくったんですかと尋ねただろう。ようするに下手くそなのだ。それはアートと呼べるものではない。それでも石でつくったその作品に、私は大きな愛着を持っている。

私がこの小さな手づくり作品に価値を見出すことは、ノーベル賞受賞者である行動科学者ダニエル・カーネマンとリチャード・セイラーが指摘した〝授かり効果〟[1]という現象で説明できる部分もある。彼らは無作為に選んだ被験者に、マグカップ、チョコレート、野球のチケットなどをあげるという、一連の実験を行ない、いったん何かを所有すると、持っていないものよりそれに大きな価値を見出すことを指摘した。人はすでに所有しているマグに、まったく同じ新品よりも多くの金を払おうとするのだ。余分なマグカップは必要としないが、それを与えられる、つまりいったん自分のものになると手放すのがいやになる。私が自分でつくった見栄えのしないアート作品を手放せなかったのがまさにそれである。

しかしあの彫刻に対する私の愛着は、もう一つ別の心理学的現象を反映している。それは授かり効果では完全に説明できない部分である。私はそれをつくるのにかなりの労力を費やした。結果はすばらしいものとは言えないが、何週間もアートのクラスで、一生懸命に取り組んだのだ。冷静に分析してみると、純粋に好きで取り組んだ作品に対して感情的に執着するのは、労力をつぎ込んだためではないかと考えるようになった。この問いは頭の片隅にずっとあったが、はっきり問題として意識するようになったのは、二〇世紀半ばのインスタント食品と時短料理、具体的に言うと卵と焼きたてのケーキについての記事を読んだときだった。

自分で焼くケーキに感情移入

一九五六年、料理とライフスタイルの雑誌『リビング』を出版していたストリート&スミス社が、一九世紀にケーキがどのように作られていたか、時間をさかのぼって示すことで、新しい便利な時代の到来を紹介していた。その雑誌ではそこにいるすべての人が、二日かけて行なう重労働を細かく説明していた。砂糖のダマをつぶす、レーズンの種を取る、牛乳を沸かす、その他に何十もの作業を経て、ようやくケーキの材料がボウルにまとめられる。記事の最後で『リビング』の編集者が読者に対し、一九五六年の最新のキッチン事情に感謝しなければならないとコメントしている。「ケーキミックスの箱を開け、水分を加えてミキサーにかけ、オーブンの温度を指示通りに上げ、そして本を読んでいればいい[2]」

しかしこれで確実に余暇が増えるという予測が発表される前から、ケーキミックスの売上は行き詰まっていた。第二次世界大戦後、初めて紹介されたときは、すぐに入手できないほど人気だった。一九四九年の全国のスーパーマーケットでのケーキミックスの売上は、約七九〇〇万ドルだった[3]。一九五三年にはそれがほぼ倍増し、一億五〇〇〇万ドルを超えた。ケーキミックスはアメリカのすべての家庭のキッチンに常備されるものになると思われていた。

ところがそのわずか数年後、一九五〇年代半ばになると急に失速し始めたのだが、特に理由は見当たらなかった。家で子どもを育てる若い主婦と外で働く夫の家庭は、この製品にとって最高の市場と思われた。しかし家で料理を担っていた若い主婦はほとんど関心を示さなかったのだ。

ゼネラル・ミルズの子会社で、ケーキミックス会社の大手であるベティ・クロッカーは、売り上げの低下を懸念した。そこで便利なミックス粉が若い女性に受けない理由をさぐるべく、ウィーンの心理学者アーネスト・ディッチャーを雇った。ディッチャーはかつてジークムント・フロイトを信奉し、自らもモチベーショナル・リサーチという消費者研究機関を率いていた。精神分析のテクニックを使い、フロイトの下で学び、消費者の無意識の思考や意識下の欲望についての自分の研究法を喧伝していた。その市場調査の新しいアプローチは〝フォーカス・グループ〟[4]と呼ばれるものを使っていた。

ディッチャーはベティ・クロッカーのための若い女性のフォーカス・グループでの調査で、あのケーキミックスは簡単すぎることに気づいた。焼くまでの労力が少なすぎて、若い主婦たちが手間をかけた料理をしていると感じられなかったのだ。「ええ、私はケーキミックスを使っています」と、ある女性が少し恥ずかしそうに言った。「手間は減りますが、本当は手抜きするべきでないんです」。別のフォーカス・グループで、ディッチャーの同僚が、料理するときの習慣について説明していると き、思わず本音が漏れた言い間違いをした女性の例をあげている。「急いでいるときほど、時間がかかる料理が好きなんです[5]」。この言い間違いには大きな意味がある。時間がかかるという言葉が出たあとで、ミックス粉を使って時間を節約しようとすることに罪悪感をおぼえると告白する女性たちが増えたのだ。キッチンにいる時間、特に手づくりケーキを焼いている時間は、二〇世紀半ばのアメリカの若い女性たちにとっては愛情表現だったのだ。一九五三年のギャラップ調査では、ケーキはアップルパイに次いで「女性の本当の料理の腕が試される」メニューの第二位にランクされている。

この時代の女性たちの夢と願望を何週間かかけて分析し、ディッチャーはベティ・クロッカーの幹部チームにこうアドバイスした。「主婦にもっと仕事をあげなさい。もっと労力をつぎ込まないと、オーブンから出てくる料理に手をかけたと感じられない」。彼はそう告げた。ディッチャーのアドバイスにもとづき、ベティ・クロッカーのチームは完成していたミックス粉のレシピを考え直して、乾燥卵を取り除くことにした。そうするとミキサーにかける前に、ボウルに水分だけでなく卵を割り入れなければならない。消費者問題の専門家は、これをベティ・クロッカーのケーキミックスの出発点、市販のインスタント食品の歴史の転換点としている。このようなちょっとした労力、一つの手順が加わることで、女性たちは手間をかけてケーキをつくっていると感じられるようになる。

実際はこれほど単純な話ではない。ケーキミックス市場では一九五〇年代から一九六〇年代にかけて、卵を割り入れるタイプのベティ・クロッカーと、水分だけのピルズベリーの製品がシェアの大半を占めていた。しかし卵を割り入れる手順を増やすというアイデアだけが救済策だったわけではないし、すべての消費者から評価されていたわけでもないが、ディッチャーの研究には、主婦のキッチンでの経験にまつわる不変の真理が示されている。若い女性たちが、手間をかけたいと思っていることを、彼は理解していた。作業が増えると――たとえ卵を割り入れることでも――インスタント食品の調理が、愛情のこもった仕事へと変わる。

この考えがとてもすばらしかったため、私たちはそれを証明する研究を行なった。同僚のヒメラ・ガルシア＝ラダは、新生児にSNOO――自動で揺れるゆりかご――を使っている親がネットで叩かれていることに気づいた。「こんな道具を欲しがる人は子どもを持つべきではない」とまで書いている人もいた。また「手を抜くこと考えずに、自分の子の世話しろよ」というのもあった。私たちは一連の研究で、親を楽にする製品に否定的な気持ちを持つのは、こうした怒りのコメントを書き込む人だけではないことを示した。子どもの世話をしている人たち自身が、楽ができるものを選ぶのは愛情不足だと感じていたのだ。便利なものを使っていいという気持ちを高めるために、私たちが指摘したのは、キャッチコピーを変えることだった。もともとは「SNOOを使えば、赤ちゃんはすぐにZZZと眠ってくれます」だったのを、親の愛情を強調できる「ママとパパは赤ちゃんにXOXO（キスとハグ）を、SNOOは赤ちゃんにZZZ（眠り）を」[6]になった。

イケア効果――自分でつくったものには価値がある

ベティ・クロッカーとＳＮＯＯの件は、人は楽をすることより手間をかけることを好むという性質を示している。労力をかけたいという欲はばかげたことなのか、あるいは理にかなっている部分もあるのか検証したいと思った。時間を節約できたとしても、何かもっと重要なことを犠牲にしているのだろうか。私と同僚たちは、もっと画一的でありふれた、考えられうる限り愛着がわきにくい製品で実験を始めた。その製品とはもともとＣＤ（すでに時代遅れになっていた）を保管するためにつくられた黒いシンプルな収納箱である。

私たちは米国サウスイースタン大学で、五二人の参加者を集めた。参加者には一人につき五ドルの報酬を出して、二つのグループに分けた。第一のグループは、完成した箱を渡して検査をしてもらう（組み立て済み）。第二のグループには未完成の箱を組み立て説明書とともに渡して、自分で組み立てるよう指示する。

箱の検査と組み立てが終わったら、両方のグループに、まったく同じ容器にいくら払えるか尋ねる。完成品を検査しただけのグループの答えは〇・四八ドルだった。しかしまったく同じ箱を組み立てたグループは〇・七八ドル払うと答えた。六三パーセント増しである。[7] イケアの箱だけでなく、折り紙で折ったカエルやツル、またレゴのセットを使って、さらに何度か行なった実験でも、参加者は常に自分でつくったものに高い価値をつけた。

私が手づくりの彫刻をいまだ大切にしていることも、多くの人がはるか昔に焼き物教室でつくったふちの欠けたカップを捨てられないことも、このイケア効果で説明できる。それらは自分の物ではあるが、ただの所有物ではない。自分自身の何かをつぎ込んでいるという側面を持つ所有物である。その結果、それを自分と同一視して大きな価値を見出すのだ。

このイケア効果が発表されて一〇年以上がたつころには、それは確立された心理現象として知られるようになり、ポップカルチャーにまで浸透していた。私はイケア効果がテレビのクイズ番組『ジェパディ！』のファイナル・ジェパディのヒント二〇五六四一でとりあげられたと聞いて[8]驚愕した。「それは一九四三年創立の企業の名にちなみ、消費者自身の労力が必要な製品により大きな価値をつける〝効果〟である」

ある発達心理学者のチームは、子どもにイケア効果が見られるのは、何歳くらいからなのかを調べるため、追跡研究を行なっている。三歳から六歳の六四人の子どもに、二つの違った泡でつくる怪獣〔過酸化水素水と過マンガン酸カリウム、石鹸などを混ぜ、化学反応で大きな泡が噴き出す〕を与える。最初の怪獣は、子どもたちも指示に従ってつくることに参加するが、二つ目の怪獣は、短時間、触れるだけだった。この子どもたちにイケア効果は見られるだろうか。結果は、五歳から六歳の子はつくることに参加した怪獣のほうが上だと感じたが[9]、三歳から四歳の子ではそうはならなかった。この結果から示唆されるのは、やや年長の子にイケア効果がみられるのは、一貫したアイデンティティが発達しつつあり、その感覚と結びつけることで、小さな怪獣の価値を高めているということだ。

DIY儀式の力

生活の中の儀式的行動について人々に尋ね始めると、自分たちでつくった儀式がとりわけその人にとって重要であるケースが多いことに気づいた。イケア効果と同じ心理現象を示すのだ。伝来の儀式的行動は既成のもので、イケアの完成した箱と同じく、自分たちが手を加えることはない。ある意味で、事前に組み立てられている完成品だ。けれども独自の個人的な儀式はどうか。それは特注品なのだ。自分たちで、ゼロからではないにしろ、手元にある材料を使ってつくる。次にあげる夫婦は、手づくりビール・キットで季節ごとに自家製ビールを醸造しながら、独自の意義深い儀式をつくり上げた。

季節が変わるごとに、私と夫は自家製ビールをつくっています。キットがあってそこから一年のその時期に合うと思われるものを選びます（夏ならライトなビールを、クリスマスの時期にはこくのあるものを）。これで新しい季節や祝日にわくわくする気持ちが高まるし、その間に楽しく飲めるものもできるというわけです。実際に醸造するときも違う作業があって、その都度、各自が行なう特別なことがあります。

ケーキであれ、まったく時代遅れのCD収納ケースであれ、自家製ビールであれ、手間をかけることが愛着と結びついている。時間をかけるうちに、誰もが生活の中の最も日常的なことを行なう独自の方法をつくり出す。そしてその独自の行動こそが、儀式の特質《シグネチャー》を定義するものなのだ。それらは自分の中の何かを周囲の世界に投じる重要な方法のひとつで、それを行なうことで経験は豊かにそして深くなる。

長年の間に、私が人から聞いたいくつかの例について考えてみたい。

それは結婚したばかりのころに始まりました。ある冬の日、食事の最後にボウルに残っていたフジという種類のリンゴを分け合ったんです。その即席デザートに、冷蔵庫に残っていたひとかけらのダークチョコを加えることにしました。甘さと苦み、ダークとライト。彼女はそれが詩的だと言って、二人で笑い合いました。翌日の晩も同じことをしました。そんなことをする理由ですか？　しない理由がないですよね。それからは計画的にするようになりました。必ずリンゴを、それもフジを買い、チョコレートも同じ金のホイルに包んであるものを用意しておくんです。いくつもの晩、季節、年月が過ぎて、ディナーのあとにリンゴとダークチョコを食べるというちょっとした行動が、まさに〝私たち〟なんです。それを二人でやるんです。

二〇二〇年三月にニューヨークシティがロックダウンしたとき、私たちはみんな自発的に集まって、新型コロナのパンデミックの間もずっと教会を開けて食事を配ることに決めました。パンデミックが始まったばかりの二〇二〇年春の数カ月は、ウィルスについてほとんどわかっていなかったので、とても怖かったのですが、閉めるべきではないと判断しました。私たちのところの食べ物が頼りという人々はどうなるのか。三月に入って三週間がたつころ、みんなで集まって、お腹をすかせて外で列をなしている人を迎えるために扉を開けようとしたとき、私たちのほとんどが泣き始めました。それはそのときに始まったんです。あの輪の中にみんなで立ち、ただハグをし始めました。そして一度も話し合うこともなく、食事をふるまうために集まるときはいつでも、そうやってみんなでハグするようになったんです。それから三年たった今でも、食事をゲストに出すために扉を開ける直前、あの輪の中で互いに強くハグをします。いまやそれが新しい始まりの約束でもあるように感じますが、それはまた重々しさや喪失に関わるものでもあります。抱き合うという行為は、みんな心細くて、ふれあいを求めていたことの表われでした。それは今も変わりません。毎週火曜の午後一時五五分に、私たちはそこにいます。一度のハグで、あらゆることを感じられます。私たちがともに経験したすべてのこと。ここだけでなく世界中で起きたことを。

自分でつくった儀式も、詠唱やろうそく、音楽、壮大な建築物、ステンドグラスの窓などが象徴する伝来の儀式と同じくらい（ときにはより大きな）意味を持つこともある。そして大昔の文書は、私たちの生活の中の儀式の役割を調べる新しい方法と、まったく新たな問いを開くための啓示だった。季節ごとの自家製ビール。リンゴとダークチョコレート。毎週火曜午後一時五五分の仲間のハグ。自分でつくった儀式でも感情に大きな影響を与えることがわかっていたので、私たちは文化、宗教的な意味を持たないまったく新しい儀式を使って行なう対照実験を考え始めた。この方法で実験室に人を集め、私たちが考えた儀式を実践する（あるいはやめる）よう頼んで、その儀式が実際に私たちの経験や、ひいては生活を形成しているのかの評価をするようになったのだ。

第三章　儀式の効果

踊っている人を見て、音が聞こえない人は頭がおかしいと思う。

——フリードリッヒ・ニーチェ

ラファエル・ナダル[1]は世界で最も優れたテニス選手の一人として広く知られている。本書を書いている時点で、この三七歳のスペイン人の選手が、長年クレーコートに君臨し、シングルスの最多連勝記録を保持している史上最強の選手だと言うファンも多い。

ナダルは他のことでもよく知られている。人目を引くユニークで特徴的な儀式的行動である。特に指摘されるのは、パンツを上からなおす動作——雑誌『GQ』は彼を「史上最も有名な下着なおし《アンダーウエア・アジャス》男《ター》[2]」に選んだ。しかしこれはシャツを引っ張る、髪を撫でつける、顔を手でぬぐうといった、もっと長い一連の行動の一部にすぎない。特に激しい試合で、彼はこのパターン化された行動を一四六回も行なった。試合が始まる前にも、ナダルは決まったエナジージェルを飲むのが常だ。まずふたをはずし、側面を折り、最後に四回きっちり絞る。最終的な目的、つまり「試合のためにこのジェルを腹に入れる必要がある」ことに、この動作はあまり関係しないように思える。なぜ三回や五回ではなく、四回絞るのか。なぜ髪を撫でつけるのが先で、そのあとにシャツを引っ張るのか。なぜ一球ごとにパンツをなおすのか。

ナダルはこうした動作は心理的にプラスになると説明している。「やる必要はないけれど、やっているときは集中しているということだ」。こうしたナダルの変わった行動は、迷信に基づく行為なのか、あるいは強迫的なものなのか――あるいはその両方なのかという議論がある。しかしなぜナダルがこのような行動をするようになったのかを語る前に、七五年前に、アメリカの心理学者B・F・スキナー（〝刺激、反応、報酬〟が習慣を形成するという説をとなえた理論学者）が、（そこまで有名ではない）他の実験を通して発見したことを振り返ってみるべきだろう。その実験で、スキナーはレバーとスイッチがついていて、それを（ハトやラットが）押したり引いたりすると餌が出てくる箱をつくった。

これはのちにスキナー・ボックスとして知られるようになるが、スキナーはこれを使って、段階ごとに報酬を与えて目標を達成するように、実験動物にある行動を条件づける環境をつくったのだ。彼はハトにレバーを押して紐を引くよう教え、その都度、餌を与えることでその行動を強化した。このやり方でハトは円を描くように歩くとか、やがてはピンポンなどのゲームをするとかといった、驚くようなことまでできるようになった。スキナーは強化を用いる学習法の始祖となった。彼はそれをオペラント条件づけと呼んだ。[4] ある行為によって悪い結果が生じたら、私たちはその行為を減らす。よい結果が出れば、その行為は強化されて行なわれる回数が増える。ハトがレバーを押して餌のペレットが出てくれば、それが強化されてハトはレバーを押し続ける。

しかし一九四八年、スキナーは逆のことを行なった。餌をじゅうぶんに与えていたハトのグループを常に空腹の状態にして、通常の体重の七五パーセントにまで減らす。そして毎日、数分間、一羽ずつ、餌が出てくる装置のついたスキナー・ボックスに入れた。このときはハトの行動に関係なく、ランダムな間隔で餌が出てくるようにしてあった。以前の実験のように、レバーを押したら餌が出てくるということはなくなったのだ。このような、自分ではどうにもできない状況では、ハトもあきらめて何もせずに出てくる餌を食べる[5]と思うかもしれない。ところがそうはならなかった。ハトは食事にありつくために、独自のテクニックを考え出したのだ。

ある個体はかごのまわりを反時計回りに動くよう条件付けされていて、餌が出てくるのを待つ間に二、三度、まわりを回った。別の個体はかごの上の隅を、何度も頭で突いた。また別の個体は、目に見えない棒の下をくぐるかのように、〝頭を上下に動かす〟動作をするようになった。振り子のような動きをするハトも二羽いた。首を前に伸ばして、初めはすばやく、次にややゆっくりと動かすのだ。

ほとんどの場合、ハトの動きと餌が出てくるタイミングは合わなかった。出てくるときにしか出てこない。しかしときどき偶然で、ハトがある動きをしたときに餌が出てくることがある。たとえば反時計回りに三回まわったとき餌が出てきたとしよう。するとそれがハトにとって正の強化となり、その行動を繰り返すようになる。その行動をするともっと餌が出てくると思うからだ。「この実験は、ある種の迷信を例示していると言われるかもしれない」とスキナーは述べた。「ある行動と餌が出てくることの間に、実際はなにもないにもかかわらず、ハトはまるで因果関係があるかのようにふるまう」（このセリフについては、スキナーも人のことは言えない。彼は作業効率をあげるためという理由で、仕事場に黄色いプラスチックのタンクを置き、午後一〇時から午前一時まで眠り、起きて一時間仕事をすると、また午前二時から五時まで眠っていた。）

スキナーのこの、あまり有名でないハトの研究で何がわかったのか。私としては、スキナーが儀式的行動の土台とそれがすぐに生じる仕組みをたまたま見つけたのだと思っている。自分でコントロールできない、紛らわしく不確かな環境で、スキナーのハトたちは、とっさにうまくいきそうな行動をして、それを繰り返し、まるで餌を出してくれるものであるかのように、その行動に頼る。ハトたちは独自の儀式を生み出したのだ。

不確実さとストレスへの反応としての儀式

不安、ストレス、自分でコントロールできない状況に対処するために儀式に頼るのは、決してハトだけではない。社会科学の研究者たちは何十年も前から、不確実さと儀式のような超自然的思考とのつながりを主張している。二〇世紀の人類学者で、儀式の歴史を記録したことで有名なブロニスワフ・マリノフスキーは、著書の『呪術・科学・宗教・神話』〔宮武公夫、高橋巌根訳、人文書院〕の中で、波の荒いところで魚を捕る人々の間では、穏やかな沼などで魚を捕る人々より多くの儀式を持つと述べている。パプアニューギニアのトロブリアンド諸島の漁師たちは、ミルンベイ州の広い危険な海に手づくりカヌーで出ていく前にクーラ[6]を行なう。これは貝殻とビーズを交換する、細部まで決められた儀式である。島から島への航海は不確実なもので、クーラはそれを乗り越えるために生まれた数多くの儀式の一つだった。

不確実さとリスク、そして儀式との関係は、広い範囲で記録されている。たとえば予測できない干ばつに見舞われる地域では、雨乞いの儀式が発達している。南西部のネイティブ・アメリカンは、ヤギの毛やターコイズなど、象徴的な素材を身につけてダンスをする。[7] タイではキャット・パレードに頼る。これは昔からの伝統で、グレイか黒のメス猫を一匹かごに入れて村を練り歩き、各家の人々がそのネコに水をかけるのだ。

野球では儀式のほとんどがバッティングに関わるものだ。バッティングの成功率は、世界レベルでも三〇パーセントを下回る。[8] 一方で成功率九八パーセントの守備にまつわる儀式ははるかに少ない。スポーツ・ファンも、ひいきのチームが勝てるかどうかわからないときは、ラッキーアイテム（お気に入りの帽子、特別なソックス、有名なところでは〔エンゼルスのマスコット〕ラリー・モンキーのグッズ）を必ず持っていく。[9] 自分や仲間がホームランを打ったり、魚を捕まえたりする可能性が高い、あるいはもうすぐ雨が降りそうだというときは、あまり儀式には頼らない。

お腹をすかせたハトが儀式のような行動をするときは、不確実な状況に直面して、もっと多くの餌を出す方法を見つけようとしているのだ。ハトが繰り返し行なっていた行動のいくつかについて、もう一度考えてみよう。かごの中で反時計回りにまわる。頭をかごの上の隅にぶつける。体を振り子のように動かす。一見すると、人間が（ナダルは別として）こうした雑な行き当たりばったりの行動をするとは想像しにくい。しかし昔ながらの伝統的な儀式にも同じような行動が見られる。誰かが額に指を置き、その指を胸まで降ろし、さらに右、左と動かしたとしよう。彼らはなぜそんなことをするのか。何か意味があるのだろうか。多くの人にとって、それはスキナーのハトと同じで、でたらめに指を動かしているだけのように見えるかもしれない。しかしある信仰を持つ人々にとって、その機械的な動きは十字架を象徴する神聖なものだ。

儀式的なとらえかた

二〇世紀後半で特に独創的な研究者とみなされているハーバード大学の心理学者のダン・ウェグナーは、「人間が実際にすることと、していると考えていることの関係」を説明する問題に関心を寄せていた。ウェグナーの思考の重要ポイントは、どのような行動でも、その機械的な部分、文字どおりの動き、あるいはそこに情報を通知するもっと高いレベルの願望によって識別できるということだ。あなたがキリスト教の宗派に属していれば、十字を切る動作は信仰の証とわかる。[10] 信仰の証であるサインを、体の四つの場所に触れることで示しているのだ。ウェグナーの研究によれば、人はできるだけ高いレベルで識別されることを好む。何をしているかと聞かれたとき、たとえ動きの説明としてはそのほうが正確だとしても「自分を四回たたいている」と言うより「十字を切っている」と答える。

　このような人間心理の変わった特徴から、多くの儀式的行動に一見でたらめな動作が含まれることが多い理由を説明できるようになりつつある。なぜアガサ・クリスティーは風呂でリンゴを食べたのか。なぜタイの村人たちは灰色か黒のメス猫をかごに入れるのか。多くの儀式の基本の機械的な動作が奇妙なのは偶然ではない。

　たいていの場合、人の行動には目的がある。歩くために脚を動かし、知り合いにあいさつするため手を振る。寒いから窓を閉め、寝るときに明かりを消す。そのため誰かが一見、目的がなさそうな動作をしているときでも、その理由をさがしてしまう。知らない人が舗道で下を向いて円を描くように歩いていたら、落とし物（鍵とかお金とか）をさがしているのだろうと推測する。大きな身振りをしながら一人でしゃべっている人を見たら、イヤホンをつけて電話で話しているのだと判断する。ある研究で、大人がおもちゃを容器から取り出すのに、まずふたを（意味なく）羽でたたいてからはずすのを子どもが見ると、その行動が重要に違いないと思い込む。そしておもちゃを片付けるとき、子どもが羽でふたをたたく動作をまねることが示されている。[11]

社会科学者ローハン・カピタニーとマーク・ニールセンは、このような傾向を、儀式的なとらえかた《リチュアル・スタンス》[12]と呼んだ。ある行動が無意味で不必要に思えるほど、人はそれを説明しようとする。単純な説明が見つからないと、もっと複雑な理由を推測し、そのでたらめに思える行動にもっと深い意味があるに違いないと考える傾向がある。因果関係があいまいで、行動の目的が突き止められない、あるいは結果を予測できないとき、私たちはそれに特殊というレッテルを貼る。

たとえばあなたの友人のアンナが停電のとき、ろうそくをつけようとまっくらなキッチンをさがしまわっているとする。その状況を考えれば、アンナの行動にはまったく不思議はない。彼女は電灯がすべて消えているため、何か明るくできるものをさがしている。しかしもし電気がすべてついているのに、キッチンでろうそくとマッチをさがしていたらどうだろう。その場合、明るくする必要はないので、ろうそくは誕生日ケーキに立てるとか、セデルの準備をするとか、愛する人をしのぶとか、何か儀式的な目的のためにさがしていると考える。

目的がはっきりした機能的な行動——競走の前にストレッチする——でも、儀式化されることがある。ルーティンと呼ばれる行動は、それを特別な方法で行なう必要があるときに儀式化されるのだ。それらの行動を行なうことに加え、それをどのように行なうかが重要である。それはつまり、正確な時間に、あるいは正確な順序で行なう必要があるということかもしれないし、ルース・ベイダー・ギンズバーグ判事がレースの付け襟をつけていたように、何か決まった布を身にまとう必要があるということかもしれない。その他にも、私が幼かったころの家族のように、ディナーの席でみんな決まった場所に座るということもあるだろう。あるいはチャールズ・ディケンズのように、寝るとき決まった方を向くということもある。[13]これらすべての例で、必要以上の、自分以外にとっては直接的な関連のない特別な行動が、もともとは機能の一つにすぎなかった活動を、もっと奥深い意味を持ち、日常を非日常にさえするものに変容させるのだ。

　儀式的なとらえかたはまた、以前は実践的だったのにもともとの意味を失っている行動が、なぜその後も続けられることがあるのかを説明するのにも役立つ。見合い結婚がいまよりふつうだった時代、[14]花嫁と花婿は結婚式まで顔を合わせることを禁止されていた。それは花婿が花嫁の見た目を気に入らず、結婚をやめることを避けるためだ。現代ではほとんどの夫婦が結婚式のはるか前に顔を合わせているはずだが、たとえ一緒に住んで（寝て）いたとしても、結婚式などに合わせて引越すケースが多い。しかしもともとの目的が失われているため、その慣習に新たな意味を持たせようとする。それはたとえばそのほうが縁起がいいとか、離れたほうが絆がずっと深まるといったことだ。実践的でない行動ほど、儀式的な解釈をされやすい。

　儀式というのは、ただの機能から奥深い意味を持つものへ話を飛躍させる人間の能力（あるいは意欲）によって生じるものだ。日常に深い意味を付与することで、手元にあるものを（両手、ろうそく、ベール、リンゴ、ネコ、かご）を使って、感情をコントロールできるようになる。

　もちろんバッティングのときの儀式にしても雨乞いの踊りにしても、うまくいくとは限らない。そこにどのくらいの労力をつぎ込み、どれだけ大きな期待をかけているかは関係ない。Ｂ・Ｆ・スキナーは有名なハトの実験を通して、人が希望や期待を儀式に託し、魔術的な思考にはまる傾向に気づいた。

　鳥は自分の行動と餌が出てくることの間に因果関係があるかのように動く。実際には関係などなかったとしても……。たまたま何度か儀式的行動と望ましい結果がつながるだけで、望ましい結果にならない例のほうが多いにもかかわらず、その行動が儀式として確立して続けられるには十分なのだ。ボウリングをしているとき、手から離したあとも、レーンを転がるボウルの進路を操れるかのように、腕や肩をひねったり回したりするのも一つの例だ。当然ながら、これらの行動がその人の運や、レーン半ばまで転がっているボウルの先行きに影響することはない。ハトが何もしなくても、もっと厳格に言えば、何か違うことをしても、餌が出てきたのと同じだ。

ハトと同じく、人も自分が望むどんな儀式にも関われるが、反時計まわりに回ったり、正しい色のネコを選んだりしても、食べ物は出てこないし雨は降ってこない。それならなぜ、誰もがそうした独自のやり方で、その行動を続けるのだろうか。魔法のように会心のホームランが打てたり、ボウリングでストライクをとれたりするわけではないのに、なぜ私たちは、それほど時間をかけて入念にそのような儀式的な行動を行なうのだろうか。

スキナーが答えの一部を提示してくれている。少なくともときどき、儀式を行なったあとに自分が望んでいた結果になることがあり、それでその行動が強化される。餌が出てくることもあるし、嵐のあとカヌーが無事に戻ってくることもあるし、ラッキーアイテムのジャージを着た熱狂的なファンが、圧倒的な勝利を経験することもある。しかしそのようなことは、たまにしか起こらない。望んだ結果にならないことが多いのに、なぜ儀式は絶えず生まれ、生活の中で繰り返されるのだろうか。

儀式を行なうと本当に自分が変わるのか

正しい儀式を行なえばキース・リチャーズと舞台に立てるとか、雨乞いのダンスをうまくできれば雨雲がわいてくるとか考えるのは、ばかげていると思うだろう。当然ながらスキナーもそう考え、ハトの行動についてこうまとめている。「これらの行動は実際には何の効果もない」

雨乞いの儀式で実際に雨が降らないことには、誰もが同意する。しかし干ばつは、他の何かが足りない状態（食料、金銭、住居、尊厳）と同じように、社会的な緊張、たとえば恐怖、怒り、不満、欲深さなどを生み出す（水が少ないときは、分かち合う気にならない）。雨乞いの儀式で雨を呼べないことはあるかもしれないが、大勢の集団を一つにまとめて確認する役に立つ――この経験は以前にも乗り越えたことがあると、思い出させてくれるのだ。雨乞いの儀式は心理的、社会的なものだ。しかし、同調、構造化、パターン化された行動を行なうことで、儀式が共有された過去と未来への共有された希望の両方を呼び起こし、それを実践する人々を互いに結びつける。

儀式は自分たちの外の世界に常に影響を与えているわけではないが、内なる世界に影響を与えている。そして私たちが次に頼るのは、儀式の効果のこの側面なのだ。

第二部

自分たちのための儀式

第四章

どのように行なうか——舞台に上がる前に「落ち着け」と言ってはいけない理由

開演五分前。あなたはいま舞台裏にいて、照明は薄暗い。まもなく幕が開いてスポットライトが当たる。聴衆のざわめきが海の波のうねりのように大きく迫ってきては引いていくのが聞こえる。満席の劇場があなたを高く舞い上げようとしている——あるいはそれに叩きつぶされることになるかもしれない。その晩、聴衆はあなたを、あなただけを見に来ている。舞台の真ん中にぽつんと置かれたグランドピアノは、ぴかぴかに磨き上げられている。四分後にあなたが舞台に出ていくと聴衆の拍手が爆発し、すぐに収まって完璧なる静寂がおとずれる。あなたは椅子に座って鍵盤の上に指を置く。聴衆はあなたが三曲のソナタを、人間の能力の限界まで弾くのを見に来ているのだ。彼らはあなたが全力を尽くす姿を見たがっている。そうでなければ最高の演奏などできないからだ。三分前、あなたの背中を冷たい汗がおおう。この日のために練習をしてきたが、たいていは一人で、なじみのある空間で、自分好みの速さで弾いていた。ここへきてあなたは考える。「練習はじゅうぶんだっただろうか？」あと二分。客席のライトが消える。聴衆が居住まいをただすのが聞こえてくる。幕が開く一分前、これから自分に視線を向ける数えきれないほどの人間の顔が頭に浮かぶ。あと六〇秒、胸の鼓動を抑え、のどまでせり上がってくる恐怖を飲み込もうとする。

こんなときどうすれば心を落ち着けるというのか。

世界有数のピアニストとみなされているスヴャトスラフ・リヒテルの場合、答えは簡単だ。自分のロブスターのことを考える。この巨匠はどのコンサートにも、ピンクのプラスチック製のロブスターをサテン張りの箱に入れて持ち歩き、ステージに出るときも、ロブスターが演奏を見守ってくれていると思えるくらい近くに置いていた。エロール・モリスはリヒテルの人物像についての記事の中で「彼はロブスターを舞台に持っていくべきなのか？」[1]と書いている。「たぶん持っていくべきではないだろう。いろいろ聞かれるかもしれないのだから。しかし彼は確信している。それなしでは弾けないということを」リヒテルの大いなる才能をもってしても、プラスチック製のピンクのロブスターがなければ、自分は何者でもないと感じてしまう。演奏を前にして、彼は必ずこの儀式を行なった。彼にとってこの甲殻類は、正確に調律されたピアノと同じくらい大事なのだ。

プロの儀式的行動から私たちは何を学べるか

パフォーマンスのための儀式は、儀式的行動の中でも特に注目度が高く興味をそそる例であり、絶頂期にあるスターの多くがそれらに頼っていることが知られている。テニスのチャンピオン、セリーナ・ウィリアムズはファーストサーブの前には五回ボールをバウンドさせるが、セカンドサーブのときは二回である。ポルトガルのサッカー選手、クリスティアーノ・ロナウドは、ピッチに必ず右足から入る。そしてノマー・ガルシアパーラという野球選手を覚えているだろうか。[2]彼はまずバッターボックスに入って出る。次にバッティング用手袋を締め直し、左腕のリストバンドの位置を調整し、またグローブを少し締め直す。今度はグローブとリストバンドに触れてから、右腿、背中、左肩、ヘルメット、ベルト、そしてまたヘルメットを触る。バッターボックスに戻り、つま先でグラウンドをたたく。

意外かもしれないが、ノマー（地元ではこう呼ばれていた）が特に変わり者というわけではない。三三のカテゴリーの動作について、野球選手が一打席あたりに行なった回数を数えた研究がある。カテゴリーはたとえば体や衣服にさわる、バッティング用手袋を締め直す、ホームベースをバットでたたくといったものだ。行なった動作の数は、五一回から一〇九回まで幅があったが、平均はなんと八三回だった。[3]選手自身も自分が動いているのはわかっていたが、その数については四分の一ほどに過小評価していた。そしてビデオで自分を見て、無意識に多くの動きをしていたことを知って驚いていた。しかし彼らはそれをやめなかった。自分の動作を見ることで、自分たちが「調子を上げる」ため、いかにそうした行動に頼っているかを再認識しただけだった。

他の分野でも、負けず劣らず多彩で独創的な儀式が見られる。バレリーナのスザンヌ・ファレルはレオタードの中に小さなおもちゃのねずみをつけていた。[4]そして十字を切り、体を二回つねってから舞台に出ていく。そのようにして披露したパフォーマンスは感動的で、彼女はのちに芸術への貢献者として自由勲章を授与された。『悲しみにある者』（池田年穂訳、慶応義塾大学出版会）でピュリッツァー賞の最終候補者となった作家のジョーン・ディディオンは、[5]行き詰まったと感じると書きかけの原稿を袋に入れて冷凍庫にしまった。計算機のパイオニアで（米海軍少将でもあった）グレース・ホッパーは、[6]精密な論理によるアプローチで、まったく新しいプログラミング言語を開発した（のちにCOBOLと名付けられる）。しかしようやく自分がつくったプログラムを試験するときがくると、彼女と開発チームは礼拝用の敷物を広げ、東を向き、プログラムが実際に動くことを祈った。この半ば冗談で始まった迷信交じりの行為が、仕事で欠かせない儀式となった。願掛けと厳格な純粋数学が同じところで並んでいたのだ。

しかし特にすでにその分野の頂点にいる人々が、なぜこんな手間のかかることを行なっていたのだろうか。それをエロール・モリスがリヒテルに関する記事の中で完璧に表現している。「何かができるということは、自分がそれをできると信じることだ。ピアノを弾くスキルだけでは足りない。何かそれ以上のか、いいか、いいものが必要なのか、だ」。スキルは基本中の基本である。しかしそのスキルを、適切な場所で、適切なときに、そして最大限に発揮することは、また別の問題である。

儀式は求めているもの〝以上〟を見つける助けとなる

パフォーマンス本番前の儀式は、つかみどころのない〝何か以上のもの〟を与えてくれる。それは不安を乗り越えて、力を最大限に発揮する助けになるのだ。〝それ以上〟を必要とするのは有名な世界的パフォーマーだけではない。そういう人たちが儀式を必要としていると知られているのは、その人が有名だからだ。平凡な人間もまた、数えきれない日常生活の領域で、落ち着いて心の準備をするため儀式に頼る。それはたとえば会議の進行をする、就職の面接を受ける、町議会で意見を述べる、あるいはスポットライトを浴びるときなどだ。私は優秀な学生が集まるハーバード大学のクラスで、試験やスポーツ・イベントなど、緊張する状況で行なう儀式的な行動があるか尋ねた。彼らは最初は話すのをためらっていたが、一人が「私はいつも同じ歯磨きを使い、同じ紅茶を飲んでから、鉛筆を三本持っていることを確認します」と口にすると、学生たちは堰を切ったように話し始めた。そのクラスの学生すべてが何かの儀式をしていて、そのどれもが違っていた。

儀式的な行動が生まれやすいのは、リスクがあってプレッシャーがかかる場面だけではない。もっと日常的な場で生まれることが多い。人によってはカクテルパーティー、電車の中、医師の診察所などちょっとした会話が、カーネギー・ホールでのソロ演奏と同じくらい恐ろしく感じることもある。一方で、少数の同僚たちの前に立ってプレゼンを行なうと考えるだけで汗をかくという人もいる。ある研究で、参加者にパブリック・スピーキングに挑戦してもらい、モーションキャプチャの技術を使って、そのストレスによって儀式的な行動がどのように生じるかを示した。心拍数が上昇すると、人は無意識に両手を明確なパターンで繰り返し動かした[7]。

こうした儀式的行動を追求するなかで、私も何年も前からパフォーマンス前の儀式を行なっていたことに気づいた。それもまた儀式への懐疑が信心へと変わった要因である。私は講義の前に三〇分間、オフィスの中を行ったり来たりしながら、講義の流れを頭の中で思い浮かべ、（常に）黄色い紙に書かれた講義プランを取って、父から二五年前にもらった黒い革のバインダーに入れる。私はハーバード・ビジネス・スクールで講義するとき、必ずそのバインダーを持っていった。

天才であろうが凡才であろうが、世界中のパフォーマーが本番前にきわめて個人的な儀式に頼っている。彼らはそうした独自の動作をしないとどうすればいいのかわからなくなると率直に認めている。ただほとんどがそうした行為はばかげていると思われるのを知っているし、なぜその動作をするとうまくいくと感じるのか、論理的に説明はできなかった。これはいったいどういうことだろうか。彼らは正しいのか。さまざまな変わった行動は、スーパースターであろうが一般人であろうが、パフォーマンスを行なう役に立っているのだろうか。それとも本当は邪魔なもので、パフォーマンスを向上させるどころか妨げになるものなのだろうか。

クール、冷静、落ち着き

試合前だけでなく、日常のストレスに対処するための儀式がたくさんある主な理由は、冷静さを保ちパフォーマンスを上げるための他の方法があまりないからだ。下手なことをすると、思わぬ面倒を招いてしまう。あなたは自分に対して落ち着けと言い聞かそうとしたことはあるだろうか。おそらく半ばパニックで、鏡の中の自分に向かって。あるいは近しい人が怒っているとき、落ち着くよう心の中でつぶやいて事態を悪化させたことはないだろうか。

それはどういうことなのだろうか。

真正面から「冷静さを保つべし」と告げることは効き目がある、少なくともプラスの影響があると思われるかもしれない。私たちのまわりにはモチベーションを上げようとするマントラや、平静さを保つことを目指す空虚な言葉があふれている。おそらく最も有名な例は、第二次世界大戦時に英国政府が打ち出していたスローガン「平静を保ち、ふだんの生活を続けよう」[8]だろう。しかし大空爆が始まると、すでに恐慌をきたしていた国民がこの上からな物言いに反発したため、政府は逆効果になるかもしれないと気づいて、二五〇〇万枚のポスターを撤去した（世界的なミームとして復活したのは二〇〇〇年のことで、ある古本屋の店主が昔のポスターを見つけてとり上げたのがきっかけだった。これは昔の禁欲的な時代を思い出させるやや皮肉な言葉として、二一世紀の人々の心に刺さったのだ）。このキャッチフレーズをやめるという英国政府の決定は、最近のいくつもの研究で、正しかったと証明されている。心理学者のダン・ウェグナーは、人間の行動を識別するというすばらしい研究以外にも、人は自分の思考をコントロールできないことを立証する実験を行なっている。[9]ウェグナーは実験に参加してくれた人に、白クマのことを考えないよう告げた。簡単な作業に思えるが、実際にやってみると頭の中に次々と白クマが現われる。頭の中に思い浮かぶ白クマを抑えることができないなら、パフォーマンスへの不安をどうやって抑えられるというのか。不安のような経験は特徴でもあり状態でもあると考えられている。[10] 本番のことを考えて不安になることもあるし、不安になりがちな人という場合もある。そのどちらでもないなら、落ち着けというアドバイスは役に立つかもしれない。

　自分に落ち着けと言い聞かせているとき、私たちはただ思考を抑制しようとしているだけではない。気持ちの高ぶり《アローザル》も抑制しようとしているのだ。このアローザルという言葉は、高エネルギーと緊張という心理学的状態であるだけでなく、生理的なものでもあった。大脳辺縁系と交感神経系の活性化も、ここに含まれる。自分に〝落ち着け〟――白クマ、白クマ、白クマ――と言い聞かせつつ、ストレスに満ちたエネルギーという気持ちの高ぶりを経験していると想像してほしい。ハーバード・ビジネス・スクールの同僚アリソン・ウッド・ブルックスの研究では、落ち着くよう自分自身に言い聞かせても成果はなく、[11] 場合によってはさらにストレスが高まることが示されている。「自分はパフォーマンスについてまだ不安を感じているだけでなく、自分を落ち着かせるという作業にもてこずっている……そして不安を感じることに不安を持っている」この下降のフィードバックループの効果は想像できるだろう。

　タイミングが重要だと信じているパフォーマーもいる。最高のパフォーマンスをするには、〝ゾーンに入る〟まで待つ必要があるだけなのだと。しかしこの戦略が効果的だという証拠もほとんどない。ゾーンに入ったと感じたときだけダーツを投げるよう指示された人と、無作為のタイミングで投げるよう指示された人で、得点は変わらなかった。[12] 目の前の作業に論理的に結びつくことを事前に行なうという戦略も、役に立たないことが多い。スポーツ競技の前のストレッチは、ウォームアップであるだけでなく、落ち着かせる作用もあるのだろうか。何が正しいのかを示す確たる証拠はない。[13] そしてザナックスのような抗不安剤が効くことは多いが[14]、処理速度が遅くなるという副作用がある。これはすばやく考えて反応しなければならないときには役に立たない。

こうした本番前の緊張状態が、常にマイナスの効果をもたらすわけではないことは誰もが知っている。ヤーキーズ・ドットソンの法則[15]は、気持ちが高ぶった緊張状態とパフォーマンスの関係を理解する枠組みを示し、一定レベルの健全な緊張とストレスは、重要な面接、試験、スポーツ競技などでの成績を向上させると認めている。それがあるおかげで、人は事前の練習と準備を進める気になり、エネルギーが満ちあふれてやる気とスタミナが高まって、パフォーマンスに全力を尽くすことができる。しかし転換点はある。緊張や興奮が強くなりすぎると、逆に力を発揮する力を削り弱らせてしまう。

アリソン・ウッド・ブルックスは、私のハーバードでの同僚というだけではなく、よい友人でもある。もう一人のHBSの同僚ライアン・ブエルとともに、三人でバンドを組み、とりあえず〈ハーバード教員バンド〉と名づけた（現在では〈ライツ〉となっている）。人前で演奏をすると、三人とも本番前の不安に直面することになる。アリソンはこれまで一緒に音楽を演奏した人の中で一番、緊張しないプレーヤーだった。彼女は本番前の緊張や心配をすべてわくわくする気持ちに変換していた。舞台でのライアンの不安は、客いじりという形で現われる傾向があった。私はというと、不安は迷惑なものと考えていた節があった。「なんでバンドにいるからといって、人前で音楽を演奏しなければならないんだ！」バンドがそれを許してくれていたのは幸運だった。

進み続ける　負けにどう対処するか

ＮＦＬの二〇〇一年のシーズン、地区のライバルであるマイアミ・ドルフィンズに大敗を喫した二ユーイングランド・ペイトリオッツの選手たちが練習用フィールドに戻ると、グラウンドに大きな穴があるのを見つけた。コーチのビル・ベリチックがその穴の横に、シャベルと負け試合のボールを持って立っていた。彼はボールを穴に放り込んで土をかぶせると、選手たちのほうを向いて言った。「あの試合は終わった。ここに埋めて進み続ける」。チームは不運な試合のボールを埋葬したのだ。チームが埋葬場所から少し離れると、クォーターバックのトム・ブレイディが土を踏み固め、息を殺してつぶやいた。「もう終わったんだ[16]」と。そして実際にそうなった。そのシーズンは一勝三敗という最悪のスタートだったが、その後は勝ち進んでチーム初のスーパーボウルへと進出した。

儀式は保証ではないし、いくら入念な準備をしても、必ず失敗を避けられるわけではない。しかしよく練ったプランが不首尾に終わったり、リハーサルを重ねた演奏が失敗したりしたとき、儀式は違う効果を発揮し、失望と敗北感を乗り越える助けとなる。試合前の極度の緊張によって儀式的行動が増えるなら、負けたあとの深い失望はさらにそれを加速させるように思える。うまくいかなかったときに生まれるマイナスの感情をコントロールするのを、儀式が助けてくれるからだ。

ボールを埋めるというベリチックとブレイディの決定を支持する研究がある。二〇一七年、トロント大学の心理学者であるニック・ホブソン、デヴィン・ボンク、ミッキー・インズリクトが四八人の被験者を集めて、失敗にどう対処するかを評価する一週間に及ぶ実験を行なった[17]。一部の人は次の儀式を、一日一回ずつ一週間続けるよう指示された。「両手のこぶしを胸の前で合わせ、それをゆっくりと頭の上へ持っていき、その間、大きく鼻から息を吸う。こぶしを胸の前に戻しながら口から息を吐く。これを三回繰り返す」。実験の間、すべての被験者が難しい認知的課題を与えられた。その一つが心理学者のジョン・リドリー・ストループが一九三〇年代に開発した、ストループ色彩言語検査（Stroop Color and Word Test）だった[18]。

一枚に一つの単語が書かれた紙を、次々と見せられていると想像してほしい。あなたに課されたのは、文字の色を答えることだ。これは最初は簡単である。イヌと青で書かれていたら、「青」と答えればいい。しかしストループはもっと難しくしようと考えた。次の実験では、「赤」という字が緑色の文字で書かれていた。文字を読むことは無意識のプロセスになっているので、文字の色が緑でも、つい「赤」と言ってしまう人が多かった。被験者が課題に取り組んでいる間、脳波計につながれてエラー関連陰性電位（ＥＲＮ）を測定した。これは自分の期待（「私はこの作業をうまくやれる」）と、それがうまくいかなかったときの、脳波の差を測定するものだ。それらは神経学的には「しくじった」という感覚に相当すると考えてほしい。

儀式を実践した人はしなかった人に比べて反応が小さかった。この実験の結果から、儀式は間違いに対するマイナスの反応――間違えたという感情――を減らすことが示唆された。儀式は失敗に対する脳の反応を左右するらしく、失敗する前の状態にすばやく戻る助けとなる。

儀式の危険性

一九七〇年代に野球界を暴露してベストセラーになった『ボール・フォア』の著者、元大リーガーで破天荒なピッチャーだったジム・バウトンが、スポーツ選手に備わる、自分が場を支配するという感覚が、いかに簡単にひっくり返りやすいかについて言及している。それはつまり強いこだわり、あるいはなんとか主導権を握ろうとしている試合に支配されているような感覚と言おうか。「自分の人生の多くを野球ボールを握って過ごすが[19]、最後には、いつも逆だったことに気づく」。試合前の儀式は恩恵をもたらしてくれるが、そこには代償もある。あまり儀式に頼りすぎると、結局はそれに甘えて、できなくなったときどうしていいかわからなくなる。

もう一人、別の大リーガーのケースを考えてみよう。レッドソックスで長く三塁を守っていたウェイド・ボッグズである。ウェイド・ボッグズにはいくつかの儀式があって、[20]それがすべて一七という数字に関連している。毎試合前、五時一七分にバッティング練習を始め、七時一七分に軽くランニングをする。この儀式は有名だったので、ブルージェイズのマネジャーだったボビー・コックスはトロントでの試合のとき、ただボッグズを困らせるために、七時一六分からすぐ一八分になるようスコアボードのオペレーターに頼んだ。

ボルティモア・オリオールズのピッチャー、ジム・パーマーも、儀式にかなり頼っていた。ジム・〝パンケーキ〟・パーマーは、一九六六年は絶好調で、八連勝していた期間、試合の前には必ず朝食に幸運のパンケーキを食べていた。しかしカンザス・シティ・ロイヤルズとの試合に向かうとき飛行機にトラブルがあり、パーマーはパンケーキの朝食を抜かなければならず、その試合がうまくいかないのではないかと心配していた。敗北して、彼は記者に「朝食にパンケーキを食べられなかったのが、試合に影響したかはわからない」[21]と語った。しかしそれを突き止めたくはない。儀式が妨げられると、大きな不安を引き起こす。パーマーにとって朝の儀式ができないと、自分自身がずっと〝何かがおかしい〟と感じるにとどまらず、試合もおかしくなってしまうのだ。

そして儀式が過剰に複雑化されるという問題もある。あまりにも込み入って、心の準備を整えるどころか、乱れる原因になってしまう。野球選手はバッティングのとき平均八三の儀式的な動作をすることを思いだしてほしい。一部の選手は一〇〇を超える。一時期、ミネソタ・ツインズで特に期待されていたロイス・ルイスも、それに近かった。彼のキャリアが行き詰まったとき、ある評論家は次のようにコメントしている。「彼の行き過ぎた癖――ノマー・ガルシアパーラ並みにバッティンググローブをいじる、ピッチングの間に深くわざとらしいまでに息を吐く、絶えずユニフォームをなおす——は病的なほどで、儀式で気持ちを落ち着かせるというより、むしろ目の前の仕事から意識をそらしているように思えるし、試合のペースが彼にとっては速すぎてついていけていないように見えることが多い[22]」極端になりすぎると、パフォーマンス前の儀式は妨げになる。儀式をやめられなくなると、意識の方向を変えて実際のパフォーマンスに移れなくなる。ダッグアウトや舞台裏で行き詰まってしまう。その一方で世界は自分なしで回っていく（ハーバードの私の教え子の一人は、あえて完璧に実践するのを難しくしている。そうするとパフォーマンスがうまくいかなかったとき、自分自身ではなく儀式が悪かったということにできる）。

儀式にはロックスターや天才研究者を生み出す力はない。私たちはやはり、才能と熟練、そして毎日の練習が物を言う現実と向き合わなければならない。しかし儀式は緊張をコントロールし、必死で練習してきたスキルを発揮する助けとなることがある。エロール・モリスが言ったように、パフォーマンス前の儀式はとらえどころのない「それ以上の何か」を与え、スポットライトと日の光のなかに出ていく支えとなる。

第五章　味わうための儀式――カベルネと掃除を最大限に楽しむ

浄化：泡を保てるようグラスを冷水に浸す。
捨てる：最初の数滴は捨てる。これは新鮮さを保つための小さな代償である。
秘術：泡と液体を最高の比率にするためグラスを四五度の角度に傾ける。
戴冠：グラスをゆっくりと立てて完璧な泡をつくり新鮮さを閉じ込める。
はずす：なめらかにグラスを引き寄せると同時にノズルを閉める。
スキミング：ナイフを四五度の角度で当てて上部の大きくてきめのあらい泡を取り除く。
確認：泡は三センチ。それ以上でも以下でもない。
清め：グラスを輝かせて目を引くよう最後にもう一度グラスを冷水に浸す。
提供：完璧にサーブされたステラアルトワを目の前に出して賛美する瞬間。

あなたがビール愛好家でなければ、この式次第が宗教セレモニーでないことになかなか気づかないかもしれない。これはビールを注ぐセレモニーなのだ（ビール愛好家ならすぐわかるはずだ）。これはずばり儀式と呼ばれているが[1]、ベルギーのビール会社ステラアルトワが一九九〇年代に半ば冗談で打ち出したマーケティング・キャンペーンである。この中世に戻ったかのような、入念な九つの手順に目をむいてしまうのは自然である。あえてやりすぎを狙ったものだが、巨大醸造会社であるアンハイザー・ブッシュ・インベブがステラアルトワを他の競合銘柄よりも高値で売る助けとなっている。

企業戦略かどうかはともかく、自分の大好きな飲み物を飲むまでの手順を、これほど高度に儀式化されたらどう感じるか想像してほしい。この全体の儀式的な特徴——明確な一連のステップを実践するときの細かい決まり——が、その経験に何かを加えるだろうか。ジェームズ・ボンドのセリフで、完璧なマティーニの定義になっている「ステアでなくシェークで」のように、何か神秘的なものを感じさせる。どちらのケースでも、そのやり方《ハウ》、つまりふだんはごくふつうの行為を決められたとおり正確に行なうことが、気分を高揚させる。ここで私がビールを用意するやり方を紹介しよう。スクリューキャップを回してはずす。それだけだ。違いを感じられただろうか。グラスや食べ物や特別な時間を、適切な儀式と結びつけると、経験は変化する。スーパーで買う一ダース一パックのビールでさえ、ありがたく味わう霊薬に変わるのだ。

儀式は私たちの毎日の生活に、味わうことを取り入れる多くの機会を与えてくれる。食べることにまつわる最もシンプルでよく見られる行為の一つについて考えてみよう。毎日、同じ時間にちょっとしたものを食べたり飲んだりする習慣だ。これに類するものはほぼすべての文化で見られる。スカンジナビアに住んでいたら、午前一〇時ごろにフィーカ[2]という休憩をとり、コーヒーや紅茶を飲みながら甘いものを食べることになる。スカンジナビアのほとんどの職場で、これは決まり事である。空腹かどうかは関係ない。フィーカはただ人が行なうことにすぎない。空腹とか生産性とか最適化に関わることではない。フィーカは名詞と動詞どちらでも使い、何かを食べながら他の人と過ごすひとときを楽しむことなのだ。

インドでは午後六時に、だいたい自分なりのチャイをいれて飲む。[3]紅茶にハチミツや砂糖を入れて甘くしたり、スター・アニスやフェンネル、クローヴといったスパイスを入れたりする。香りを引き立たせるため、しょうがをいれる人もいる。好みの濃さにするためミルクを多めにいれる人もいる。ティータイムは特異な時間である。昼間したことと、家での自分との間の境界上にある空間なのだ。

またイタリアでは[4]早朝にコーヒーをさっと飲むアルバンコがある。エスプレッソが安い値段ですばやく出され、それを一気に飲む。横のレモンとともにカップをたたきつけるように置く。せわしなさがここでの楽しみだ。余韻に浸ることなく、儀式化されたスピードのパフォーマンスなのだ。たった一口で終わってしまうが、心配はご無用。このあと七回か八回、同じことをする人もいる。

一九七〇年代に米国の学校では、[5]午前中の半ばにグラハムクラッカーと紙パックの牛乳を出していた。紙パックは開け口が硬くて、甘めの四角いクラッカーを浸すのが難しかったが、生徒たちはなんとか大きく開ける方法を見つけて、崩れんばかりに柔らかくなるまで浸していた。グラハムクラッカーとミルクと、両方が混ざった新しい食べ物の境界はあいまいなことが多かった。

もしあなたがフランス人、あるいはフランスに長くいたことがあれば、きっと午前中の儀式、パン・オ・ショコラ[6]の快楽を知っているだろう。職場に向かう途中で近所のパン屋に寄り、バターをたっぷり使ったぱりぱりのクロワッサンにチョコレートを入れて焼いたパンを買う。それを口に入れる、息を吸う、吐息が漏れる。いまこの瞬間、人生はとてもいいものであるということを味わう。

これらの例で、飲み物と食べ物は、この瞬間に留まる経験の場面を演出する小道具なのだ。

では儀式を堪能することは日常の一部なのか考えてみよう。以前、人々に質問したときは、伝統的な儀式のバリエーション（紅茶、コーヒー、退勤後のカクテル）とともに、一からつくりあげる、まったく新しいものについても尋ねた。

午前中半ば、立ち上がって体を伸ばしたくなると、だいたいちょっとしたお茶の儀式をしています。世界中からお茶を集めているので、もうかなりのコレクションになっているんです。さまざまな国のお茶が入っているセットをもらったのが最初ですが、いまは自分の試したいお茶を見るたびにいろいろ取りまぜて買っています。一〇時か一一時になると、立ち上がって地球儀のところに行き、それを回します。指で止めたところがどこの大陸あるいは国かで、その日のお茶を決めます。アールグレイ、ゴールデンチャイ、マテレモン、ジャスミン茶。何を飲むにしても、何分かかけてその一杯が特別で唯一無二なものとして楽しみます。どのお茶も違っていて、どう違っているのか、なぜ違うのかをじっくり考えていると、数分たってしまいます。

通りの少し先にあるベーカリーでは、毎日午後二時にパンが焼き上がります。それに合わせたタイミングで散歩に出て、向こうから漂ってくるパンの香りを楽しむんです。到着するとパンはまだ温かいので、自分の分を買って家に戻り、祖母から受け継いだ陶器の皿に一枚のせ、お気に入りのフランス製バターをたっぷりぬります。そのバターは他のことに絶対使わないので、何週間ももちます。パンの温もりでバターが少し溶けるのを見ているだけで、その日の幸せのカップがいっぱいになります。

昼間、オフィスのデスクを離れて外に散歩に行くのが好きなんです。歩きながら硬貨が落ちてないかさがすのですが、それは父が昔そうしていたからです。見つけると、二五セントでも一〇セントでも近くのおもちゃ屋でガムボールを買うのに使う。それが父と、子どもだったときの気持ちを思いだせる、楽しいごほうびの時間になるからです。カラフルな丸いシュガーコーティングされたガムボールが、マシンの口から転がり出てくるのを待つ喜び。ガムを口に入れるたびに、父の笑い声が聞こえてくる。味はほんの数分しか続きませんが、それでいつも気持ちが高まり、いつのまにか微笑んでいます。

日常の価値を高め魅力的にするやり方は無数にある。もし毎日の生活に彩りを添える飲食に関わる儀式があるなら、それをさらに豊かにするため何ができるか考えることをお勧めする。何も思いつかなければ、この機会に休憩と楽しみの時間を組み込むことを考えてほしい。先ほどの例のような味わうことの儀式はささいなものかもしれないが、毎日に喜びをもたらす力を持っている。それは平凡な日々をそれ以上のものに変える、手が届きやすくだいたいは安価な手段である。

概念的な飲食

私が世界一好きなピザ店はボストンのノースエンドにある《レジーナ》で、いちばん好きなピザはソーセージ&オニオンである。世界中のピザの中で、私にとって最高なのは、自分が育った家からほんの数マイルのところにある店で出されるものなのだ。他の店でソーセージ&オニオンのピザを食べたことさえない。そもそもオニオンがそれほど好きなのかもよくわからない。ではなぜ《レジーナ》のピザがいちばん好きなのか。それは両親が好きなピザでもあったからだ。このピザは幼少期の思い出だけでなく、両親が子どものころ聞いていた話とも結びついている。両親のこの話は子どものころに聞いた。彼らが育った一九五〇年代、アイルランド系カトリックの家庭では、イタリア料理は外国のなじみのないものだったが、そのころからこの店に出入りしていたらしい。《レジーナ》は私にとって家族の伝統であり、自分が生まれる以前の日々と自分とをつなぎ、この先は自分が伝えるものなのだ。私が二〇代のころ、親友のスコットとよく《レジーナ》で落ち合ってソーセージ&オニオン・ピザを注文し、これから何をしていきたいのか語っていた。当時はそれが習慣だと思っていた。しかしいま振り返ると、それは習慣以上のものだったことがわかる。私にとってそれは伝来の儀式で、育った土地に深く根差したものだったのだ（娘も《レジーナ》が大好きになっている）。

《レジーナ》のピザひときれで感じられる深い心理的な満足は、私が〝概念的な飲食〟と呼ぶものの例の一つである。私はピザを食べ、全粒粉やカルシウムといった栄養を摂取するだけでなく、その行為によって時をさかのぼり、それ以上の経験をすることができるのだ。それはたとえば感情、願望、記憶、懐しさ。人類学者のクロード・フィッシャーが述べたように「人はタンパク質、脂質、炭水化物だけでなく、シンボル、伝説、ファンタジーを摂取している」のだ。[7] ある食品、ある食べ方が、体が必要とする栄養以上のものを与えてくれることがある。食べることはまた、文化のツールキットを構成する多種の材料を活用する意義深い方法でもある。そのリソースを昔ながらのやり方で使うこともあれば、そこからまったく新しいものを生み出すこともある。スニッカーズのフライが現われたのは、あのキャンディバーとそれを揚げる技術の両方が手に入るようになったからだ。

ここで疑問が生じる。儀式がもたらすシンボルや伝説やファンタジーがない状態での、タンパク質、脂質、炭水化物の摂取は、いったいどういうものなのだろうか。私としては、それはソイレント（栄養補助食品）のようなものではないかと思う。

二〇一三年、ジョージア工科大学の電気工学科を卒業したばかりのロブ・ラインハートは、[8] 食事を摂らなければならないことに不満を感じていた。彼はサンフランシスコでルームメイトと同居しながら、会社を軌道に乗せようとしていた。彼にとって食事は面倒なことだった。金もかかるし時間もかかる。彼は食べ物をさがすという果てのない苦役を回避する方法を見つけようとした。体を維持するのに必要な化学的な栄養を見つければ、それが何であれ、口から摂取したほうが簡単で合理的ではないか。彼はグルコン酸カリウム、炭酸カルシウム、モノナトリウムリン酸塩など、三五種類の化学成分を特定し、それらすべてを毎晩ミキサーに放り込んだ。いろいろな配合を試し、ホットケーキのたねのような状態にした。そしてこの飲み物は、お腹をふくらますという驚くべき性質があることに気づいた。彼は最終的にそれをソイレントと名づけた。ＳＦ映画の『ソイレント・グリーン』にちなむ皮肉である。

現在、ラインハートの代替食の会社は、一つ食べればあらゆる栄養が摂れるという便利なものを消費者に提供している。ソイレントの特徴は、味わうという行為を取り除いて、効率を最大限にできることだ。これならボトルを開けて中身を注ぐだけで食事ができる。感覚が刺激されることもなく、立ち止まって絆や信頼について考えることもない。祖母が何時間もかけてつくり、ピンクのラディッシュを乗せたポソレが魔法のように目の前に現われたときの記憶を呼び覚ます匂いもない。デンマークの家族が、暗い冬の午後、帰省したときに出してくれるカルダモンバンズを思い出させる質感――ぱりぱり、さくさく、ぱりっとした――や匂いもない。そして液体なので、苦労して嚙む必要もない。ソイレントを摂取していれば、子どものとき好きだった食べ物（近所の有名なクッキー）を思い出して、気を散らされることもない。

ソイレントは何かを味わう機会――過去の思い出、来るべきものへの期待、小さな喜びを静かにかみしめる楽しみ――をはぎとられている。ソイレントを選ぶ人に、会社はこう約束する。食べることに労力は必要ない。食べ物は必要な燃料にすぎない。空腹は感情に邪魔されることのない、完全な自動化によって解決できる。時短という面からみれば合理的である。しかしその代償は何だろうか？

文化を味わう飲み物

ではソイレントとは考え方が正反対の、味わう楽しみを引き出すのが目的の飲み物と比較してみよう。定期的にワインを飲む人々は、その豊かな文化の一部であり、ワインを飲むこと自体がその人の人格に不可欠な一部になっている場合がある。ワイン愛好家はさまざまな農耕の条件を考えながら、グラスの中のものを味わう。[9] それはたとえば、ナパ・ヴァレーやトスカーナ、南仏のような場所の過度な日差しや雨不足。その年の土壌のようす。ブドウの収穫期。愛好家たちはブドウ畑を訪れたり、オーナー一家の来歴を知っていたり、そこで働いている人と会ったりする。

映画『サイドウェイ』[10] はこうしたワインの世界を風刺すると同時に賞賛するもので、ポール・ジアマッティが売れない小説家かつ気難しいワイン愛好家であるマイルズを演じている。ヴァージニア・マドセン演じるマヤとの誘惑のシーンでは、どちらも踊りながら、自分がはまっているワインの世界について話しながら、自分自身のことを語っている。まずマイルズがピノ・ノワールへの愛を話す。

あれは育てるのが難しいブドウなんだ。知ってるよね。皮が薄くて、出来にむらがあり、すぐ成熟する。カベルネみたいなどこでも栽培できて、なんなら放っておいても育つ品種とは違う。ピノは絶えず世話と監視が必要で、世界の特定地域の片隅でしか育たない。そして本当に我慢強くて世話好きの栽培者だけが、あの繊細で優美な性質を引き出せるんだ。

それに対してマヤも深い親近感をおぼえて自分の正直な気持ちを吐露する。そのすべてをやはりワインへの熱情を通して表現するのだ。

私はワインがどんどん変わっていくのが好きなの。ボトルを開けるたびに、その前に開けたときと味が違っている。だってワインは生きているから。ずっと進化して、複雑さが増していく。でもやがてピークを迎えて、あなたの六一年物のように、そのあとはどうしても衰えていく。それに何しろばかみたいにおいしいのよ。

これは味わうことへの誘《いざな》いである。ワインは経験を共有し、他人と深いレベルでつながるための感覚のレパートリーを与えてくれる。映画の終盤でマヤとマイルズがカップルになるのは驚くことではない。ラブストーリーであると同時に、味わいを共有する物語でもある。

グラスに没入する

ワイン文化は私に、毎日の飲食時の儀式を観察し、考える機会を与えてくれた。ボトルの栓を開けるときのわくわくする気持ちや期待から、デカンタに移す、あるいはグラスを回してワインを空気に触れさせるテクニックまで。ワイン文化の一部は何にまつわるもので、また一部はその儀式、つまり特別な注ぎ方や回し方、飲み方といった、どのようにの部分であるのは明白だと思える。

しかしこうした飲食にまつわる儀式は、私たちにとって正確にはどのような意味があるのだろうか。これについては、味わうことに人生をささげている人々、ソムリエから学ぶのがいいだろう。コーネル大学ワイン教育・管理教授というらやましい肩書を持つカトリン・ラトゥール、そしてハーバード・ビジネス・スクールでの私の同僚であるジョン・デイトンが、サンフランシスコ、ラスベガス、ニューヨークという三都市で、一〇人の大御所ソムリエに、その人のテイスティングの手順について話を聞いた。このインタビューは、ワインのテイスティングの儀式的な要素だけでなく、プロのテイスターの経験と価値観についての考え方について、直接聞けた貴重なものとなった。ジェームズというソムリエは「私はグラスに口をつけているわけですが、本当はグラスの中に入ろうとしているのだと思います。グラスに没入して、そこから出て……おそらくそれは巨大なワインのプールの中に入ることの比喩なのでしょう」と答えている。[11]

世界的なソムリエへのインタビューで、没入というテーマ——ある経験にどっぷりと浸かる感覚——が、何かを味わうことの重大な側面として繰り返し語られた。ソムリエの雇用安定を考えれば幸運なことだが、誰かが自分の代わりに力を尽くすのを見ているだけでも、自分の経験が強化されるのだ。シェフが自分の食べる物を調理しているのを見るだけで、[12]出された料理を食べる楽しみが増すことがあるのだ。

私はある偉大なシェフの姿を見て、人がどのように感情で味わうことを経験しているかについての、他に類を見ない視点を与えられた。二〇一一年に閉店する前、私は伝説のシェフとなったフェラン・アドリアのレストラン、スペインのロザスにある《エル・ブジ》で食事をする幸運を得た。ミシュランの三ッ星を与えられた《エル・ブジ》は、「地球上でもっとも独創的なオート・キュイジーヌの創作者」と絶賛されていた。パリ在住の料理記者、クロティルド・ドゥスリエはブログに「コースのすべての料理を食べるのに、午後八時から午前二時まで、六時間かかったが、[13]私たちは高揚した状態だったので、席についてから過ぎた時間が二分だったのか二日間だったのかわからない」と書いている。

これから私に供される食事も、これほどの興奮をもたらしてくれるだろうか。天空でのコース料理を通じて、突然、一線を越える可能性に出会うのだろうか。こうした宇宙とつながる思考は、ボーイがアミューズの皿を持ってきた瞬間に崩れ去った。そこには軽く焼いたいちごが、たった一つだけ置いてあった。たしかにニンジンよりはましだが、それでも！　これが私がつぎ込んだ労力と、憧れてやまない気持ちに見合うものだというのだろうか。目の前のアミューズは、ドゥスリエがブログで熱狂的に語っていた美食家にとってのニルヴァーナと同じわけがない。

ぼんやりしながらいちごを口に入れると、突然、三つの違った味に衝撃を受けた。グリルしてできた焦げ、ジントニック、そしていちごそのもの。私の意識はすぐに夏のバーベキューの場へと飛んだ。少し焦げたハンバーガーを食べ、カクテルでそれを流しこみ、果物のデザートで締めくくる。ドゥスリエは正しかった。一瞬のうちに、私は一生分の経験をしたのだ。この時間と記憶の崩壊は、食べることを「食べることを上回る」経験に変えるというアドリアのビジョンを示している。味わうことの達人として、彼はひと口のいちごから、その人のいちごを生み出し、私はそこにどっぷりと沈み、連想と記憶のネットワークへと飛び込んでいた。この一個のいちごは、私の頭の中で、プルーストの象徴的なマドレーヌと肩を並べることになった。それらは食べ物が、懐しさや憧れ、賞賛、驚異を、いっぺんに呼び起こせることを示す例なのだ。

アドリアのいちごでの没入経験は、私の期待に応える、ともすれば超えるものだった。しかし山を越えて遠いロザスにまで行かなくても、何かを味わう経験はできる。飲食の儀式は感情を生み出し、それがより大きな喜びや快楽、高揚、懐しさを与えてくれる。それがどこであっても。

デザートを先に食べる

一九九七年、カリフォルニア州フラートンに住むアーティスト、スー・エレン・クーパー[14]は、ある店で赤い中折れ帽《フェドーラ》に目を奪われた。クーパーはそのとき五〇代で、新たに見つけた、誰の同意も求めずに生きる自由と気楽さという体験しているところだった。「いいじゃない？」彼女はそう考え、柔らかい赤い帽子を頭に乗せた。それを買ってどこにでもかぶっていくようになった。それは大好きなジェニー・ジョゼフの詩、T・S・エリオットの『アルフレッド・プルフロックの恋歌』で、年齢を重ねることを嘆く有名なフレーズへの反発となる一節を思いださせるものだったからだ。ジョゼフは自分の詩の中で、歳をとることは大胆で新しい始まりだとしている。「ばばあになったら私は紫の服を着る。流行遅れでまったく似合わない赤い帽子も」

同じころ、赤い帽子を嬉々としてかぶりつつ、クーパーは五五歳になる友人への贈り物をさがしていた。一般的なホールマークのカードに花束などではなく、何か驚くような、同時に意義深いものにしたかった。「私たちはみんなジェニー・ジョゼフの詩の女性のようになるべき」とクーパーは考えた。「人生を楽しんでしたいことをする人が、なぜもっと増えないのか。楽しみと友情をいちばんの優先事項にするときが来ているのでは？」彼女は友人のためにもう一つ赤いフェドーラを買い、さらに別の友人にも贈っているうちに、周囲の友人たちが赤い帽子のことを話すようになっていった。半ば冗談ではあったが、儀式をつくっていく過程でもあった。「人生は短い、ここにいる間に楽しもう」という儀式である。まもなくクーパーは赤い帽子をかぶっている友人すべてをお茶会に誘った。あのフェルトの帽子と紫の服を身につけるという条件で。一九九八年四月二五日に、レッド・ハット・ソサエティの第一回公式会議が開催された。以前は入会できるのが五一歳以上の女性に限られていたが、いまはすべての女性に開かれていて、その数は増え続けている。私のハーバードのオフィスから二〇マイル以内に、ジャマイカ・プレインのJP・レッド・ハッター、ビルリカのレッド・ハット・ラウディーズを含め、一五の支部がある。これはすでに地域的な現象ではなくなっていて、三〇カ国に支部ができ、総会員数は三万五〇〇〇人を超える。

クーパーはレッド・ハット・ソサエティについて大人の「遊びのグループ」と考えていると《デザレット・ニュース》紙に語った。「私は子どもの学校や教会の仕事や、地元の児童センターのための資金集めをしています。もちろんそういうことも大好きです」と彼女は説明する。「しかしそういう女性たちに、丸一日あるいは週末に、ただぶらぶらして過ごしていいのだと、誰かが言ってあげなければいけません」彼女は自分をレッド・ハット・ソサエティの高貴なる皇太后と呼び、常識にとらわれない気ままな楽しみを推奨している。

レッド・ハッターのすべての集会で実践されている重要な慣習の一つが「デザート・ファースト」[15]である。これは人生の喜びをいまこのとき味わうことを強調している。レッド・ハッターの一人、六八歳のキャサリンは、人生のその瞬間を味わうことをこう表現している。「片手に飲み物、片手にチョコバーを持って天国にすべりこんで〝ウーフー！　最高！〟と言いながら、死ぬときは死ぬんだし、死ぬまでは生きてるんだと思ってる」

レッド・ハット・ソサエティの会員になるチャンスはどこにでもある。クーパーは自分のコミュニティにいるすべての女性に、楽しみ、遊び心、自分を甘やかすことを、彼女たちの社会の組織化の原理とするよう勧めている。しかし味わうことの儀式化は、他の型破りな方法でも人々を結びつけることができる。新型コロナのロックダウンと社会的な孤立が起こってから数年、現代の文化で最も一般的だった飲食の儀式が、一からの見直しを余儀なくされている。

知らない人と食事する

二〇二一年、パンデミックの真っただ中に、アニータ・ミショーはニューヨークシティのブラウンストーン張りの高級な住宅が並ぶ、ブルックリンハイツに引っ越してきた。元はミシガン州アナーバーで、一家は数世代前からレストラン経営者やシェフといった、人をもてなす仕事に従事していた。彼女の祖父がミシガン州プリモスで中華料理のレストランを始め、彼女の母がそのあとを追って自ら夫であるミショーの父とともに、フレンチのビストロを始めた。

幼いころから食べものと高級料理店の世界で過ごしたミショーは、ニューヨークに来たときも人をもてなすことをしたいと考えていた。しかし彼女が見たのは眠らない街ではなかった。ロックダウンされて社会的な地盤が消えかかっていた都市だった。二〇二二年、人々は外に出たいと感じ始めていたが、人と会うことへの不安がまだたれこめていた。ミショーのように、新たにこの街にやってきた人々にとっての問題は、Ｚｏｏｍで楽しくやっていた二年を経て、現実の友人をつくるにはどうすればいいかということだった。すでに自分のネットワークにいる人々から始めるのではなく、ミショーはもっと強力で大きなチャンスに賭けた。彼女は面識のない六人（友達の友達や友人さがしアプリで見つけた）に声をかけ、自宅での食事に招待した。しかし彼女はそれを、面識のない人々とのディナーとは言わなかった。招待状を送り、それまで会ったことのない人を、彼女の家でテーブルを囲む親密な食事会に迎え入れたのだ。招待状には〝友人たちとのディナー〟と書かれていた。さてそれはうまくいく確証があったのか、それともただの幻想だったのか。

《ニューヨークタイムズ》に掲載されたとおり、女性が一人ずつディナーにやってきて、まったくの見知らぬ者同士が、同じ部屋にいる人と会話することを[16]、再び学び始めた。また友達をつくるというのは、どういう気がするものだろうか。パンデミックのどん底を経験したあと、誰もがそう考えた。新型コロナのロックダウンからその後のソーシャル・ディスタンスの時期に、人々の社会的ネットワークの広さは平均一六パーセント減少したと推測されている[17]。

ミショーが開いたディナーパーティーで、笑い声があがったり、何人かずつに分かれて会話したりするとき、そこに新たな相互関係が築かれていることがわかった。会がお開きになる前に、彼女はそこにいた全員をグループチャットでつなぎ、増え続けていたテキストによる会話グループにつなげた。ディナーパーティーに来た人々のバックグラウンドは、全員それぞれ違っていた。〝見知らぬ人たち〟が出会う彼女のパーティーは、いまや八〇〇人待ちの人気だ。希望者は主に若い女性で、ただ「きょう友達ができるかもしれない」と思って来ている。

寒い日の癒し

簡単なスープでも、儀式を行なってから飲めば連帯感を生むことがある。温かい飲み物を、体や心を癒す日に飲むという慣習がある文化は無数に存在する。ユダヤ人の家族の中には、チキンヌードルスープの正しいつくりかたについて激論を交わす者もいる。タイの家族には大好きなココナッツ・スープがあるし、韓国にはサムゲタンという、朝鮮人参と鶏肉でつくるスープがある。イタリア人のおばあちゃんは、おそらくストラッチャテッラ〔モッツァレラチーズと生クリームのチーズ〕の特別なレシピを隠し持っている。ベトナムで育ったら、寒くて雨が降る日にはフォーをふるまってもらったことがあるだろう。

　そのようなスープや飲み物の心地よさは、栄養や医学的な性質からだけでなく、ひと口飲むごとに呼びさまされる懐かしさからも生じている。プレスクリプション・チキン・アンド・チックスープ社（チキンスープのデリバリー会社）の創設者であるヴァレリー・ツワイクは、『オプラ・デイリー』で、幼児期に飲んだ癒しのスープを注文するとき人々が本当に求めているものについて、次のように語っている。

　人は空腹という理由だけでチキンスープを注文するわけではありません[18]。他に何かがあるのです。疲れているのかもしれないし、温かい優しさが欲しいと感じているのかもしれない。失恋かホームシックかもしれない。深刻な不調かもしれない。スープは問題を軽くするものである必要があるのです。その問題が何であろうとも。

　癒しの飲み物を味わっている人々が経験しているのは、ケアの一つである。冷たい湿布、きっちり体をくるむ毛布、かいがいしく世話をしてくれる親の優しい声かけ。スープや温かい飲み物はシンプルであっても、奥深い風味がある。人は気遣いと愛を体に取り込んでいるのだ。知らない人たちとのディナーへの扉を前向きな気持ちで開けるにしろ、幼児期に慣れ親しんだ食事の心地よさに浸るにしろ、食べ物や飲み物の味は、自分が求めている感情的な経験を味わわせてくれることが多い。飲食にまつわる儀式は、ほんのささいでごく日常的な喜びさえも味わおうという気にさせてくれる。

　ほとんどの人は味わうことを飲食と結びつけるが、科学的な文献では、味わう（savoring）という言葉はもっと幅広い意味を持つ。それは高まる注目と評価の一つの形であり、日常生活のあらゆる場面に広がっている。私たちはそれを持続させ増大させることができるのだ。行動科学者がこの幅広い意味を明確にする戦略として、特にうまくいった四つを特定している。[19] 前向きな場にいるよう努め、それを賞賛する。味わうことを他人に伝え祝福する。味わっていることを非言語的行動、たとえば笑顔で表現する。笑顔のような非言語的行動を通じて、味わうことを表現する。過去の楽しい経験についての細かい部分をじゅうぶんに思い出し、同時にその細かい部分がまた経験できると予測する。私がアドリアでの魔法のいちごへの反応で説明したプロセスである。研究者はこれを、ポジティブ・メンタル・タイム・トラベル（ポジティブＭＴＴ）と呼んでいる。

ポジティブ・メンタル・タイム・トラベル

私はハーバード・ビジネス・スクールで、好意的にナード・ラボ（オタクの集まり）と呼ばれるグループの博士課程の学生を指導している。ある日、ティン・ザンという教え子が、思いがけない、しかし興味深い質問をしてきた。「人はなぜタイムカプセルをつくるのか」と。ティンは過去を再発見する経験は、よく見知ったものを何か喜ばしく新しいものに変容させるのではないかと考えていた。日常的な平凡なもの（その日の新聞が多い）を土に埋めてあとで掘り起こすのは、儀式を記憶するためだけでなく再発見して、現在だけでなく過去と未来を同時に味わうことに使えることを示す好例（風変わりではあるが）である。儀式はデジャヴュ（既視感）とは反対のものをもたらしてくれる。それがジャメヴュ（未視感）、つまり〝見たことない〟という経験である。私たちはその再発見の経験を記録し理解しようと決意した。[20] 平凡で単調な日々を、何かそれ以上のものに変えるのは何かを解明するためだ。

私たちはボストン地域の一三五人の大学生に、年度末にタイムカプセルをつくり、最近の生活がわかるもの（参加した社会的イベント、聴いた曲を三曲、期末論文からの抜粋、内輪のジョーク）を詰めるよう頼んだ。タイムカプセルができあがってすぐ、三カ月後に掘り起こしたとき、中身にどのくらい興味を持って開けるのが楽しみと思うかという質問をした。学生たちはあまり楽しそうではなかった。入れたのはごくふつうの、ごみに近い、珍しくもないものばかりだ。掘り起こしてそれを見ても、おもしろいことはないだろうと。

しかし三カ月がたってみると、彼らの見方は大きく変わっていた。参加者はタイムカプセルを開けるのは、わくわくすると言った。そして中身をふたたび見て、とてもうれしくなったとのちに語ってくれた。何を入れたかよく覚えていると思っていたのに、実際は自分が何を埋めたかほとんど忘れていて、その中身を再発見したとき純粋な喜びが湧いてきたのだ。

儀式を調べている行動科学者の視点からすると、私たちの調査結果で特に印象的なのは、再発見の利点は、非日常的な出来事ではなく、ごくふつうの出来事に特に当てはまるということだ。それが起きていることにほとんど気づかないような出来事や瞬間である。私たちはほとんどそれらを意識しない。小さすぎたりなじみがありすぎたりして、限られた注意力では把握しきれない。別の研究では恋人同士の一五二人に、二月七日と一四日に何をしたか書いてもらった。三カ月後にふたたび彼らを集め、前に書いたものを読み直して、どのくらい楽しかったか尋ねた。何のイベントもない二月七日より、バレンタインデーのロマンチックな夜を思い出すほうが、わくわくすると思うかもしれない。しかしバレンタインデーのことはわりとよく覚えている人が多いので、再発見することは多くない。一方、忘れている可能性が高い、特に何もない日のことを読んだときのほうが、大きな喜びを感じていた。

また別の調査では、ある親がこう言った。「娘とごく平凡なことをしていることを読み返してみると、たしかに一日が明るくなります。いまこの瞬間、信じられないほどの喜びを感じているのだから、これについて書いてみてよかった」。ノスタルジーを感じることは、過ぎ去った日々への悲しみをともない、ほろ苦く思えることもあるが、昔を懐かしむ考えが幸福感を高め、[21]人生の意味さえも感じさせることが証明されている。いまという瞬間を埋めるという一見奇妙な儀式は、私たちを過去へと引き戻すまたとない機会を与えてくれるのだ。

はぎとることで味わう

スウェーデンでは最近ドゥースタトニングと呼ばれる儀式が現われた。[22]スウェーデン語でドゥーは〝死〟、それと〝清掃〟を意味するスタトニングが組み合わされた言葉だ。大雑把に翻訳すると「死の清掃」となるが、この儀式は死の前後に行なうようなことではない。これは家にあるものすべてについてじっくり考えてみようということなのだ。これらはいま現在、自分や愛する人の役に立っているのだろうか。未来の自分は？　そのときそれらを使ったり大事にしたりするだろうか。そう思えないなら、いまが別れを告げるときかもしれない。イランでは春になるとノウルーズという再生の儀式があり、それはたとえるとただ家について考える以上のことであり、そこで行なわれる清掃活動、コネ・タクオーニ[23]とは「家を揺るがす」という意味だ。

二〇一七年、マグナレータ・マグナソンが『スウェーデン流　死の清掃の優しい技（The Gentle Art of Swedish Death Cleaning）』を出版してベストセラーになったが、そこでこの究極の清掃儀式にどう向かい合うのがいちばんいいのか、読者にアドバイスしている。彼女はドゥースタトニングについて、再発見の機会であり物を減らしていきながら喜びに満ちた明快さをもたらす意図的なプロセスであると説明している。「物を一つずつ見直して、[24]その価値を思いだすのは楽しいです」。この清掃はほうきで掃いたりモップをかけたりすることではなく――それらが一部に組み込まれていることももちろんあるが――むしろ〝ある物体〟とは、その後の人生を共にしないと認めることなのだ。私たちは何かを買うことだけでなく、減らすことも味わうことができるのだ。モダニズムの有名建築家ミース・ファン・デル・ローエが述べたように、よけいな物はないほうがいいことも多いのだ。[25]

かつて春の大掃除は現実的な理由で行なわれていた。一八〇〇年代の米国において、春とは冬の間に薪や炭や鯨油を燃やしてたまったすすを落とす時期である。[26]それとは対照的に、現在では多くの人にとって、春の大掃除は自分の住む空間を浄化し、今後のことを祝い、新しいシーズンに向けて新規一転を図るものだ。二〇二二年、アメリカ人の七八パーセントが春の大掃除の儀式に参加していた。[27]前年二〇二一年の六九パーセントからの上昇である。ニューヨークシティ在住の俳優でカリグラファーのラジヴ・スレンドラはこの季節の清掃に熱心に取り組んでいる。スレンドラはすべて手と膝をついて行なう〝シンデレラ・スタイル〟の信奉者である。「掃除をしている週は生きてる感じがしない。一時停止ボタンを押したような感じなんだ」と彼は《ニューヨークタイムズ》に語っている。この儀式で重要なのは、アパートにある「すべてのアイテムに一度は触れること」である。

スレンドラの浄化儀式は、ライフスタイルのアイコン、こんまりこと近藤麻理恵の手法と似ている。近藤は多くのファンやフォロワーに向かって「片づけているとき大事なのは、物を一つずつ手に取って[28]自分の心に〝これにときめきを感じるだろうか？〟と問いかけることです。自分の体の反応に注目して。ときめきは個人的なものなので、誰もが違う経験をします」と言っている。彼女はときめきとは「ちょっとしたスリル、体の細胞がゆっくりと盛り上がってくるような」と説明する。ではもし細胞が盛り上がらなかったら？　それはゴミ箱へ。こうした清掃の儀式は、よけいな物を持たないことの力を具現化している。近藤のフォロワーの多くがその効果を証明している。「ときめきのメソッド」が、保管しておく物を決めるのにもっと意識的になり、それらを味わうのを助けてくれるのだ。

飲食と再発見の儀式は、日常生活の足場をつくり、より魅力的なものとしてくれる。マーケターもその引力に気づき、無数の儀式に商品をつけて売ろうとしている。ステラアルトワばかりではない。儀式の力に便乗する企業はどんどん増えている。いまや儀式でブランド化したビタミン、入浴用品、コーヒー、テイクアウト用食品、テキーラなどが買える。二〇一七年、オレオがオレオ・ダンク・チャレンジのキャンペーンを始め、シャキール・オニールが史上初のハンズフリー・ダンクを決め、「オレオ・クッキーのダンクを文化として定着させる」という目標を掲げた。[29] 飲料会社のウッジ[30]は飲食を「液体の儀式」と説明する。ネブラスカ州でのフットボールの試合では、ハンバーガーを州の形にして焼き、真のコーンハスカーズのファンはプラット川の形にケチャップをかける。[31] こうした儀式が効果を発揮することはある。ウッジの顧客でフィラデルフィアに住むアナスタシアは「カップで魔法をかけてくれてありがとう」と絶賛した。科学的に見ると、企業が仕掛けて私たちに販売する儀式を、おとなしく受け取る（購入する）のではなく、自分が主体となって意識を向けて労力をつぎ込み、独自の儀式をつくることもできる。飲食の儀式はじっくりと味わって、人生のその瞬間、個々の記憶、ひと口の飲み物や食べ物から、より大きな喜びを引き出すことを思い出させてくれる。

第六章　道をはずれないために――セルフコントロールの喜び

私は正しく行動をしたいが、いまではない。

――ギリアン・ウェルチ[1]

こんな朝食で一日をスタートしたことがあるだろうか。オーガニックな低脂肪バニラヨーグルト、ラズベリー、ブラックベリー、ピーカンナッツ、発芽全粒粉シリアル。もしあるならそれは称賛に値する。健康的な始まりで、その人の自制心の高さがうかがえる。

ランチも同じくらいすばらしいものだったかもしれない。有機野菜に脂肪ゼロのライム・バジル・ドレッシングをかけたものとか。

しかしその後はどうだろう。すばらしいスタートを切ったのに、夜はこんな食事になってしまったことは？　ミントチョコアイスのサンドイッチにゴールドフィッシュ・クラッカー、それにビールか白ワイン。私たちはよく自制心を働かせて、たとえば健康的な食事をとろうと決意するが、その戦いに勝つこともあれば……負けることもある。アイスクリーム・サンドイッチ片手にビールやワインを飲むことは考えていなかったはずなのに。

食事はなんとか自制心を働かそうとする例の一つにすぎない。私たちは日常生活の中で、常に誘惑に抗おうとするが、誘惑はさまざまな形でやってくる。

心理学者のキャスリーン・フォース、ヴィルヘルム・ホフマン、ロイ・バウマイスター、ゲオルク・フォルスターの四人は、ドイツのヴュルツブルクとその周辺から二〇五人を集め、日常生活における誘惑について一週間にわたって調査した[2]。一日七回、参加者のスマホに電話をかけ、「いま欲求を感じているか」（たとえば熱望や衝動、何かをしたいという気持ち）を尋ねた。電話をかけた回数のほぼ半分のケースで、彼らはいまするべきことと、したいことの間で葛藤を感じていると答えた。これが何世紀もの間「意志の弱さ」として批判されてきたものだ。参加者の半数以上が口にしたのは、先延ばしに関する葛藤だった。仕事を片づけるために、時間のかかる誘惑に抵抗することだ。葛藤を生むもう一つの要因は健康と摂生だった。運動をする、健康的な食事をする、飲酒を減らすなどである。コーヒーを飲みたいという気持ちは午前中、アルコールを欲する衝動は夕方にピークを迎えるが、居眠りの誘惑は絶えることがなかった。酒を控える目的は、お金の節約と、パートナーに嘘をつかないことの両方があげられた。

調査のあと、全員に特定の誘惑について「あなたはそれに抵抗できましたか？」と尋ねた。成功率は芳しいものではなかった。約四二パーセントが自制心を働かせることに失敗していた。すでに何かに耐えたあとでは、さらに誘惑に抵抗するのが難しくなった。誰の自制心にも限度があるのだ。

意思決定を自動的に行なうために、習慣にしてしまえばもっとセルフコントロールがうまくいくようになるかもしれないが、それは誰にでもできるわけではない。家ではよい習慣があったとしても（家の中ではおやつを食べない）外に出るとそれを守れないこともあるだろう。たとえば特定の活動をするときお菓子を食べる習慣がある。映画を見るときポップコーンを食べるのはその一つの例だ。

心理学者のデビッド・ニール、ウェンディ・ウッド、メンジュ・ウー、デイヴィッド・カーランダーは、映画館に入ろうとする人々にポップコーンを一箱ずつ無料で配った。[3] ただ半分にはできたてのものを、残りの半分には七日たって硬くなったものを渡した。よいニュースは、映画を見ながらポップコーンを食べる習慣がなかった人々は、できたてのポップコーンは食べても、古いポップコーンはあまり食べなかった。しかしポップコーンを食べる習慣があった人は違いに気づかず、古いものも同じように食べていた。

しかし儀式の働きは習慣とは違う。自己規制のための違う道筋を示してくれるのだ。

生活を変える新たなる魔法

多くの人が心の内で果てのない戦いに行き詰まっている。私たちのよき本性は最悪の衝動に抵抗しようとするが、内なる悪魔は屈服して抵抗の少ない道を進むよう誘ってくる。善良であろうとしつつ苦闘するか、すでに屈して罪悪感に苛まれているかだ。人が自制心を発揮しなければならないと常に苦悩することを考えれば、世界中の宗教が、私たちを救うための儀式をつくりあげたのは驚くことではない。仏教からキリスト教、ヒンドゥー教、イスラム教、ユダヤ教まで（これでもごく一部だが）すべて自制の要素が組み込まれていて、信仰心を証明するために自己を律することを求めている。たとえば一日の決まった時間、あるいは週の決まった日、一年の決まった月に、何か好きなことをやめなければならない。（ときどきそれが抜け道として利用されることもある。たとえばある母親は「うちの子は四旬節の絶食のとき、ブロッコリーをやめると誓いました。一度も口にしたことないのに」と言っていた。）

政治理論学者のマイケル・ウォルツァーは、[4] 一六世紀の宗教改革の立役者であり、カルヴァン主義の創始者であるジョン・カルヴァンが、この宗派の厳格な儀式の多く（教会の礼拝における楽器の使用禁止もその一つ）をつくったと指摘している。それはローマ・カトリックの礼拝において、あまりにも華美と思えるものの否定というだけでなく、礼拝が終わったあとも、質素な生活をおくることを奨励するためだった。

宗教は自らの良心に耳を傾ける助けとなるのだろうか。それは間違いないことを示すものが一つある。観察することは観察されることでもあることが多い。人が多く集まる場に参加すると、社会的、感情的な支えを得られる一方で、失敗したときは人前で恥ずかしい思いをする。しかし心理学者のゼーヴ・マーカスとマイケル・マカルーは、そこには社会的不名誉以上の意味があると述べている。彼らは宗教上の儀式に求められる労力が大きいゆえに[5]――礼拝、祈り、瞑想、断食などへの参加――信者が行動を規制、制御する力、つまり自制力全般が向上すると強調している。

宗教が人間の驚くべき自己制御能力を引き出すことがあるのは確かである。たとえば一一世紀から、日本の真言宗の僧侶たちはこんな儀式を行なっていた。

最初の一〇〇〇日は厳しい修行を行ない、水、種、木の実を食べて過ごす。
次の一〇〇〇日は一般的に塗料として使われる有毒な樹液からつくった茶を飲む。
そして石の墓に入り蓮華座で生きたまま埋められ、管を通して呼吸しながら一日一回鐘を鳴らす。
鐘が鳴らなくなったら墓を封じる。

さらに一〇〇〇日がたったところで墓を開ける。死んでミイラとなった僧侶は即身仏[6]として寺に安置され崇められる。

この儀式はあまりにも極端ではあるが、この宗派の僧侶が特に異常なわけではないし、このような習慣は一〇〇〇年以上前に終わっていたわけでもない。一三世紀に設立されたギリシャのシモノペトラ修道院の修道士たちは、[7]立ったまま二四時間ずっと飲食をしないという儀式を行なっている。それについてサイモン・クリッチリーが《ニューヨークタイムズ》で次のように説明している。

> ミルラの香りが揺れる香炉から空気の中を重々しく漂い、それが詠唱を支える打楽器の伴奏のような働きをしていた……僧侶たちの肉体の鍛錬は理解しがたいものだった。彼らは何時間も直立したままぴくりとも動かず、そわそわしたり、爪を噛んだりすることもなかった。何も飲まず、のどが渇いた様子も見せない。終わりに近くなると……真夜中ごろ、一人か二人あくびをこらえているのに気づいたが、それは大したことではない。

どちらの例でも、儀式は異次元の自制心が求められる行動と複雑に結びついている。宗教的儀式は、人が特定の目標に向かって力を発揮する助けとなりうることが、調査によって示唆されている。[8]宗教の教えを守る人は、刑務所で服役したり、薬物を使用したりする可能性が低く、高等教育を受ける可能性が高い。

しかしこれらの例は対照群がない。つまり宗教的・儀式的な要素なしに同じような自制心を発揮しようとする人々との比較ができないのだ。重大な問いは残ったままだ。人々がより大きな自制心を発揮するのに特に役立つのは、宗教的な儀式なのだろうか。それともそれほど慣習に傾かない、あるいはまったく歴史のない儀式でも、同じような力を持つのだろうか。

マシュマロ・テストを検証する

心理学者ウォルター・ミシェルの「マシュマロ・テスト」[9]はよく知られている。幼児にマシュマロを一つ与えて、一五分間食べずに待てれば一つ増やして二つあげると告げる。この作業には、のちにより大きな満足を得るために目先の欲求を我慢するという姿勢を観察できるようにつくられている。（宗教でたとえるなら、死後の世界で報われるために、生きている間に高潔な行ないをする。）実験に参加した子供たちは、顔をしかめ、体をくねらせ、なんとか我慢しようとする。目の前の欲求を抑えて、お菓子を二倍にするのを助けるために何ができるだろうか。

スロバキアとバヌアツの子どもたち二一〇人（ほとんどが七歳と八歳児）を対象にした実験で、人類学者のヴェロニカ・リバンスカらは、子どもたちの欲求を抑える能力を高めることを目指した。[10]三カ月にわたり、生徒たちは通常の授業の合間に一連のゲームに参加した。その一つがドラム・ビートと呼ばれるゲームで、[11]子どもたちは異なるドラムの合図によって、違う動きをするよう教えられる。

まず子どもたちは、ドラムが速いリズムのときは速く歩き、遅いリズムのときはゆっくり歩き、ドラムの音が止んだら立ち止まるよう指示された。また教師たちは、その逆の行動をするように指示したり（速いリズムのときゆっくり歩き、遅いリズムのとき速く歩く）、ドラムの特定のリズムに違う行動を関連づけたりもした（たとえば速いリズムのときは飛び跳ね、遅いリズムのときははいはいする）。

どのゲームも子どもたちに自己規制を求めるよう設計されている。ドラム・ビートの場合、指示が逆になると——ドラムのリズムが速いときは速く歩いていたのが、ゆっくり歩くに変わったとき——頭を使って反射的な行動を抑えなければならなくなる。

三カ月後、すべての子どもに一種のマシュマロ・テストを行なった。すぐに食べるならキャンディを一個、あとで食べるなら三個に増やす。するとゲームによる練習の有無で違いが出た。三カ月間ゲームで練習した子は、していない子よりも長く我慢することができた。

しかしリバンスカの研究はさらにもう一つ複雑さが加わっていた。彼女たちはゲームを練習する子どもたちを二つのグループに分けた。一つ目のグループにはなぜゲームを行なうのか、明確な理由を教師が子どもたちに伝えた。具体的には、練習してリズムに合わせて速く飛び跳ねられるようになればダンスがうまくなると。しかし二つ目のグループには理由はまったく伝えなかった。何カ月もの間、教師はただ子どもたちに、ただ歩いて、みんなでリズムに合わせて飛び跳ねるよう指示した。その結果、どうなったか。理由を教えてもらえなかった子どもたちは自分たちなりの理由をつくりあげたようだった。この行動には何かもっと深い意味があるに違いないと（B・F・スキナーのハトがでためにつついたり頭を動かしたりする行為に意味があるととらえたのを思いだしてほしい）。これはつまり、一つ目のグループは、ゲームはただの練習だと考えるよう仕向けられたのに対し、二つ目のグループはもっと儀式的なものととらえるよう仕向けられたのだ。結果として、二つ目のグループの子どもたちのほうが、他のグループよりも長い時間我慢して多くのキャンディをもらっていることがわかった。

これが儀式のツールキットとしての本質である。私たちは何かを最もじっくり味わいたいとき儀式に助けてもらう。しかしもう十分に楽しんだと判断したときも儀式に頼る。

ループにはまる

真言宗の僧侶たちは一〇〇〇日間、同じ行動を行なう。儀式と反復は自制心を鍛えるための強力な道具だが、時間がたつと逆に儀式として行なう行動が私たちをコントロールし始めることがある。ユーモリストのデイヴィッド・セダリスは強迫神経症（OCD）で、子どものころいくつもの反復性の儀式を行なっていたのはよく知られている。セダリスはエッセイ『チックという病（A Plague of Tics）』[12]で自らの経験を細かく語っている。それは小学校の教師と衝突したときに突然のひらめきを得た（愉快でもあった）状況の中で、強迫神経症とともに生きる経験をとらえている。

「あなたはノミみたいに動き飛び跳ねている」と先生は言う。「私が二分間よそを向いていると、電気のスイッチに舌を押し付けている。あなたが前にいたところではそうだったのかもしれないけれど、私の教室では、好き勝手に席を立って物を舐めるようなことはさせません。これはミス・チェストナットの教室のスイッチです。舐められるのはいやなの。私があなたの家に行って電気のスイッチを舐めてみましょうか？　どう思う？」私は彼女がそういう行動をしているのを思い浮かべようとしたけれど、そのとき靴が呼んでいるのが聞こえた。「私を脱げ」とそれはささやく。「ヒールをお前の額に三回たたきつけろ。今すぐ、早く、誰にも気づかれないさ」

ＯＣＤは儀式的行為への衝動と「秩序と対称性の必要性[13]」が特徴である。心理学者のリチャード・モールディングとマイケル・キリオスは「ＯＣＤは世界をコントロールするために儀式を用いることで、自分の思考をコントロールしようとする個人的な努力を特徴とする」[14]と書いている。つまりOCDの人は行動を制御する感覚は小さいが、制御したいという欲求は大きい。儀式は制御する感覚を取り戻す助けにはなるが、完全には取り戻せない。そこでさらに儀式が必要になる。ミシガン大学のケイト・フィッツジェラルドはそれを「足はブレーキの上にあって止めようとしているのに、そのブレーキがタイヤを実際に止める部品につながっていない」[15]ような感じと言っている。OCDの核となる症状が、制御された反復行動――鍵や電化製品のダブルチェック、家族の安全を何度も確認する、また数を数えたり指で何かをたたいたりといった行動――に関わっているのも、それが理由である。

人類学者のアラン・フィスクは[16]、OCDの元が人間心理の奥深くに流れていると示唆している。彼の主張によれば、OCDに関わる行動は、昔の狩猟採集社会で行なわれていた儀式と機能的によく似ている。そのような初期文明の社会では、汚染していないかどうかを調べること（食物や飲料水から有害物質を排除するため）、そして危険な動物や天敵を絶えず警戒することが緊急の課題だった。OCDは私たちの祖先が健康と安全を保つために行なっていた儀式が病的な形で現われたものだと彼は主張している。

OCDを経験した人々は儀式をやめることがとても難しく[17]、不可能なことさえあると気づく。儀式それ自体が目的になっているのだ。セダリスは自分が子どものころにしていた行動の一つにも触れている。それは体を前後に揺らすことだ。「その代わりになる行動はなかった。大事なのは眠るために体を揺すっていたわけではないということだ。もっと大きな目的のためのステップではない。それ自体が目的だった」

また儀式と自制について語るならば、拒食症などの摂食障害で儀式が果たす役割があると認めなければならない。拒食症の人の多くは、食べないこと、つまり絶食という儀式を行なうことがあるが、それと同様のことを研究で用いることがある。たとえばデボラ・グラソファーとジョアンナ・スタイングラスの研究で、ジェーン（仮名）という女性は「昼食は一五〇キロカロリーと決めていて、無脂肪ヨーグルトとわずかなベリー類……幼児用スプーンを使って〝ヨーグルトがすぐになくならないようにして、一口ごとに水を飲む〟」ことを儀式としていたと報告している。[18]ジェーンからすれば、この儀式はうまくいっている。思春期のころの彼女は、体重が減ると何かを達成したと感じていた。最初のうちは。しかし何年もたつと制止がきかなくなり、危険なレベルまでやせて具合も悪くなった。グラソファーとスタイングラスは「彼女はあのルーティンをほぼ無意識でやっていて、結果については気にしていなかった」と書いている。食べないという儀式を繰り返すのは、[19]一時的な大きな快楽と自制とが結びつくため、拒食症の人にとっては離れるのが難しくなる。

一つの治療法として、害のある儀式を他の儀式を使って阻止することがあげられる。たとえば強迫的行動の治療法として最も一般的なのは〝習慣逆転〟[20]の訓練である。考え方としては、問題を起こす行動の根本を特定して、それを何か他のものと置き換えるということだ。たとえば爪を噛む習慣をやめたいなら、手を口に持っていこうとしたら、たとえばこぶしを握って脇におろし、三つ数えるようトレーニングさせる。これは文献では〝競合反応〟と呼ばれている。そして気づいている人もいるかもしれないが、立ち止まって自らの行動を制御させる助けとなるのも、実は基本的な儀式、一連の行動の反復なのである。

薬物中毒や過食のような悪循環を断ち切るための戦略の多くは、その習慣への対抗、あるいは競合反応をもとにした儀式をつくることに基づいている。マーク・シーマンは依存症の治療を受けながら、ペンシルベニア州ウェスト・レディングのアース・リズムスで働いている。彼はドラミング・アウト・ドラッグス[21]と呼ばれる回復プログラムの指導もしているが、このプログラムは音楽を中心としたコミュニティに加わることで、依存症に引き戻されそうになる衝動を阻止することを目的としている。シーマンは依存症患者が疎外感を抱きやすいこと、そして他者とのつながりをつくることが悪いサイクルを断ち切るために重要であることをよく知っていた。シーマンがこのプログラムを立ち上げたのは、ドラムが新しい儀式と、依存症につながる行動に代わる新たなつながりの形を提示するためだった。「ドラムはより深いレベルで人々の心を動かします」とシーマンは言う。「ドラムを叩くことで、つながりや共同体、身体と心と精神が統合される感覚が生まれるのです」

シーマンは会合を始めるとき、参加者にドラムに実際に触れて演奏することで、他の人たちに自分の気持ちを示すよう求める。最初は耳障りな音だったのが、しだいに調和していき、集団で一緒に音楽をつくり始める。セッションの最後には一種の瞑想にパーカッションを組み入れる。これはアルコール依存症患者のためのプログラムなどの、グループセラピーの新しい形で、定期的に人々を集めて再発を防ぐために考案された新しい儀式である。

第七章　何者かになるために――通過儀礼と過ち

成長は痛みをともなうと誰もが知っている。

――ベン・フォールズ

日本語の「わび・さび」[1]という言葉を他の言語に翻訳するのは難しい。「わび」を簡単に説明するなら「控えめで簡素な洗練された美しさ」、「さび」は「時の経過とそれによる衰え」のような意味になる。この言葉は、大きな価値観全体を内包している。すべてのものが時間の経過とともに壊れ、朽ちていくという認識と、それがいかに新たな美を生み出すかという、より大きな理解の両方が含まれている。

人は生きていく中で変わり続ける。成長し、学び、年齢を重ね、成熟していく。私たちはまた常に、意図的に変化を起こして**いる**。すぐに起こせる変化もある。アイスクリームはバニラ派だった人がチョコレートに変えるのは、それほど大きなことではない。しかしたとえば親になる、親にカミングアウトする、あるいは新たなキャリアパスに進む、治療に踏み出すといった大きな転換をするときは、それほど簡単にはいかない。こうした転換、つまりアイデンティティの核心に関わる変化に対しては、古いものをすべて捨てて、完全に一新するというわけにはいかない。私たちは自分の本質である一部の要素を持ち続けながら、自分自身について大胆な新しい見方を追求する。「わび・さび」がそうであるように、過去の自分を壊し、その破片を集めて、新しい自己をつくることで美が生まれる。苦労と努力の分だけ、より意義深く真実に近いものになる。

通過儀礼

二〇世紀を迎えたころ、アルノルト・ファン・ヘネップが、フランス民俗史の研究の一環で、人生が変容する瞬間を説明するために通過儀礼という言葉をつくった（彼の著書のタイトルがまさに『通過儀礼』である）。彼はまったく違う社会や文化の人々が、自らを変えようとするときに頼る共通の習慣があることに気づいた[2]。自分たちの目的地へと到達するのに儀式を用いるのだ。ファン・ヘネップは三つの明確な移行期があると述べた。分離の儀礼は以前のアイデンティティから離れる時期。過渡の儀礼は変化の苦しみにある時期。そして統合の儀礼は新しいアイデンティティに完全に入り込む時期である。第二段階――境界上の儀礼――が特に漠然としているが、多くの意味で最も重要である。この時点で通過儀礼が私たちを、あるものから発展するものへ、周縁から中心へ、あいまいな中間から強固な地盤へ、これまでの私からこれからの私へと移行させるのだ。

ファン・ヘネップの枠組みの上品な単純さが明らかになったのは、すべての文化における通過儀礼の頻度、範囲、複雑さが調べられ、通過儀礼の形式が驚くほど多様であるにもかかわらず、人々をある自己から別の自己へと移行させるために常に用いられていることがわかったときだ。

アーミッシュにとっては、大人になるのは一六歳のときに始まるラムスプリンガ[3]――文字通りの意味は〝走り回る〟――が終わったときだ。この時期はアーミッシュの厳格な生活から一時的に解放され、馬車ではない車の運転や、飲酒や薬物の使用までできる。そしてティーンエージャーたちが洗礼を受けるか、共同体を永遠に去るかを決断したとき、ラムスプリンガが終わる。ブラジルのサテレ・マウェ族では、男の子は一三歳になると[4]ダンガンアリのイニシエーションを受ける。刺されたときの痛み指数で最高ランクにあるサシハリアリの針を内側に向けて編み込んだ特別な手袋があり、大人の仲間入りをするために、少年たちはその手袋を五分から一〇分間、一度ならず二〇回もはめなければならない。ユダヤ教ではバル・ミツワー／バト・ミツワーが大人になる儀式で、[5]年齢は一二歳か一三歳、家族やコミュニティの人々の前でトーラーの朗読を行なう。これはユダヤ教の伝統に従って、子どもたちが信仰とより自律的な関係を築けるようになると考えられる年齢で行なわれる。このときから彼らは自分たちの共同体に対して責任を持ち、信仰とともに成長して、より成熟したユダヤ人としてのアイデンティティを築いていくことができる。

　ノルウェーでは高校生が春の最終学期にルッセファイリングに参加する。[6]この通過儀礼では、生徒たちは紐がついた帽子をかぶり、与えられた課題を成し遂げるごとに、地元の〝ルス委員会〟から公式に認められて〝ルス紐〟をつけてもらえる。課題はたとえばひと晩を木の上で過ごす（その木の枝を帽子につける）、スーパーマーケットの床を這って吠えながら客の足を噛む（犬用のビスケットをつける）、モールにいる誰かにコンドームを貸してと頼む（コンドームをつける）といったことだ。こうした気まずく恥ずかしい行動が多い中に、一見、簡単そうに思えることがある。それは五月一日前に泳ぎに行く、というものだ。これは苦痛に耐える能力を試す行動のようには見えないかもしれないが、ルッセファイリングがどの国で行なわれるのかを思い出せば、そんなことは言っていられないだろう。

こうした儀式の内容は文化によってまったく異なるが、同じ要素が繰り返し現われる。身体的な要素はどこの文化にも見られるのだ。大人になるために、人は暗唱したり山登りをしたりはいつくばったりする。こうした身体的に難しい作業は、勇敢さ（サシハリアリに刺される、見知らぬ人にコンドームを借りる）と自律（聖典の難解な文章を暗唱する、家から離れて……監視されずに木の上で過ごす）を試すことも兼ねていることが多い。これら二つの要素が互いに強化しあい、子どもは次のステップに進む心の準備ができ、人生の次の段階へと移り、外へ出てそれを行なう。

しかし通過儀礼は子どもから大人になるときだけのものではない。大昔のサンスクリット語のサムスカーラという言葉には、準備する、まとめる、完璧にするという意味が含まれる。ヒンドゥー語のサムスカーラには、人生におけるあらゆる通過儀礼が含まれる。両親が子どもをつくろうとすることから、人生が終わったあとのことまで。たとえばガルバダナ（子を持とうとする）、プムサバナ（胎児を育てる）、シマントンナヤナ（髪を分ける、これは赤ちゃんの健康と安産を祈る意味になる）、ジャタカルマ（出産）、ナマカラナ（子どもの命名）などなど。そのあとも、初めて外出する、初めて固形食を食べる、初めての散髪、耳にピアスをあける。これらは子どもが幼いうちのものだけだ。ゴータマ・ダルマスートラ[7]（紀元前六〇〇～二〇〇年）には、合計四〇の通過儀礼が記されている。

私たちは人生の大きな転換点を迎えるとき、儀式に頼る。大学を卒業するときは帽子とガウンを身に着けて卒業証書を受け取る。結婚するときは正装して祭壇の前へと歩いて進み誓いの言葉を述べる。仕事からリタイアするときは大酒を飲んで酔っ払ったり、世界一周のクルーズ旅行に招待されたりする。これまでの自分がどうあれ、このときから他の自分になる。大人、卒業生、配偶者、退職者。こうした儀式的な行動はその機会を際立たせ、それらの行為が過去と未来をつなぐ橋となり、新しい自分を見つける助けとなることを示している。

儀式の中の〝私〟

自分のアイデンティティが変わったとき、どんな感じがしたか考えてみてほしい。たとえば家を出たとき。〝夫〟や〝妻〟、〝親〟という立場になったとき。それまでとは別の分野に転職したとき。

私の頭にすぐ浮かぶのは、ある学会でのことだ。全員が揃っているようなのに、なぜか会が始まらない。ただ時間が過ぎていき、私はしだいに落ち着かなくなった。何が起こっているのか。あるいは起こるべきことが起こっていないのか。やがてその部屋にいる人の中で、私が最年長であることがわかった。つまり私が口火を切るのをみんなが待っていたのだ。私は突然、有能な先輩であることを期待されていて、未熟な新人という段階はいつのまにか終わっていた。

私がそれに思い及ばなかったのは、自分がそのような地位にあることを伝える儀式を（まだ）経ていなかったからだ。私はまだ終身在職権（テニュア）を与えられていなかった。それはその人を受け入れるかどうか、部署全体での投票で決められる（ハーバード・ビジネス・スクールではハーバードの名誉学位も得られる）。自分だけがテニュアを認められているなら、誰が会を始めるかは明らかだ。私はスコットランドの人類学者ヴィクター・ターナーがいうところのどっちつかず《ビトウィックス・アンド・ビトウィーン》[8]の時期にあったのだ。未熟な若者と権威ある年長者という二つのアイデンティティの狭間で、私はどうふるまえばいいのかわからなかった。儀式はアイデンティティが変わる時期に、きわめて重要かつ無二の重要な役割を果たす。そのような時期に方向づけをしてくれる儀式がなかったため、私は途方にくれてしまったのだ。

終身在職権を得ても、実際の仕事はそれほど変わらなかった。教える授業の数も同じ、発表する論文の数も同じ、レッドソックスの試合を見て先延ばしにする時間も同じ。しかし自分自身を見る目、アイデンティティは変わった。いまや私は大学の指導者であり、他人からは知識と経験が豊富な人物と見られている。大学は私が働いている場所から私の大学、言ってみれば私のアイデンティティの一部となった。

そのような瞬間に、儀式と〝アイデンティティの作用〟の強い結びつきが見て取れる。このタイプの作用がアイデンティティとこれからなる姿の象徴的な変化にどのような役割を果たしているか考えてみよう。ロシアの宇宙飛行士候補生は、[9] 宇宙旅行の激しい肉体的・心理的負担に耐えるために必要な、何年にもわたる過酷な訓練を乗り越えなければならない。カザフスタンにあるバイコヌール宇宙基地で、候補生から本物の飛行士へと移行し、宇宙へと向かう準備ができたとき、彼らはロケット打ち上げの前に三段階の儀式を行なう。打ち上げの前夜には一九六九年制作のロシア映画『砂漠の白い太陽』を観る。打ち上げ当日はシャンパンを飲み、ホテルの部屋のドアに自分のサインをする。そして発射台に向かうとき、すべてのクルーがバスを降りて左の後輪におしっこをかける。

この打ち上げ前のイニシエーション儀式は、ロシアの宇宙飛行士の草分けであるユーリ・ガガーリンに敬意を表している部分もある。初めてバスの左の後輪に放尿したのは彼なのだ。他のパフォーマンス前の儀式と同じく、これもまた心を落ち着けるという心理的利益を得られるようつくられている。何よりも、この儀式は新たなフェーズに進むにあたっての、アイデンティティの重要さを示している。ドアにサインをするのは、まさに自分の痕跡を残すためであり、他者の縄張りにおしっこをするのも同様である。動物が同じ方法で自分の縄張りにマーキングするのはよく知られている。宇宙飛行士にとって、こうした痕跡は訓練生からプロになったことの確認であり、宇宙へ向かう準備ができているという合図になる。

アイデンティティの移行を最も効果的に助ける儀式は、こうした痕跡を残すものであることが多い。それはわかりやすい一連の行動で、自分のものであると感じられる。このダイナミズムは、第二章でふれた授かり効果やイケア効果に関する私たちの研究に見ることができる。自分のマグカップは大切にするし、そのマグカップが自分でつくったものならなおさら、自分のものであるという意識、自らと同一視する感覚は強くなる。このマグカップと同じ作用が儀式にもある。自分でつくる通過儀礼には計り知れない価値がある。それは自分のものであるという意識や主体性、まわりの世界に自分の痕跡を残す方法を与えてくれるのだ。儀式の特質《シグネチヤー》は、私たちのアイデンティティ、私たちの価値観、私たち自身を表現する方法の一つである。

新しいあなた

人生の重要なターニングポイントで（大人になる、生涯の伴侶となる、親になる、配偶者と死に別れるなど）私たちが儀式に頼るのは、自分が何者か、何者でありたいかを示すのを助ける力をそれが持っているからだ。しかしそこには乖離もある。重要なターニングポイントの多くは〝伝統的な〟通過儀礼の範疇を逸脱している。そこでまったく新しい儀式をつくり上げる人間の能力が特に重要になる。

一九九〇年代初頭、社会学者のニッサン・ルービン、カルメラ・シュミロヴィッツ、メイラ・ワイスは、当時としてはかなり目新しかった胃バイパス手術を受ける決断をした肥満の女性三六人と面談して話を聞いた。この手術は減量のために胃を卵ほどの大きさに減らすものだ。彼女たちはアイデンティティが変わる可能性のあるこの手術にどう反応したのだろうか。中には「最後の食事」のことを話す人もいた。あえて死刑執行を待つ人になぞらえたブラックユーモアである。心機一転するため服を全部捨てた女性もいれば、以前の自分を忘れないよう古い服をとっておくという女性もいた[10]。最後の二つのアプローチは矛盾しているように見えるかもしれないが、前の自分と新しい自分、過去と現在の象徴的な境界を示している。〝個人の立場を定める儀式〟で境界を引くことが、この女性たちが新しい自分を受け入れる助けとなったのだ。

性転換の儀式も同様の働きをする。エリン・スティリンゲンは二〇二〇年にジェンダーの変更にともなって名前を法的に変えたことを、ノルウェーの教会に認めてもらうことがとても重要だと感じていた。彼女はノルウェーのレナにある、一〇〇〇年近い歴史を持つホフ教会で、スタイン・オヴェセン牧師を司式者として改名式を行なった。これは伝来の儀式と斬新な儀式の側面を混ぜ合わせた、まったく新しい目的のための儀式の画期的な例である。翌日、スティリンゲンはこの命名式について「自分の家に戻ったような気分で[11]、イエス様がそこにおられた」と書いている。このような儀式はまた、デッドネーミング（性転換をした人のアイデンティティを否定する方法として、その人の出生時の名前を使うこと）[12]が、なぜ相手を深く傷つけることがあるのかを明確に示している。デッドネーミングは、その人にとってとても意義深いことが、あなたにとっては何の意味もないと伝えることになるからだ。

ジェンダーを変えた人の多くは、既存の儀式をもとに自分なりのものをつくり上げる。たとえばマサチューセッツ州ニュートン出身のレベッカは、女性としての生活を始めて一年たった記念日に、男だった自分について伝統的な葬儀を行なってほしいとラビに頼んだ。ラビ・メドウィンはレベッカに、むしろ女である自分を認めるために、二回目のミクヴェ（一般的に身を清めるための沐浴の儀式）を行なうことを勧めた。そのセレモニーの間「レベッカは三回、水面下に顔を沈め[13]、ユダヤ人女性としての自分を思い描き、男としての自分を手放した」

文化や時代を問わず人は通過儀礼を行なうと、違う人間になった、変わった、変質したと感じると言う。イニシエーションは既存の儀式と新しい儀式を組み合わせる場合もあり、伝統的な儀式を従来とは違ったタイミングで行なうこともある。二回目のバルミツヴァを行なう習慣を考えてみよう。ニューヨーク州のマウント・キスコ在住のマーク・コラーは、バルミツヴァに参加するはずだった一九四三年四月二三日、捕虜としてウクライナの労働収容所にいた。彼は何十年もその機会を失ってしまったと感じていた。そこで八〇代になり、収容所からイスラエル、そして米国で時を過ごしたのちに二度目のバルミツヴァを計画し、八三歳でそれを実現した。ラビはトーラーの助けを借りながら、彼の決意を真摯に支えた。平均寿命は七〇歳前後なので、それを超えて一三年が経った時期なら、二度目の祝福を受けてもおかしくはない。ラビがコラーに、生命のない乾いた骨が生き返るエゼキエルの書を読んで聞かせた。コラーは「それがバシャールのように感じた」と言う。バシャールとは〝運命〟という意味のヘブライ語である。彼はユダヤ人向けの《フォワード》紙でこう語っている。「あの日、夢が実現しました。私はここにとどまるべくしてとどまり、この経験をしているのだと感じたのです。あれは自分が成し遂げたことの象徴です。二度目のバルミツヴァと呼ばれますが[14]、私にとっては初めてのバルミツヴァでした」

もっと簡単な儀式でも、同じように成長、独立、成熟したという強烈な感覚を引き出すことがある。化粧を始めることは、多くの文化に共通する成人の儀式の要素だ。フランスの一三歳から一九歳の少女たちの化粧の習慣についてのある民族誌学的研究によると、アイデンティティ形成における化粧の効果は驚くほど大きい。「まだ幼かったとき、母は私が化粧するのを許してくれませんでした」と、一七歳の少女は言う。「私は母を困らせるため、そしてもう子どもじゃないと見せつけるため化粧をするんです」。また別の一七歳の少女、エメリンは化粧をすることの影響を「大人の女性になったと感じられる」[15]とまとめている。より美しくなるという以上に、リップスティック、マスカラ、アイライナー、その他の道具は、少女から女性への境界を越えさせる力がある。社会学者のサラ・ローレンス＝ライトフットは、死と退場の研究で「退場する能力は[16]……自らを見つめ、自分を休ませ、自らに新しい生命を与える能力である」と言っている。

マックス・ウェーバーが二〇世紀に入って儀式や伝統が失われていることを嘆いたが、現在の文化評論家も、若者を子どもから大人へと導く意義深い通過儀礼が失われていることを示唆している。ニューヨーク市で若者を診ている精神科医スーザン・ガーフィンクル＝クロウェルは、《ニューヨークタイムズ》の論説で、ティーンエージャーが悩む理由はたくさんあるが、その一つは「脆くて、ずっと形成途上の[17]建築現場のような状態にあることだ」と書いている。儀式がなければ、これら人間の建築現場はずっと大人になってからも構造的に不健全な状態なのだろうか。一部の心理学者がこの可能性について、増えつつある〝長引く思春期[18]〟という現象から調査を行なっている。これは子どもが二〇代になっても感情的、経済的に親に依存している状態だ。そのような若者はどっちつかずの状態にとらわれ、二つの世界で立ち往生している。おそらく彼らはアイデンティティの変化のしるしとなる意味のある儀式を見つけていない。あるいは儀式が未完なのかもしれない。大学に六年も七年もいる学生には卒業式がない。子ども時代と同じ部屋に寝ている若者には、自立した生活へのアイデンティティの変化はない。

完成させることと終結させることは、私が調査した文化の多くの儀式で重要な要素となっている。それはイケア効果についての調査への追加的研究[19]の土台である。その研究で、私たちはまた、あのイケアの無機質な箱を組み立ててもらった。ただしそこに新しい条件をつけた。箱を完成させてもらう人と、途中でやめてもらう人に分けたのだ。途中でやめるグループは、それほど箱に興味を持とうとしなかった。購入したあとですぐ完成させることはできたにしても。未完のまま終えたことで、無味乾燥な箱は無味乾燥な箱のままだったが、もう何段階か進んで完成させると、それは何かもっと価値のあるもの――自分の箱になる。

これは儀式についても真実だがリスクははるかに高い。儀式の研究者であるロナルド・グライムズに言わせると「通過儀礼の基本的な作用[20]は、そのようなイベントに最初から最後まで参加したことを保証すること、精神的、心理的、そして社会的に認めることなのだ。参加しないと、主要な人生の通過点が大きな穴になって、精神的エネルギーが枯渇し、社会的混乱が生じ、その後の人生の進路がねじれてしまう可能性がある。触れられなかった通過点は精神的な穴となり、そのまわりを飢えた幽霊、完成できなかった作業を欲する人格がつきまとうことになる」。

通過儀礼において、完結できなかったことは起こらなかったのと同じであり、目的も果たされていない。バラク・オバマが二〇〇九年に大統領として宣誓したとき、最高裁長官のジョン・ロバーツ[21]がたまたま一つの語の順番を間違えた。憲法では「私は忠実に合衆国大統領の職務を遂行し」になっているところ、ロバーツは「私は合衆国大統領の職務を忠実に遂行し」と言ったのだ。大した違いではない。意味が変わるわけではないし、言葉はまったく同じなのだ。しかし何か違和感があり、就任式自体に疑問の声があがった。そこで翌日、彼らは正しい語順で宣誓をやり直した。（二〇一三年には前日に練習をした。）

通過儀礼という言葉をつくったアルノルト・ファン・ヘネップは、一般的に〝オランダ系ドイツ系フランス人〟の民族誌学者と説明される。このようにアイデンティティが混合しているからこそ、彼がアイデンティティの間の空間――彼が過渡期《マルジュ》と呼ぶどっちつかずの場所に強い関心を持っていたのかもしれない。彼は著書『通過儀礼《レ・リ・ドゥ・パサージュ》』を出版すること自体が通過儀礼だと述べている。「内なる光のようなものが[22]突然、私がほぼ一〇年間、中でももがいていた一種の闇を晴らしてくれた」

儀式はその瞬間（一〇年間のこともある）の闇から連れ出してくれる光となりうる。通過儀礼は私たちを人間として変容させ、より深い永遠のニーズを満たす助けとなる。それは何者か、あるいは何か別のものになることだ。私たちは自分のため、そして世界の人々に向かって、自分の真の姿を示すのだ。

第三部

儀式と人間関係

第八章　調和を保つには——なぜ儀式が人間関係を豊かにするのか

覚えている限り、僕は毎朝六時三〇分に起きてシェリーのためにコーヒーを淹れていた。ミルク少しと砂糖二つ。それをベッドまで運ぶ。彼女はカフェインが血液にめぐらないと一日が始まらないと言っていた。

でもある日、僕はいつも通り六時三〇分に起きて、自分のためにコーヒーを淹れた。シェリーのために淹れる気がしなかったんだ。

最悪なのは、彼女がそれに気づきもしなかったことだ。

お互いを見なくなっていたんだよ、ジャック。お互いを喜ばせようとしなくなっていた。それに気づいたとき、ああ、終わったんだなと思った。


テレビドラマ『ディス・イズ・ミー』[1]ファーストシーズンのこの場面で、ミゲルは自分の結婚生活の崩壊について友人に語っている。彼はコーヒーを淹れるという平凡な日常の行為が結婚生活を象徴する儀式になるという、納得しやすい例をあげている。その儀式は夫婦にとって大きな意味があったために、それが消えることは結婚生活全体が消えることだったのだ。

朝のコーヒーを淹れる儀式をやめたというミゲルの話が胸に迫るのは、夫婦の双方にとって、日常の儀式への熱意を失うということは、互いへの熱意も失っていることを見せつけているからだ。毎日の生活で、私たちはどのような儀式をパートナーと共有しているだろうか。愛情、賞賛、魅力などの感情を引き出すために、意外でばかげていて、意味がないように見える、どんな行為を繰り返し行なっているだろうか。長年、儀式についての研究を続けてきた中で、人々が何気ない会話の中で、自分たちの恋愛に関する儀式を話すのを聞いてきた。そうした物語は、毎日の互いへの献身、感嘆、喜び、そして感謝を表現する、感情的な陰影である。

毎月第一日曜日に、私と夫は早朝ハイキングをします。サンフランシスコの自宅から二、三時間で行けるところを選び、まだ暗いうちに家を出ます。これを七年間続けているので、必要な持ち物はすべてわかっています。私は起きてコーヒーを淹れ、昔から使っているキャンプ用ポットに注ぎ、夫はピーナツバター&ジェリ・サンドイッチをつくってフィグニュートンをジップロックに入れます。そしてそれらすべてを、大学で生物学の実験パートナーだったころから使っているバックパックに詰め込むんです。

毎週土曜日、私たちはアパートの近くに来るエンパナーダのキッチンカーがランチ販売を始めるとすぐそこに行きます。ときどき朝食を食べ過ぎると、彼女がつついて注意してくるんです。いちばんのお気に入りを頼めなくなるからと。私たちはいつもポークカルニタスと、オレンジ・クラッシュをそれぞれ一本ずつ頼みます。一度、一本をシェアしようとしたら、ひどいことになりました。

初めて会ったのは友人のガレージで開かれたパーティーで、てんとう虫が彼の飲み物の中に入ってしまったんです。私がそれを取ってあげようとしたんですが、飲み物がこぼれて彼にかかってしまい、二人で大笑いしました。これが二〇年前の話ですが、これ以来、私たちはてんとう虫を見かけるたびにメールや電話をしあいます。数年前、彼が仕事で出張したとき、空港の売店で安いプラスチックのてんとう虫の置物を見つけて、家に持ち帰って私の歯ブラシを入れたカップの中に隠していました。私たちがそれについて話すことはありません。ただときどき互いにサプライズをしかけるだけです。どう説明したらいいのかわかりませんが、二人ともそれにわくわくするんです。たぶん私たちがすることの中でいちばんロマンチックだと思います。

早朝ハイキング、フィグニュートン、ポーク・エンパナーダ、プラスチック製のてんとう虫……日常生活のかけらを集めたような、それぞれに違う行動や物に、壮大なロマンスや熱い誘惑につながりそうなものは何もない。恋人や夫婦の間の儀式は、私たちをとりまく文化のイメージ（ほとんどは商業的に企業が大衆向けにつくり上げたもの）とは違い、シャンパンや赤いバラ、バイオリンではなく、二人だけに通じる仕草に関わるものが多く、それが互いの親密な人間的つながりを深め維持するのだ。アン・スウィドラーが著書『トーク・オブ・ラブ』のインタビューで示したように、ロマンス文化はレパートリーであり、私たちは演者として、自分たちの関係に最も適したテノール、抑揚、リズムを決めることができる。あるカップルにとっては瓶入りの冷えたオレンジ・クラッシュがいちばん魅惑的な飲み物であり、プラスチックのてんとう虫の方が、ランジェリーよりロマンチックに感じるカップルもいるのだ。

儀式が人間の形成に影響を及ぼすとしたら、人間関係や恋愛においてどのような位置づけになるだろうか。他のカップルがやらない、ランダムな一連の身体的行為は、自分たちにとって最も重要な関係を、何かそれ以上のもの――より多くの幸せ、より多くのつながり、より多くの喜び――で生き生きとさせることができるのだろうか。

私の同僚であるヒメラ・ガルシア＝ラダが先導したプロジェクトは、人間関係の儀式を調べることで、それらの問いに答えようとするものだった。ナード・ラボの卒業生で、自動揺りかごＳＮＯＯを嫌う親の調査をしたヒメラは、ここのユニークな視点を持ち込んだ。彼女はカップルに、飛行機で一人だけファーストクラスに案内できると言われたらどうするか尋ねた。片方だけでもアップグレードの恩恵を受けて分かれて座るか、ぜいたくよりも並んで座ることを選ぶか。自分はどうするか考えるとき、18ａと18ｂに並んで座ることは、感情的にどのくらい親密に感じているかを示すかなり正確な指標となることは頭に入れておいてほしい。[2]

どのような調査でも、交際中の人々の六〇パーセントから七五パーセントが独自の儀式があると答えた。[3]現在の関係と過去の関係における儀式について尋ねたところ、現在のパートナーとの間に儀式があると答える確率がはるかに高かった。これは都合のいいことを覚えている選択的記憶かもしれない（「あんなひどい人と一緒に大切なことをしたことなんてない」）が、儀式が人間関係についての満足感や、関係を続ける力と結びついている証拠でもある。

調査を行なった中に、長い伝統を持つ伝来の儀式を行なうというカップルもいた。その儀式の多くは宗教の慣習とつながっている。たとえば「毎日、仕事へ行く前に祈ります」「少なくとも一週間おきに教会に行きます」など。きわめて現実的で、平凡な行為に深く豊かな意味を持たせた儀式もある。「家の掃除は一緒に、いつも同じ時間にやります」とか「毎週日曜日午前九時に、必ず一緒にスーパーマーケットに行くようにしています」。儀式の多くは中心に愛情と親密さがある。「私たちはベッドで寄り添い、映画を一緒に見て、そして愛し合います」。そして多くは独特で、「パートナーと私が夕飯を食べるとき、いつも銀の食器をかちゃんと鳴らすんです」といった、とてもかわいいものだ。

人は食べ物や飲み物の味わいを高めるために儀式を用いることがよくあるので、人間関係にまつわる儀式のかなりの割合が、夜のデート――食べ物、飲み物、パートナー同士が特別な時間を一緒に過ごす――に関わるものなのは驚くことではない。たとえば「毎週金曜日は、子どもたちが寝たあとで、ワインを飲みながら中華料理を食べるんだ」「毎週金曜にはポップコーンをつくって一緒に映画を観ます」といったものだ。心理学者のケイトリン・ウーリーとアイエレット・フィッシュバックの研究では、食事のとき一皿の料理を分け合うというシンプルな行為で前より親しくなったと感じることが示されている。[4] 逆に（食物アレルギーなどで）同じ食事をとれないと社会的な孤立感が高まる。[5]

儀式の分類はスタートに過ぎない。私たちはできるだけそれらの論理を知ることができるように研究計画を立てた。つまり人間関係のどの側面にどのように影響を及ぼすのかということだ。私たちはある恋愛の儀式についてだけでなく、その人たちの関係の質についても話してもらえるよう頼んだ。たとえばいくつかの文を提示して、「私は自分たちの関係に満足している」のような意見にどのくらい同意できるか評価してもらった。

どんな儀式でもそれだけで、最高の関係が築けるわけではない。しかし私たちの調査によると、儀式がある人々のほうが互いの関係に満足している人の割合が五～一〇パーセントも高かった。第一部で論じたように、儀式は人生において感情を生み出す働きを持つ。つまり適切な恋愛の儀式――特定の人、時間、空間での――は、愛情を感じる一つのきっかけになりうるということだ。

調査したあるカップルは、一緒に〝感嘆散歩〟を始めたと話してくれた。週末の朝、二人で日の出直前に起きて、近くで行く場所を決めて行く散歩が、喜びと驚きをもたらしてくれた。「最近の感嘆散歩は、半マイルくらい離れたところで見つけた、雛のいる鳥の巣の横を通り過ぎるコースばかり行っています。そこへ行って巣をチェックし、卵が孵っているか見るんです。このゆっくりとしたシンプルな習慣は、私たちを取り巻く自然との思いがけないつながりを教えてくれました。雛がすべて巣立ったら、また別の小さな世界の片隅をさがします。二人で同じものを直接観察するのは、意外なくらいロマンチックなことなんです」

また儀式があるカップルのほうが、パートナーに感謝の気持ちを表現していることがわかった。この美点はつきあいが長くても短くても変わらなかった。つまり時間をかけなくても儀式はつくられるということだ。円満なカップルは、つき合い始め、そして長く関係が続いたあとにも、儀式を生み出しているようだ。

人間関係にまつわる儀式の感情面のパワーを示すもう一つの指標は、それができなかったときどう感じるかである。一時的に離れて暮らすことになった四二組の夫婦（たとえば片方が長期出張をする必要があった）を三週間にわたって調査したところ、どちらも喪失感を抱いていた。寝る前のちょっとした儀式を一緒にできないことで、寝つきが悪くなったり、途中で起きてしまったりする。唾液を採取してコルチゾールのストレスレベル（隔離された動物ではこれが上昇することが示されていた）を調べたところ[6]、離れていたパートナー同士でも上昇が見られた。

愛の値段

カリフォルニア大学バークリー校のアーリー・ラッセル・ホックシールドは、階級、資本主義、そして絆について、人を団結させるという面から幅広く研究している。彼女が興味を持ったテーマの一つが、純粋で思いやりに満ちた人間関係と、冷淡でビジネスライクな関係の違いである。家族社会学の講義の一環で、彼女は学生たちに次のような個人広告を見せた。[7]

当方、温厚で富裕なビジネスマン。知的、旅をしていることが多いが内向的。新しい土地に移ったばかりで、パーティーや集まりや社交イベントへの招待が殺到中。〝パーソナル・アシスタント〟に類するものを募集。仕事内容を以下に記すが、これに限定されるものではない。

1. 自宅でのパーティーのホステス役（四〇ドル／時間）
2. 心地よく官能的なマッサージ（一四〇ドル／時間）
3. 社交イベントに同行（四〇ドル／時間）
4. 旅行に同行（三〇〇ドル／日＋旅費全額）
5. 一部の家計管理（水道光熱費、各種請求への支払いなど。三〇ドル／時間）

年齢二二歳から三二歳まで。健康状態良好、容姿端麗、言語明瞭、セクシーな魅力、気配りができて頭脳明晰、秘密を守れるかた。イベント出席は多くて月に三回か四回、マッサージ、家事その他雑事については最高でも週一〇時間。既婚者、パートナーがいる人不可。ただしパートナーに理解がある場合は可。

ホックシールドのクラスのある若い女性は、この広告は愛情を愚弄しているとコメントした。「愛情深く、思いやりに満ちて、精神的につながったパートナーとの美しい関わりが……機械的で感情のない、労働契約に矮小化されています」

私と同僚も、人間関係がビジネスになったとき、[8] 同様の結果が生じたのを見たことがある。タミ・キム（彼女もナード・ラボの卒業生）と、ティン・チャンと私は、恋愛関係にある人々にパートナーが「ディナーや遊びに行ったとき、どちらがいつ何に払ったかを記録する」あるいは「自分がわずかでも時間に遅れると気にする」傾向があるか尋ねた。けちなパートナーを持っている人のほうが幸福度は低かった。それはなぜか。一ドル、一セントに至るまで記録するのは銀行の仕事で恋人の仕事ではない。私たちはホックシールドと同じく、人間関係は損得を超えるもので、貸し借りを続けることではないとみなしているのだ。

人は他人との関係に何かそれ以上のものを感じたいと思っていると、ホックシールドは書いている。「カップルが自分たちの関係をすてきだと感じるのは、感動してまわりの世界に魔法がかかったように思える状況だ……うっとりするような関係では、二人の関係だけでなく、世界全体が魔法のように感じられる」

しかしこの魔法とは何なのか、そして人間関係の中でどうすればそれが生じるのか。

近年、この魔法がかかったような感覚を数値化しようとしている研究者がいる。心理学者のマヤ・ロシナック・ミロンと同僚は、〝現実共有[9]〟という心理学的概念を通してそれを行なった。現実共有とは、誰に投票するかとか、同じ宗教団体に属しているとか、同じサッカー・チームを応援しているといった意味ではない。それぞれ別の人間として、世界を同じように見ることだ。たとえば同じジョークをおもしろいと感じ、ものごとに対して、同じ考え方、感じ方で取り組む。ミロンらはカップルに一連の質問をして、その現象を測定した。次の文を読んで、自分のパートナー（現在と過去の）について考えてみてほしい。

私たちは同じことを同時に考えていることが多い。

一緒に経験しているときのほうが、その出来事がリアルに感じられる。

相手が何を言おうとしているのかわかることがよくある。

自分たちだけの現実をつくっていると感じることがよくある。

これらに同意できるカップルは、強烈な現実共有の感覚を持ち、もちろん自分たちの関係への満足度が高い。

私の好きなスポーツ・コラムニストの一人であるドリュー・マガリーは、この現実共有の概念を完璧に理解している。彼に言わせると、すべてのカップルが「二人だけの奇妙な映画のような宇宙」[10]を持っている。そして自分と妻は「コングラチュレーション（おめでとう）の代わりに、コングラチュマレーションと言う。これは何度も繰り返すギャグなんだ。なんでかって？　まったくわからない。カップルとしての独自の文化があって、自然に独自の儀式と方言が生まれる。それは健全なことだと思う」

小説家のノーマン・ラッシュは別の表現で同じことを伝えている。「カップルだけの言葉は[11]、本人たちにはごくふつうに思えるが、他人からはとても奇妙な形で生じることがある」

では自分にこう尋ねてみてほしい。ある意味で、あなたとパートナーの頭の中が融合したと感じたことはあるだろうか。部屋の中で視線を交わしたとき、相手の考えていることがわかる。答えの選択肢は「はい」「いいえ」「意味がわからない」（約一〇パーセントが、意味が分からないと答える。）現実を共有しているという意識が高いカップルには、こんな瞬間がある。パートナーが自分のことを完全に理解してくれていると感じて、たとえ一瞬といえども自我が失われて、他の人と溶け合う魔法を経験するのだ。

ではアートの世界における、最も奇跡的で、間違いなくレアなロマンスについて考えてみたい。

一九七五年の冬、セルビアでまだ母と暮らしていた若いパフォーマンス・アーティストが一通の手紙を受け取った。それはオランダの大手ギャラリー・スペースでパフォーマンスを行なってほしいという招待だった。招待状とともにアムステルダムまでの航空券も入っていた。そのアーティストがオランダの空港に到着すると、ギャラリーのオーナーがフランク・ウーウェ・レイジーペンというドイツ人アーティストを連れて迎えに来ていた。二人のアーティストは出会った瞬間、不思議な感覚をおぼえた。まるでもともと一人だったのに二つに分かれていた人間が、ようやく再会できたような感覚だった。二人とも色白で筋肉質、身長も同じくらい、また長い黒髪を結い上げて箸で留めていた。シエークスピアの喜劇で、離ればなれになっていた双子が再会したときのように、二人のアーティストは震えるような感覚を味わった――あなただ！　と。

その日、ともにアムステルダムをまわったのち、セルビア人アーティストが、誕生日は一一月三〇日だと告げた。するとドイツ人アーティストが手帳を取り出して、一一月三〇日のページが破ってあるのを見せた。自分の誕生日もその日だと彼は言った。毎年、彼はその日に敬意を表して手帳から破り取っていたのだ。その破ったページを彼女が見たとき、自分たち以外の世界は消えてなくなった。

私はただ彼の小さな手帳を見つめました。私は自分の誕生日が大嫌いで、いつもその日のページを破っていたからです。私はポケットから自分の日記帳を出して開きました。彼と同じページが破り取られている。「私も」と言いました。

この二人のアーティスト――いまではウレイとマリーナ・アブラモヴィッチという名のほうが知られている――はアムステルダムのレストランで、互いの悲運の手帳を見せながら力に満ちた恍惚状態にいた。彼らは突然、ただ二人しかいない宇宙にいたのだ。アブラモヴィッチの記憶によると、二人でウレイのアパートへ行き、それから一〇日間ずっとベッドの中で過ごした。その後一〇年、彼らはすべてのパフォーマンス作品を共同で制作した。その中には、互いの髪を一つに束ねて、相手の動きに従って一七時間ぶっとおしで座っているというものや、アブラモヴィッチの胸に矢を向け、少し動いたり手を滑らせたりしただけですぐに彼女が死んでしまうような状態で、二人が絶妙のバランスを取っているものがある。共同制作した作品はすべて、彼らの宇宙的なつながりと互いへの依存を掘り下げ、ときに吹き飛ばそうとする試みだった。ようやく互いにめぐり会えたことで、彼らは第三の自己――男でも女でもなく、完全で新しく一体となった存在[12]――を創造する技巧的な作業をしようとしていた。

このような現実の共有は、特にエキセントリックでドラマチックな人生をおくるアーティスト、パフォーマー、詩人の人生にしか存在しないように思えるかもしれない。たしかに矢を相手の胸に向けることを人間関係の儀式と言える人はほとんどいないだろうが、たいていの人は、人生のパートナーと現実を共有し、もう少し日常的だが不思議な喜びを味わったことがあるはずだ。

このような人間関係の経験で、儀式はどのような役割を果たしているのだろうか。

人間関係にまつわる儀式の四つのレッスン

レッスン1：儀式が誓約の経験を目覚めさせる

私たちの大半は、結婚式や結婚、同居を始めることが、誓約の儀式の典型と考えているが、他人と人生を共にすることを初めて考えたときから、もっと小さな誓約の行為を行なっている。一人の人間に誓約をする自分の能力を評価（公然と、あるいはもっとさりげなく）するのと同じく、相手が自分にどれくらいコミットできるか、パートナーが繰り返し行なうごく日常的な行為を通して証拠を集める。パートナーは空港まで迎えに来てくれたり、背中に日焼け止めを自発的に塗ってくれたりするだろうか。パートナーはおやつを買いに出たとき、あなたの好きなドーナツ（チョコスプレーがけ）も買ってきてくれるだろうか。

他人と意義深い生活をおくるための、もっと型破りな方法はたくさんある。フランスの知性と実存主義[13]の象徴であるシモーヌ・ド・ボーボワールとジャン・ポール・サルトルはきわめてユニークな、自分たちのためだけの儀式をつくりあげた。パリのソルボンヌ大学で共通の友人を通して一九二九年に知り合った二人は、恋愛のパートナー、互いの著作の熱心な読者、信頼しあう親友となり、一九八〇年にサルトルが亡くなるまで、対話にのめりこんでいた。思考するときは必ず相手に説明し、少なくとも相手がそれについて何を言うかを想像した。しかし伝統的な結婚――ブルジョア的な一夫一妻制、ボーボワールに言わせると服従の契約――は両者とも忌避していた。彼らはチュイルリー公園（パリのセーヌ川沿いにある庭園と宮殿）に行き、石のベンチで二人だけの独自のセレモニーを執り行なった。そしてある契約に署名をした。今後二年間生活を共にし、その後も同じ生活を続けたいか再検討する。「死が二人を分かつまで」ではなく、フランスの特に名高い実存主義的自由の擁護者にとって、約束できるのは「二年後まで」だった。カフェインとたばこと大量の手書きの原稿（手紙、戯曲、哲学論文、小説）にまみれた二年が過ぎ、彼らは哲学的な契約を継続し、互いを最優先で不可欠な関係として相手に献身し、その過程で生じる不測の関係も受け入れた。

歴史家や伝記作家たちは、この型破りな関係において誰が本当に主導権を握っているのかを判断するためだけの、学問分野をつくりあげた。遠くから見て彼らの関係の不可解さを判断することは、共に寄り添って自分たちだけの誓約の儀式をゼロからつくりあげる二人の姿を見失うことになる。イケア効果で見たように、何年もの間、そのパフォーマンスのために注ぎ込んだ時間と労力（感情は言うまでもなく）を考えると、彼らの生涯の絆についてさらに深い見識を得ることができる。彼らの誓約の儀式は、自ら選んだ（間違いなく型破りな）愛ゆえの作業だった。

私たちの調査では、愛ゆえの作業であるが、もっと日常的で平凡な形のものを明らかにしている。自分たちの儀式を説明するときに使われる言葉は、必ず行なわれること、そして反復されることを伝えるものだ。たとえば「毎週金曜の夜」「毎週日曜午前九時に一緒に」「毎日」「毎朝」といった言葉だ。

慣習を打ち破るような儀式であろうと、あなたの気遣いを示すシンプルな行動であろうと、こうした儀式は署名入りの婚姻届や住宅ローンには、いまもこれからも見出しえないような意味を生み出す。あなたがたはたとえばこんな儀式を行なっているかもしれない。毎週金曜日の夜にベッドで中華料理を食べる、一月一日に冷たい海に飛び込む、毎朝パートナーのために風呂場が冷えないようシャワーを出しっぱなしにしておく、毎年、誕生日に好きなジャズ楽器奏者のアルバムを贈り合う。これは一人で行なうより、定期的に一緒に行なったほうがはるかに大きな意味を持つ。

レッスン2：人間関係にまつわる儀式はその人たちだけのもの

毎朝のハグであろうが、ていねいに淹れた一杯のコーヒーであろうが、オリヴィア・ワイルドの——もともとは元夫のジェイソン・サダイキスのためにつくっていたものを大胆にも新しい恋人のためにつくって物議をかもしている——〝特製サラダ・ドレッシング〟[14]であろうが、人間関係の儀式はその人たちだけのものである。自分たちだけのものだと思っていた儀式を、新しい恋人とも行なっているとわかったとき、激怒する人は多い。サダイキスは「彼女が僕たちのためにつくってくれる特別なドレッシングがあるんだ」と感情をたかぶらせてナニーに話したとされている。「それをいまやつのためにつくっているとは」

恋愛のような人間関係において、〝自分たちだけのもの〟という排他性は譲れないと考えられているが、それがなぜ儀式にも求められるのだろう。研究では、人は唯一無二だと感じている人間関係の儀式に敏感だと確認されている。ラリン・アニックとライアン・ハウザーによる、プレゼントをあげる儀式[15]に関する研究では、被験者は二つのマグカップのうち、パートナーからもらいたいのはどちらか選んでもらった。その二つをスタイルAとスタイルBとして、スタイルAは「より丈夫なセラミック製で、ネットでの評価もやや上である」と告げる。一般的には、当然ながらこのスタイルAが好まれるのだが、その後、パートナーがすでにこのAを別の人へのプレゼントとして選んでいると教えられる。その場合、品質ではなく、関係の排他性を示すマグカップ、スタイルBを選んだ。

つまり私たちはパートナーに、ただの恋愛の儀式でなく自分たちの恋愛の儀式に集中してほしいのだ。それはなぜなのか。それはパートナーにただの人間関係ではなく、自分たちの関係に集中してほしいと思うのと同じ理由だ。儀式はともに世界に足跡を残す一つの方法である。「共同で行なう儀式」の特質《シグネチャー》なのだ。

レッスン3：儀式は魔法を起こす――ルーティンは起こさない

二つの週末の話について考えてみよう。一つ目の家庭では、ティムとセスという夫婦が、毎週土曜の朝にすることを始めようとしている。ティムがファーマーズマーケットに持っていくバッグをクローゼットから取り出している間、セスはお茶を淹れて蒸らしておく。ティムは犬に餌をやって外に出し、セスは食洗器から食器を出す。九時になると、彼らはお気に入りのマグに紅茶をいっぱいに入れる。ティムはミルク、セスは砂糖入りだ。そしてディナー用の食品を買いに通りの向こうのマーケットへと向かう。二人ともずっとこの儀式を楽しみにしている。土曜の朝に、マーケットへ歩いていき、新鮮な果物や野菜を見て、肉屋に話しかけ、ディナーのプランを話し合うのは、一週間の中でも大好きな時間だ。

同じ国に住むもう一つの家庭では、デイヴとアンジーが目を覚まして、土曜の仕事を終わらせるべく動き始める。デイヴがショッピングバッグを用意している間、アンジーは二人分のコーヒーを淹れる。デイヴはすばやくゴミを集めて捨て、アンジーが猫に餌をやる。そして九時になり、外出の準備をする。バッグと、コーヒーをぎりぎりにまで入れたマグを取る。二人ともためいきをついて、ぐっとコーヒーを飲む。そうせずにはいられないのだ。毎週土曜日の朝、スーパーまで歩いていくのはわずらわしい作業で、二人とも好きではなかった。何も考えず、買い物リストを見て、レジの長い列に並び、たくさんの食品をバッグに入れたり出したりする。その作業が終わってようやく、二人はほっとして、気持ちを切り替えてあとは楽しもうとする。

これら二つの家庭の違いは、彼らの行動とは何の関係もない。どちらも一週間分の食料の買い出しに行こうとしている。一組目の夫婦にとって、それはその週のハイライトであり、二組目のカップルにとっては煩わしく恐れてさえいる用事である。その違いは、最初の夫婦はそれが自分たちの愛の象徴であると感じているのに対し、二組目は単なるルーティンに過ぎず、習慣であって儀式ではないと感じていることだ。

人間は感情のサーモスタットによって調整されていて、状況に関係なく、幸福度も一定に保たれる傾向がある。新しい恋、結婚式や誓いの儀式、マイホームの購入など、人間関係の節目で最初の高揚感が終わると幸福感は安定し、その後はそれほど舞い上がることはない。この現象は快楽順応と呼ばれ、相性のよいカップルでもなぜ倦怠期を迎えるのかについて、ある程度の洞察を与えてくれる。心理学者のケノン・シェルダンとソニア・リュボミアスキーは、この快楽順応のせいで、かつては新鮮で魅惑的だったもののすばらしい側面に気づかなくなってしまうと論じている。[16]

ここでルーティンと儀式を意図的に区別することが、重要な意味を持つことがある。ルーティンを実行するとき、私たちは何かを成し遂げようとしている。これが何である。家が汚れていれば、掃除をする必要がある。共有された儀式は、そこにもっと深い意味が付随する。これはどのようにである。ゴミを捨てたり、ご飯を食べたり、コーヒーを飲んだりすることは、この上なく平凡なことだが、そのような活動に二人一緒にどのように取り組むか、夫婦として現実共有でとる特別な行動によって、平凡なことが永遠の愛の象徴に変わることがある。

その違いを調べるため、私たちは約四〇〇人の人々を対象に、共通の儀式だけでなく、共通のルーティンについての調査も行なった。ルーティンとは「頻繁に一緒に行なう活動で、長い期間にわたって繰り返されるものであり、習慣になっているため、あるいは終わらせる必要があるために行なうもの」と定義した。儀式についての調査結果は、とてもシンプルと言える。何をしていたかに関係なく、儀式に使う時間が長いカップルの方が幸せを感じていた。しかしルーティンについて聞いたとき、話はそれほどシンプルでないことがわかった。回答者の多くが、二人の儀式があると答えたが（七四パーセント）、ルーティンがあると答えた人はさらに多かった（八一パーセント）。恋愛関係の儀式はたとえば夜のデートのようなものである可能性が高い一方、ルーティンは家事のような活動が中心だった。

さきほどの二組の夫婦の土曜日の過ごし方で見たように、あるカップルの儀式が、他のカップルにとってはルーティンであることは当たり前のようにある。スーパーに買い物に行くとか、コーヒーを淹れるとかいったものだ。大事なのは二人がその活動をどのようにとらえているかということだ。二人がそれを愛情の象徴と感じているなら、それは新たな重要性を持ち、特別な儀式を持つカップルとして、幸福と満足度が高くなる可能性がある。

恋愛の満足感が欲しいと思うと、何か無二で非凡なものを求めることが多いが、実際はそれほど特別なものではなく、平凡で日常的なものが、長期的には重要な意味を持つことがある。ヒメラ・ガルシア＝ラダとタミ・キムが行なった調査によると、恋愛関係においては特別な経験をしたほうがいい[17]と考え、たとえば記憶に残る結婚式を計画したりするが、毎日行なうような、ささやかだが特別な儀式を持たないカップルが多かった。遠距離恋愛の場合、一緒に過ごす週末は、ずっと何かすばらしくて忘れられないことをしようとする（スカイダイビングとか劇場の特別席とか）。しかし非日常的な冒険ばかりに目を向けていると、時間をかけて積み上げ、日常生活を形成するささやかな行動がないがしろにされてしまう。たとえ壮大なロマンスとはかけ離れていても、一緒に買い物をしたり、どんな料理をつくるか考えたりといった経験が儀式化されて、二人で一緒につくり上げる〝映画のような世界〟の土台となり、それに息を吹き込むことがある。

ヘリコプターに乗ったり、地球の裏側へ旅行したりするような興奮は必ずしも必要ではない。毎週末に行なう、この上なく平凡な儀式――公園を散歩したり玄関ポーチに座ってワインを飲んだり――でも魔法をかける力を持っている。魔法を生み出すのに重要なのは、同じ魔法の本を読むことだ。

レッスン4：あなたは儀式と言い、私はルーティンと言う

歯磨きとシャワーはある人にとっては元気を出す儀式だが、他の人にとっては機械的に行なうルーティンというケースがあるように、すべてのカップルが同じ行動を儀式と認識しているわけではない。それが懸念の種にもなる。シェリーのためにコーヒーを淹れることを、ミゲルは儀式だと思っていたことを私たちは知っているが、彼女自身はただのルーティンとみなしていたかもしれない。恋愛の儀式についての私たちの最後かつ切ない発見は、同意こそがきわめて重要なファクターであるということだ。

調査の最終段階で、私たちは一〇〇組を超える恋愛関係にあるカップルに（結婚していて同居中で、つきあいの長さは平均二八年）それぞれ相手と相談せず、アンケートに答えてもらった。それでそれぞれのパートナーについての考え方を比較できる。すると夫婦では互いに意見が一致する傾向があることがわかった。片方が儀式だと思っている場合、もう一方もそう思っている。しかし見解が異なるケースも約二〇パーセントあった。一方が儀式だと思っていても、もう一方はそう思っていない。夜のデートにまつわるものが好例だ。一方が夜のデートを儀式とみなしているときは、もう一方もそうであるケースが大半だ。しかし一方がルーティンだとみなしているケースも三分の一を超えていた。それは何度も繰り返される悲しいデートだ。一人が愛情の象徴である儀式とみなしているのに、もう

一方は習慣として何も考えずに時間を過ごしている。

また同じ一〇〇組を超える恋愛関係にあるカップルに、自分たちの関係にどのくらい満足しているか尋ねた。双方が儀式についての意見が一致しているカップルは幸福度が高かった。しかし意見が食い違ったカップルは、一方だけが儀式と思っている行動の利点をまったく感じていなかった。胸が痛むことだが、そういうカップルの幸福度は、恋愛の儀式がまったくないと答えたカップルと変わらなかった。

儀式と荒っぽいスポーツ

恋愛の儀式がカップルにとって、感情を生み出して二人の現実共有と同一化を肯定するものだとすれば、関係を終わらせる儀式——破局、離婚、別居など——は、どうしても必要な転換を提供する機会でもある。[18] これは同一化の役割と変化の章で触れた、どっちつかずの状態である。ポール・サイモンは、キャリー・フィッシャーとの結婚生活の破綻について「二つの体を一つに撚り合わせる……それがほどけることはない」[19] と歌った。私たちはどのようにして、自分たちの（かつては共有していた）現実が砕けてしまったことを認めるための新しい儀式をつくるのだろうか。

これはまさに、宇宙的なつながりを感じ同じ誕生日という運命的な出会いをした、ウレイとマリーナ・アブラモヴィッチが一九八六年に置かれた状況だった。二人はロサンゼルスのバーネット・ミラー・ギャラリーで一緒にパフォーマンスを行なったばかりだった。彼女にとってこのショーは、二人の愛と芸術的ビジョンを象徴するものだった。それは彼女が回顧録で「私たちがあの自己と呼んだ、この第三の要素——エゴに毒されていないエネルギー、男性と女性の融合であり、私にとって最高の芸術作品だった」と述べたものだった。一方、ウレイは、彼らのパフォーマンスとその後の観客との交流がルーティン化していると感じていた。彼らのアートにおける、ビジネスやネットワークづくりの側面は習慣になりつつあり、彼自身はそこを発展させていきたいのか確信が持てなくなっていた。アブラモヴィッチが世界的に有名なスター・アーティストの生活と、そのための義務やそれに伴う不自由さを含めて受け入れる準備ができていたのに対し、ウレイはもっと世界を飛び回るアナーキスト的な生き方を望んでいた。セレブのパーティーやアート・パビリオンに出席するよりも、ワゴン車でヨーロッパ中を回る遊牧民のような生活に戻りたがっていた。

「ああ、君は人とのつきあい方を知っているんだな」と、彼はパフォーマンス後のパーティーでうまく立ち回っているアブラモヴィッチに言った。「僕はちょっと散歩してくるよ」。彼がいなくなってかなり長い時間がたち、アブラモヴィッチはのちに、ウレイが若く美しいギャラリーのアシスタントと浮気していることを知った。昔からよくある陳腐な話である。

切り離せない存在になることをテーマに一〇年以上も共に作品をつくり続けてきた二人が、どのような方法で別れるというのか。二人のアーティストは、その状況で考えうる最も納得のいく方法をとった。ほぼ一年かけて万里の長城を歩く。それぞれが万里の長城の一万三一七一マイルの反対側から出発し、真ん中で会って別れを告げることにしたのだ。当初は『恋人たち』という名で、一種の結婚式として構想されたこのプロジェクトは、何年も待たされ信頼関係が崩れていくうちに、二人の考え方の不一致と別離について熟考する行為へと変化していった。一九八八年三月三〇日、一〇年近くにわたり中国共産党の官僚的なお役所仕事と闘いながら、二人のアーティストはようやく万里の長城を歩く許可を取りつけた。アブラモヴィッチは、中国と韓国の間にある黄海の一部である渤海から出発した。彼女は何カ月もかけて、きわめて危険な中国東部の高地や、毛沢東時代の共産党の絶対的命令で破壊され、岩や石のがれきだらけになった道を歩いた。彼女とガイドは毎晩、泊まる村にたどり着くために城壁から何時間も離れたところまで歩かなければならなかった。

ウレイはゴビ砂漠の西七〇〇マイルの場所から出発した。アブラモヴィッチが山を乗り越えなければならなかったのに対し、ウレイは何百キロも続く砂丘を歩かなければならなかった。近隣の村やホステルに宿泊するよう指示されていたものの、彼らしくそのようなルールは無視して、いく晩も星空の下で、万里の長城の壊れた石垣で眠った。二人とも体を動かすことに力を注ぎ、再会して互いにすべての絆を断ち切る瞬間に備えた。

各自が一日約二五マイル、九〇日間で約二五〇〇マイル歩き、二人のアーティストたちは陝西省《さんせいしょう》の石橋で再会した。ウレイが先に着いて、腰かけて待っていた。遅い時間になり、アブラモヴィッチがようやく近づいてきた。二人は何年も前にアムステルダムの空港でしたのと同じように見つめあい、抱きしめあった。そして彼らは別れて、その後二二年間、一度も言葉を交わさなかった。

離婚の心理的影響を研究する専門家であるコリーン・リーヒー・ジョンソンは、「社会的にコントロールされた礼節」[20]というすばらしい言葉を使って、元夫婦が感情を抑制するのに役立つパターン化された象徴的なセレモニー、つまり儀式に参加することによって、険悪な状態を乗り越えられると説明している。これから離婚しようとしていたあるカップルは教会で解散式を挙げることを選び、逆の誓いを立てた。「結婚したときにいただいた指輪をお返しします。それによって私に対する婚姻の責任すべてからあなたを解放します。あなたを苦しめたことを許してください」。このセレモニーはとても感動的で、ある出席者は、はっと気づいたそうだ。「私は儀式をあるプロセスの終焉と見ていて、[21]実は同時に新たな始まりであることに気づいていなかった」

哲学者であり知識人であるアグネス・カラードは、[22]同じ哲学者である元夫のベン・カラードと、大学院での教え子であり現在の夫であるアーノルド・ブルックスと一つの家で暮らしている。この三人の大人で、カラードとの結婚で生まれた二人の子と、ブルックスとの結婚で生まれた一人の子の世話と家事を分担している。彼女と元夫はいまでも仲がよく、二人で毎年、離婚を祝うユニークな儀式を行なっている。彼女はツイッターに、ベンのとなりで笑っている写真とともに「ハッピーな離婚記念日に！　今年はビッグな一〇周年！」と書き込んだ。彼らはディナーに出かけ、共に年を重ねる喜びを味わった。一〇年以上、離婚してうまくいっていることを、他人が嘲笑するいわれはない。「子どもたち、結婚生活は始まったり終わったりするけれど、離婚は永遠だから、元配偶者とは賢くつきあいなさい！」と、彼女はソーシャル・メディアに投稿した。

　この三人のような平穏な家庭生活をまねるのは難しいかもしれないが、幸いなことに、円満ではない元夫婦のための儀式もある。それが〝離婚記念日《アニヴァーサリー》[23]〟である。ジーナという投資銀行家はこう説明する。「三年前に離婚してから毎年、別れを祝う盛大なパーティーを開いています。子どもは元夫にみてもらい、仲のいいシングルの友人を男女問わず招くんです」

　伝統的な結婚式であれ、赤いバラとキャンドルに彩られたロマンチックな夜であれ、華やかな式典としての愛と誓約の儀式は、人々の集団的な想像力の中で大きく膨らんでいる。しかし私たちの調査によると、カップルにとって最も意味のある儀式は二人だけの独特なものであることが多い。他の人たちから見れば何の意味もないが、自分ともう一人だけの現実を生み出すことを可能にしている。特に力のある儀式は万人に共通するものではない。二人だけの国でしか通用しない。二人でともにつくる儀式なのだ。

　儀式に関する研究について講演をすると、あとで「あなたの話はとても心に響きました。私の妻

（夫／パートナー）にはとても多くの儀式があるんです」と話しかけられることがときどきある。これは、話している本人には儀式はなにもないという意味だ。しかしその人のパートナーはしばしばそれを否定し、実はその人も多くの儀式を行なっていると主張する。人間関係を円滑にする最善の方法は、どちらの儀式が多いかを決めようとするのではなく、どの儀式を分かち合っているか調べてみることだ。共に行なう儀式をどちらも思いつかないなら、何か始めてみよう。私たちは誰でも、愛する人と現実を共有したいと思っている。

第九章　祝日をどう乗り切るか——親戚との関係を維持するための儀式

次は三つの大切な家族の儀式についての説明文である。どの祝日について語っているかわかるだろうか。

私はブリティッシュ・コロンビアのコミューンで育ったので、みんなでお祝いをしました。大人たちは持っているシタールを取り出し、その後、何人かが美しい緑とオレンジのシルクで作られたヘビの衣装を着て登場しました。数人が胴体部分となってくねくねと動き、一人が頭の中に入り込んでシューシューという音をたてながら舌を動かしていました。私はわくわくすると同時に、ヘビは怖いと思っていました。ヘビがシタールの音楽に合わせて踊っているのを見ながら、何時間にも思えるくらいの時間が過ぎてようやくプレゼントをもらう番が来ました。ヘビの口から取り出すのですが、怖くてぎゅっと目を閉じてヘビの口に手を入れました。取り出してみると、それは古い布と毛糸でつくった、新しい赤ちゃんの人形でした。それはまさに私が欲しがっていたものだったのです。

ムスリムのアメリカ人として、それは一年でいちばん好きな祝日でした。いつもイスラム教の食のガイドラインに従って育てられ加工された肉を選んでいました。そして我が家に親戚みんなを招いていたので、おじやおば、いとこ、そしてその子どもたちに会える機会でもありました。私たちにとってこの祝日はまさに「神を崇め、感謝する者となれ」（コーラン三九章六六節）の言葉どおりだったのです。私は本当に神聖な気持ちになり、内省と感謝の聖なる時間を過ごします。

うちの家族はベジタリアンなので、ビーツと卵に花を飾ったものを使います。私たちにとってその夜と朗読は、社会正義の問題と、それに対処するため家族として何ができるかを話す機会なんです。ベジタリアン向けに用意した伝統食しか食べないので、子どもたちはだいたいお腹をすかしてしまうので、あとでお気に入りのレストランにプラヤ・ボウルを食べに連れ出します。

一番目はクリスマス（伝統にはのっとらない、仏教徒の一家の祝い方）、二番目は感謝祭《サンクスギビング》、三番目は過ぎ越しの祭りである。正しく予想できただろうか。

祝日の儀式は強烈な感情を生む。家族が集まるときに多くの人が望む、帰属意識、一体感、信頼といった感情を呼び起こすために、どうすれば儀式の力を最大限に生かすことができるだろうか。家族や親類との関係を再構築し、再び活発にするためには、膨大な文化的ツールキットから何を取り出し、何を捨てればいいのだろうか。こんにち伝統色の強い家族の儀式は、拡大し続ける家族の定義や、大切にするためにどのような関わり方ができるかといった意識を反映して、本来とは別の目的に使われたり、完全につくり直されたりすることも多い。儀式は私たちに、家族とは与えられたものでもあり、自分で選ぶものでもあることを教えてくれる。

祝日の家

祝日は儀式の価値を調べる絶好の機会である。とはいえ、何年かにわたって人々に違う家庭を割り当てて、その効果を測定することはできない。私は科学者として、儀式がもたらす結果をできるだけ正確に掘り下げたいと考えた。幸せな家庭は不幸な家庭より儀式が多いということはあるのか、それとも儀式が家庭を幸せにするのか。トルストイは、幸せな家庭はみな同じように幸福だが、不幸な家庭はそれぞれに不幸だと書いている。儀式はこうした異なる感情を生み出すのにどのような役割を果たすのだろうか。

私はコーネル大学のオヴル・セザーとチームを組んで[1]、この問題に取り組んだ。オヴルは行動科学者であり、スタンダップコメディアンでもある。面白いことをやる人はだいたいそうだが、オヴルもまた家族との経験を重要な材料としているので、このプロジェクトにはっとするような視点をもたらしてくれるはずと思っていた。さまざまな祝日に、親族とともに儀式を行なう家族を調査するにあたって、私たちは二つの質問を考えていた。儀式は家族に対する全体的な感情に影響を与えるのだろうか。そして儀式を実施してすぐ、家族の絆が高まると思っているかどうかだ。

何百人ものアメリカ人が、家族にとって重要な祝日の過ごし方について話してくれた。何か儀式を行なったか、行なったとすれば何の儀式か。家族と一緒に行なったのか、それとも一人で行なったのか。その日、家族全体について、そしてその日についてどう感じたか。

まず私たちはアメリカで広く祝われているクリスマスから始めた。すると回答者一四〇人のうち六

○パーセントを超える人がクリスマスを祝い、少なくとも一つは家族の儀式があると答えた。プレゼントを開けることが三九パーセントと最も多く、三四パーセントがクリスマスの食事が中心だった。これら二つのカテゴリーで、クリスマスの儀式全体の四分の三近くを占めている。ハムや手羽先、たくさんのデザート、あるいは年齢に応じてプレゼントを開けるやり方が変わる。

新年の儀式について、前とは違う一五二人を対象にあらためて調査を行なったところ、儀式を行なう人の割合は前より低く三七・五パーセントで、その五〇パーセント近くが家族とのディナーが中心で、特別なカクテルが儀式の特質《シグネチャー》としてあげられた。クラウン・ロイヤルをカナダドライで割ったもの、ロシア産のウォッカをクランベリージュースで割ったもの、モスコミュール用の銅のマグで飲むシャンパンなど、新年を祝う人々はその儀式を通じてお祭り気分を高めていた。

私たちはいくつかのアメリカの祝祭日を調査したが、それぞれの儀式には予想していた共通点があった。飲食物は不可欠だったが、最も重要な要素は、その家族なりの特質《シグネチャー》を共有することだったようだ。どのようにの部分がアイデンティティの核となっているのだ。家族独自の方法で祝祭日を演出することで、自分たちのものだという意識を持てるのだ。多くの場合、それは「我が家ではクランベリーソースに必ずレモンを加える」とか「母が子どものころに使っていたウサギ型の磁器の容器と同じ色に卵に色づけする」といった簡単なことだ。しかしこうしたシンプルな行動がきわめて重要であり、大げさな演出や勇ましい声明がなくても、家族の絆を世界や自分自身に知らしめられることを示している。むしろ日常的な動作や物体が、それぞれの家族文化の中心にあることの方が多い。

私たちはまた儀式の効果についても尋ねた。家族が集まって儀式を行なったか。もしそうなら家族との時間を楽しむことに、どのような影響をどれだけ与えたか。彼らの回答から祝祭日の休暇中に気分が高揚や低下する中での儀式の効果について、重要な洞察を集めることができた。

祝日の儀式はロジスティクスマネジメント

多くの家族儀礼の最も基本的な機能レベルにおいて、実際には何が起きているのだろうか。それは人と物の流れを管理する、いわばロジスティクスマネジメントである。祝日の儀式は人々をまとめる。大人数のグループであれば、それは「子どもたちはそこに座って」とか「食事は午後四時四五分からね」とか「デザートはいつもあちらの家族が持ってくる」といった単純な決めごとかもしれない。こうした儀式は、家族がどうふるまえばいいかわからないという危険な状況を避けるのに役立つ定型的な行動を示してくれる。

二〇二〇年の研究で、ジェレミー・フリマーとリンダ・スキトカは、政治的に多様な人々の感謝祭のディナーは、同じ信仰を持つ家族の食事より三五分から七〇分短いことを指摘した。[2] 家族全員が礼節を保てるように席を決めることは技術であり、一歩間違えば大きな代償を払うことになる。コラムニストのミシェル・スラタラは、テーブルに二つ席を並べるだけで、純粋な暴言が引き起こされる可能性を指摘している。「配席は料理よりも難しい」[3] と彼女は嘆いている。祝日の儀式化された行為は緊張を和らげ、誰もが気持ちよく活動できるようにする。木を切る、クリスマスのパイを焼く、七面鳥を切り分ける、ワインの栓を抜く、ナプキンをたたむ、花を生けるといった単純だがなじみのある動作によって、対立が避けられ、全員に決められた役割が与えられる。

このような人をまとめるための儀式から生まれるのは、落ち着きや安堵感といった単純なものかもしれない。このような感情で、気分が盛り上がることはなくても、大きな満足を感じる可能性は高い。ベストセラー『怒りのダンス（The Dance of Anger）』の著者で心理療法士のハリエット・ラーナーは、不安が伝染するなら、平穏もまた伝染しうると主張する。（「激しさと反応は同じものをさらに増やすだけ」[4]とある。）家族の多くが穏やかな気分になれば、そのエネルギーがそこにいる他の人たちにも広がる可能性は高くなる。座る、立つ、食べるなど、ごく基本的な動作も管理・調整する儀式は、混乱しやすく、争う可能性のある大きな集団を、落ち着かせる作用を持っているかもしれない。

儀式のために家にいることはあっても、おそらくルーティンのためにいることはない

私たちの調査データから、あることが明確になった。儀式は人を故郷に呼び戻せる習慣である。自分の家族には毎年行なう儀式が少なくとも一つあると答えた人は、決まった日に家族と過ごすために帰省する傾向があった。家族にクリスマスの儀式があると答えた人の九六パーセント（ほぼすべて）が、その休日を家族と過ごす一方、儀式がないと答えた人では、約三分の一がその休暇に家族との集まりには参加しないと答えた。新年については、儀式がある人の九〇パーセントが家族と過ごし、儀式がない人では家に帰らない人が半分を超えていた。私たちが調べたすべての祝日で、家族の儀式があるという人のほうが、家族は集まるが儀式はないという人よりも、その日を楽しんだと答える確率が高かった。お互いにそれほど好きではないという家族にとってさえ、儀式の恩恵があるのは明らかだった。休日に儀式を行なうことで、少なくともそれを行なっている間は、嫌いな家族との距離がほんの少し縮まったように感じられる。

恋人同士の関係についての調査と同じように、家族が自分たちにとって重要な儀式を行なっているのか、それとも退屈だが慣れ親しんだ日常をただこなしているだけなのかということを、私たちは知りたかった。イリノイ大学アーバナ・シャンペーン校の家族回復センター所長である心理学者バーバラ・フィーセは、家族のルーティンとは「行なう必要があること」[5]、そして家族の儀式は「これが自

分たちである」ことと、区別している。お菓子作りや料理への高尚なアプローチが、アイデンティティを示す作業という家族もあるだろう。「私の家族は昔からみんな料理がうまいんです。私も伝統を守り、おばさんの長ネギのパンケーキのつくり方をマスターしなければなりません。期待を裏切りたくないんです」。一方で、共有するアイデンティティが音楽的な表現と歌である家族もある。「我が家ではギターを持ち出してディランを歌い、炉を囲んで夜遅くまでの演奏がなければ休暇とは言えません」。また夜に静かに座って一緒に本を読んで祝うという家族もある。「晩餐のあとリビングルームの大きなソファにみんなで座り、本を持って寄り添う。僕は母の膝に足を乗せるのが好きなんだ」。またみんなで一緒に一気見する番組を選ぶのが儀式になっている人もいる。「一〇月から、どの番組を一緒に観るかについてメールで話し合いを始める。みんなで観たい番組をあげていき、いちばん票を集めた番組が勝ち。そしてクリスマスの朝から、それを一日中観る。途中で離脱したり、スマホをぼんやり見たりすることは許されない。『ずっと目を離すな』がルールだ」

つながりの質、つまり家族のアイデンティティを感じるつながりによって、こうした活動は日常的なものから儀式へと変化する。フードライターのジェニー・ローゼンシュトラックは、回顧録兼レシピ集『すべてをどう祝うか（How to Celebrate Everything）』の中で、毎朝子供たちとスクールバスまで歩く単純な散歩でさえ、それ以上の何かになる可能性を秘めていると述べている。

スクールバスの見送りはルーティンを超えるものでした[6]。それはあとで気づいたのですが、バスがなくなったら再現できない形で、私たちとコミュニティをつなげてくれるものだったからです。何よりも、それは家族として私たちを結びつけてくれました。いつも急いでいて、あわただしい日になるとわかっていても、朝はいつも一緒にスタートしていたのです。バス停での毎日の儀式は初めから終わりまでで八分くらいだったと思います。その八分の間に、少なくとも一度は、小さな手がそっと伸びてきて私の手をぎゅっと握ったのです……その仕草だけで幸せのタンクがいっぱいになって、その日ずっとオフィスで働く元気がでました。

儀式で山を動かすことはできないが、人を動かすことはできる。感情面で、あるいは距離の面で、家族や親類から離れていると感じるなら、儀式を共有することで、親密さを取り戻すことができるかもしれない。

キンキーパーがみんなをまとめる

家族の儀式を行なうと、自分たちの絆について互いに語れるようになる。これが自分たちのあり方で、家族のこれからの姿でもある。しかしどこか皮肉なのは、家族をまとめる活動に、その集団全員が力を合わせることはまれだということだ。たいていは一人か二人が生み出す成果なのだ。それはキンキーパー（親類維持者）という存在である。マクマスター大学の社会学者であるキャロリン・ローゼンタールは、そのような人々について、家族同士が連絡を取り合い、家族の儀式が次の世代にまで確実に引き継がれるよう、いちばん骨を折ってくれる人だと説明している。五二歳のある男性は、自分の家族のキンキーパーが[7]どのように全員のつながりを保っているかについて、こう語ってくれた。「彼女は僕たちが互いに手紙を書くよう促し、彼女も僕ら全員に書いてくれる」。五八歳の別の男性は、彼の家族のキンキーパーが中心となって、儀式的な集まりを計画して家族をまとめてくれていると説明している。「彼は家族のピクニックや誕生日の集まりを開いてくれる」

家族独自の活動には、キンキーパーの精神的な働きが不可欠だ。家族の誰かが団長、お祭り人間、イベントプランナー、司会進行役になる必要がある。誰かが座席表をつくらなければならない。誰かが呼びかけて、家族の一体感を生み出し、さらには楽しい活動やイベントを企画しなければならない。キンキーパーは全員をまとめて結びつけるという、明確な証拠がある。キンキーパーのいる家族は、多くの親戚に会ったり、重要な祝い事に集まったりする機会が多い。キンキーパーのきょうだいも互いに頻繁に連絡を取っている。

しかしキンキーパーの地位は永遠ではない。私の経験では、キンキーパーは家族内での役割の変化とともに変わる。私が幼かったとき、感謝祭は完全にできあがった形で経験していた。そして私は子ども用テーブルから卒業することを熱望していた。自意識過剰の一〇代から二〇代には、感謝祭に家に帰ろうという気になるのは、深い自己犠牲の精神だと思っていた。しかし三〇代から四〇代になり、特に父親になってから、伝統と祖先の知恵を次の世代に引き継ぐのが私の役目だという思いが、突然私の中に生まれた。家族のアイデンティティと伝来のものの豊かさを娘に伝えたいという願いを抱くことは、キンキーパーの役割に足を踏み入れるということだった。自分が祝日をできあがった形で経験することはもうない。幕はもう開いていて、私は七面鳥の切り方を習いに行くべきだと気づいた。

たいていの家庭がそうであるように、私の新しい家族の中に生まれた儀式は、妻と私の文化のツールキットにあるものから適当に取り出してつくられたものだった。私の家族の祝日の習慣だったものもあれば（感謝祭には何種類もの詰め物をすることが大切）、そこに妻の家族の習慣を加え（クリスマスには電飾を大量かつ正確に吊るすのがポイント）、さらに私たち独自の新しい習慣をいくつか考え出した（ミートローフにロウソクを立てて「ハッピー・ミートローフ・トゥ・ユー」と歌う）。

祝日の儀式についての調査でのインタビューで、ある母親はこんな話をしてくれた。

息子は科学者です。以前は自分の理論のことしか考えていませんでした……いまは生活のパターンに気づいたらしく、また私たちのやり方に倣うようになりました。家族と親しくつきあい、誕生日や祝日など、前は軽視していた行事に参加するようになりました。伝統に戻ってきているのです。[8]

この回答は私の心にも響いた。この息子が科学者である自分のアイデンティティとは相容れないと感じていた伝統に「戻ってきた」ように、私もまたキンキーパーという役割を担うようになったのだ。多くの人にとって、子どもができるとこのようなことが起こるという事実に、それまで知ってはいても評価してこなかったものが示されている。しかし親族の絆は、つらい喪失のあとに強く感じることもある。作家のレンベルト・ブラウンは感動的なエッセイの中で、母親の死後、初めて感謝祭を迎えたときのことを語っている。[9]「いとこのエリンと僕は母のソファに座っていた。満腹で、疲れていて、最近わかったことにショックを受けていた。僕は下を向いて三〇歳という年齢をかみしめ、彼女は生まれて間もない赤ん坊を観ながら、二人ともいつかこの家族をまとめなければならないのだと気づいた。二人でキッチンにいる年長者たちに目をやり、彼女は私を見て、こうつぶやいた。『この料理のつくり方を覚えないとね』」。ブラウンが抱いた感情は、私たちの多くが経験しているものだ。過去を忘れることなく、前へ進むにはどうすればいいのだろう。これはすべてのキンキーパーが取り組もうとする問題だ。

古いもの、新しいもの――伝来の儀式と新たにつくる儀式

二〇一八年、『アトランティック』誌が、読者の〝おかしな祝日の伝統〟についての投稿を募集した。以下はネイト・ランシルという人物から寄せられたものである。

妻の祖父は、クリスマスは楽しすぎるから、少なくとも一つは楽しくないことがあるべきだと言っていました。それでクリスマスの朝には、卵、ベーコン、トースト、オレンジジュースをミキサーに入れて、スムージーにして子どもたちに出していました。義父（私の妻の父親）はこの話を聞いてすばらしいと思い、自分たちの家族（私の妻と姉妹）の伝統としました。ただ毎年同じことをするのではなく、家族の誰かがアイデアを出してみんなを驚かせるんです。毎年、テーマを決めます。たとえば『グリンチ』に出てくる食べ物（フー・プディング、レアなフーのロースト・ビースト、三段重ねの毒キノコのサンドイッチのヒ素のソースかけ、そしてもちろん脂ぎった黒い皮のバナナ）とか、『エルフ』（スパゲティ、砕いたポップタルトのメープルシロップ添え）とか、ウンコ（ココアクリスピーを詰めたキャットボックスに、生焼けのパンプキンパイのフィリングをトッピングしたもの、オムツに入れたリフライドビーンズ）など。

ネイトの投稿は、時間が過ぎるうちに新たな儀式が出現してさらに大きくなるという、とても楽しい例だ。スコットランドの伝統を引き継ぐ別の家族は、〝ファーストフッター〟に適任な人物を見つけることを重視している。新年の朝、家に最初に来る客は、背が高く黒い髪で茶色の目で、パンとウイスキーとミルクと石炭の塊を持ってこなければならない。

こうしたユニークで新奇の行動の組み合わせ——その集団だけの儀式の特質《シグネチャー》——で、一家は自らと世界に、自分たちは何者かを見せるのだ。ネイトが言うように「いま世界で、僕らと同じものを食べている人は絶対にいない」[10]

研究によると八八パーセントの人が、子どものころ家族の儀式があったと述べている。[11]そして八一パーセントがその儀式を自分の子どもにもやらせていた。しかし七四パーセントの人が、新しい儀式をそこに加えていた。統計によると、昔ながらの家族の儀式がいまだに大きな力を持っているだけでなく、人々は創造力と柔軟性を発揮して、新しいものをつくりあげている。こうした改変によって、その儀式は伝統的であると同時にとても新しさを感じさせる。各世代の感情面でのニーズに合わせてアップデートされ、強化されているのだ。

ある人の祖母は伝統と変化を混合した儀式を家族と行なっていた。彼女が子どもだったとき、家族はいつも祝日にパスティを焼いていた。パスティとは伝統的なミートパイで、炭鉱作業員だった父と祖父が、きつい仕事をするのに腹持ちのいい食事としてよく持って行くものだった。彼女はその儀式を娘に伝え、娘は子どもたちに伝えた。しかし世代が下るにつれ、この重いミートパイは現代の常識と食生活に適したものではないと感じられた。そこで肉のパスティという伝統にこだわらず、若い世代はレシピを改変してつくり直した。現在、彼らは豆腐とカレーを使ったり、さつまいもとほうれん草でパスティを焼いたりしている。アルゼンチン人と結婚した子孫の家庭では、パスティがエンパダーナになった。しかし皮の部分はずっと同じままだ。古いインデックスカードに書かれたレシピは何度かコピーされ、いまでは家族のスマホの中で生き続けている。世代によって、中身、形、大きさは変わっても、儀式は変わることなく皮のレシピは生き続けて、家庭の文化を伝えている。

家族の食卓

毎日の家族で囲む食事も、新しい儀式を生み出す機会である。米国ではいまや家族の食事の五回に一回は車の中で[12]、四分の三近くが家庭以外の場所で行なわれている。家族が本物のテーブルを囲んで共に食事をする回数が週に三回以上という家庭は、米国では三三パーセント未満である[13]。

過去二〇年で数多く行なわれた調査で、この儀式を復活させることの利点が証明されている。たとえば二〇一二年に、コロンビア大学の米国依存症・薬物乱用防止センターが行なった調査では、定期的に家族で夕食を摂ることが、ティーンエージャーの薬物乱用率の低下と思春期の若者とその親との連帯感の高まりと関連していた[14]。一年生の子を持つ親九三人を調べた研究で、食事時の儀式の効果が特に目立ったのは[15]、ふだん一緒に過ごす時間が少ない父親と娘の関係である。多くの家族にとってそれは「もし」という問題ではなく、「どうすれば」の問題である。スポーツのスケジュール、放課後のアルバイト、学校生活と、遅くまで続く仕事の会議の狭間で、家族の食事を有意義なイベントにするにはどうしたらいいのだろうか？

精神科医のアン・フィシェルはいくつか考えを表明している。フィシェルはマサチューセッツ総合病院の家族夫婦セラピー・プログラムを指導しているが、彼女はこのような食事ができるよう誘導する必要があると考えた。彼女は人々の生活に多少の儀式を取り戻す助けとなるよう、ファミリー・ディナー・プロジェクト[16]を立ち上げた。このプロジェクトは家族の食事を習慣から儀式へと変えるようにつくられている。つまり空虚なルーティン（私たちが行なうこと）から、家族を結びつけ、子どもたちの人生を豊かにする有意義な体験（私たちのあり方）へと変えるということだ。

フィシェルは小さなことから始めた。彼女は一回の食事（あるいはおやつでもいい）を選んで、必ず家族が揃って食事をするよう勧めた。しかしそのためには、全員のスケジュールを徹底的に調べて、全員が参加できる三〇分の枠を見つけなければならない。大切なのは一つの枠に絞ることだ。家族のディナーがきわめて重要かもしれないが、毎日一緒にディナー（でもどの食事でも）をとることは不可能であることを思えば、そこに固執するのは自らの首を絞めることになりかねない。時間については現実的になることが必要だ。

　また食事についても、小さいことから始めるほうがいい。家庭での手づくりの健康的な料理が誰にとってもいちばんだとしても、食事すべてを一から準備するストレスも、始める際の障壁になる。人生の他の多くの面と同じく、偉大なものは善きものの敵となりうる。フィシェルが考えているのは、もっと遊び心にあふれた思いつきに近いものだ。日曜日のローストのことはあまり考えず、火曜日の夕方に家族がポップコーンを一緒に食べている、ふざけたおやつの時間のことをもっと考えるのだ。それが〝ギフト包装したサプライズ・スナック〟であろうと、〝パニーニ・マッドネス〟（冷蔵庫の残り物を二枚のパンにはさんでパニーニメーカーで焼く）であろうと、〝棒状のディナー〟（私たちが話したある親が、なんでも棒に刺せばおいしくなると断言した）でも、〝カーペット・ピクニック〟（チェック柄のテーブルクロスとピクニックバスケットを持ち出し、これまでなかった状況で何の変哲もないサンドイッチとスナックを提供する）でも、従来の慣習をやめることで、家族の食事はまた生き返る。

　アン・フィシェルの考えでは「きょうは学校どうだった？」といった、決まり切った陳腐な話題はNGである。ファミリー・ディナー・プロジェクトは、平凡な筋立てをひっくり返し自分で選ぶ《チューズ・ユア・オウン・》冒険《アドベンチャー》へと変える。フィシェルは家族のメンバーに驚きや楽しさや好奇心をもたらす会話の糸口を使って、ただ従わせるのではなく親密になることを促している。

それぞれの年齢層に向けた質問も用意されている。以下はその例である。

もしあなたに超能力があるとしたら、それは何だと思いますか？　人を助けるためにそれをどう使いますか？（二歳から七歳）

もしあなたが学校の校長先生だったら、何か変えたいことがありますか？　それは何ですか？（八歳から一三歳）

一週間の自由時間、ガソリン満タンの車、食料がたっぷり入ったクーラーボックス、そして親友二人がいたら、どこに行って何をしますか？（一四歳から一〇〇歳まで）

これらの質問が魔法の鍵というわけではない。家族が互いのために時間と空間を捧げ、お決まりのセリフから離れてアドリブで話をさせるということなのだ。フィシェルが勧めているのは、メンバー全員がありのままの自分でいられるような家族のディナーである。つまらない冗談に逃げてはいけない。[17] それは会話を通して築く、とても意義深いつながりを阻むものだ。全力で取り組まなければいけない。

家族の儀式は私たちをひとつにまとめ、その瞬間にのめり込ませ、家族としてのアイデンティティを強化する。しかし儀式がもたらす何よりも永続的な恩恵は思い出という贈り物である。家族——おじ、おば、二回引っ越したいとこなど、大好きだった人々やいまは近くにいない人——の思い出の舞台は、家族が共に儀式を行なっている瞬間であることが多い。儀式は最初のうちは面倒な作業のように感じるかもしれないが、うまくいけば、好きだから進んでやることになる。構成になじみがあるものを状況に合わせて調整することで、儀式は家族が共有できる演目、そして思い出の倉庫となる。その後の人生でいつでもそこから思い出を取り出せるようになるのだ。それは家族に会う機会である以上に、家族になる機会なのだ。

第一〇章　人を悼む――喪失を克服する

それは乗り越えるものではない。[1]
それはやり過ごすものだ。

――ウィリー・ネルソン

一八六三年のニューヨークシティ、小売業者のロード&テイラーは、南北戦争の惨禍で北部全体にあふれていた、悲嘆に暮れる未亡人たちの切迫した需要に応えるため、新たに〝追悼の店〟を開いた。北部の女性や少女たちが入手できたのは、黒い縮緬《ちりめん》グレナディン、綿とウールの混紡の黒のバルゼリン、そして透け感のあるガーゼのような黒いバレージュなどだった。喪に服するに適したものが不足していたため、女性たちはそれを手に入れる労を惜しまなかった。彼女たちは服喪という悲痛な作業を助けてくれる服を見つけようと必死だった。

その作業には終わりがないように思えた。これはドリュー・ギルピン・ファウストのアメリカ南北戦争に関する研究書『苦しみの共和国（This Republic of Suffering）』のテーマである。「一八六一年から一八六五年の間に死亡した兵士の数は推定六二万人で、これは独立戦争、一八一二年の米英戦争、メキシコ戦争、米西戦争、第一次世界大戦、第二次世界大戦、そして朝鮮戦争における、アメリカ人の死亡者数の合計と同じである」とファウストは書いている。[2]「南北戦争の死亡率、つまりアメリカの人口規模に対する発生率は、第二次世界大戦の六倍だった。このときと同じ率（約二パーセント）を現在の米国に当てはめると、六〇〇万人が死亡することになる」

死亡率がさらに高かったアメリカ南部では、入隊した白人男性の一八パーセントが南北戦争で死亡していて、悲嘆にくれる女性たちのための喪服が、追悼のための一つの形式を提示してくれた。当時の社会的儀礼によれば、故人が亡くなったばかりで特に緊張が高い時期、戦死した夫や兄弟を悲しむ女性は黒しか着ることができなかった。その次の段階になると、明るめのグレーを取り入れることが許された。その後ラベンダーも、特に襟元や袖口に加えられるようになる。宝飾品は故人の写真や髪の束が含まれていない限り冷ややかな目で見られた。私が特に興味深く感じたのは、遺族と故人の関係によって、それぞれの段階の時間的な長さが異なることだ。黒、グレー、ラベンダー。これらの色を使う段階の長さは、いとこやおじを亡くした場合より、夫や兄弟を亡くした場合の方が長くなる。

私はファウストが語る一九世紀の的を射た弔いの儀式に感動し、特に二つの要素に心を打たれた。第一に、この悲しみを経験したことのある人なら誰でも、その痛みが果てしなく感じられることを知っている。私は科学者として、目を伏せたときグレーの服を着ていると気づけば、いつか悲しみが和らぐという希望を感じられるのではないかと考えずにはいられなかった。こうした衣服についての行動規範が、過去に他の人も同じ規範に従って苦悩を乗り越えてきたと感じさせることで、喪に服している人を安心させるきっかけとなっているのではないだろうか。

私はまた南北戦争のときの服喪の儀式が、新旧の要素を融合させていることにも驚かされた。一定期間、喪服を着るという習慣は定着していた。ファウストが著書の中で描いた喪に服している人々が、他の儀式――祈り、教会、墓参りなど――も実践していたのは間違いない。このような伝統的な服喪の儀式を行なうことで、重要なシグナルを送ることができる。嘆き悲しんでいる人々は、どうすれば乗り越えられるかだけでなく、悲しみがいつまで続くのか考える。長い歴史を持つ明確な儀式――たとえばユダヤ教におけるシヴァ[3]――は、悲しみは終わりのないものではなく、いつか過ぎ去るということを教えてくれる。人々がこの同じ喪の儀式を、場合によっては何千年も続けてきたということは、それで悲しみが癒されることの証明であり、儀式を実践することで、自分たちもきっと立ち直れるという希望を与えてくれる。

しかし南北戦争で愛する人を悼んでいた人々も、新しい世俗的な慣習を考案し――戦闘で空前の数の人が死んだという新たな現実に直面して――定着していた儀式を取り入れて独自のものをつくった。しかしなぜラベンダーなのか。なぜその期間だったのか。

私はこれらの疑問に当惑していた。以前、儀式に懐疑的だったころは、儀式は宗教的なもので、神聖な信仰に根差し、太古の昔にまでさかのぼるものもあると考えていた。（記録に残る最古の文学作品、紀元前二一〇〇年に書かれた『ギルガメシュ叙事詩』の主人公は、小麦粉を太陽神のシャマシュに繰り返し捧げている。[4]）しかし聖典や世界の宗教で、ラベンダー色を身につけなければならないとしているものはない。喪に服するための色は、文化によって驚くほどの違いがある。[5]白（日本やネイティブ・アメリカンの文化の一部）から黒（西洋／アメリカ文化、ヒンドゥー教の伝統）、黄色（東欧）、紫（南米）など。有史以前から喪失に直面した人々は色や衣服に癒しを求め、その際には並外れた創造性と多様性を発揮した。

服喪の儀式の多くは公的なもので厳格に規定されている。二〇一六年、社会科学者のコリーナ・サスとアリーナ・コーマンが、喪に服している人について語ってくれる人々（心理療法士）にインタビユーを行ない、その患者にとって治療上の恩恵があったと感じた儀式の例をあげてもらった。[6]その回答から、いくつかよく見られる要素があることに、研究者たちは気づいた。まず儀式は嘆いている人をコミュニティに取り込む役割があること。

服喪が社会的で目に見えるものであると、亡くなった人とのつながりを大切にできる。文化によっては、この嘆きが外部化され、決められた弔問客のパフォーマンスでわかりやすく提示されることまである。ギリシャのマニのプロの嘆き屋を例に考えてみよう。[7]金で雇われたモアロロジストと呼ばれる女性たちが、目と口しか見えないよう頭を黒い布で包んで葬式に参列する。決められた時間ぴったりに彼女たちは咆哮する。それは歌でもなく叫びでもない。彼女たちは嘆きという感情的経験を外部化し、それを葬式の場で実際に行なうのだ。このパフォーマンスはカタルシスを呼び、本当に心を痛めている遺族は少しその経験から距離を置けるようになる。嘆きという舞台の観客になれるのだ。

プロの嘆き屋は中国とインドでは一般的で、英国でも行なわれるようになっている。家族が俳優を雇って葬儀に呼び、嘆き悲しんでいる参列者のために演じてもらうのだ。一部の家族にとっては、それはただ参列者が多いところを見せるものだが、だいたいはそうではなく、プロの嘆き屋モアロロジストに近い。彼女たちは嘆きを演じたり、本当の弔問客の話を自分から聞いたりすることで、儀式がきちんと進むのを助ける存在なのだ。イングランドのプロの嘆き屋であるオーウェン・ヴォーンは自身のエッセイでこう述べている。「人がそこにいる限り人々はそのために集まるのです。[8]物語を分かち合い、泣き、区切りをつける。私はその手助けをするのです。私がこの仕事をしているのもそのためです」

プロの嘆き屋が悲しみを外部化させるのを助けるように、他の集団的な儀式も、悲嘆に暮れる仲間たちの距離を縮め、特に絆を必要とするときに、その集団をはるかに強く結びつける。海軍特殊部隊では隊員が亡くなると他の隊員が明確に決まった手順に従う。[9]

海軍特殊部隊《シールズ》の隊員は一人ずつ祭壇に近づき、制服の左胸から金色のピンバッジを外して、失われた仲間の棺に刺し留める。生きている者たちは嘆き悲しみ、そのとき手放したブラザーフッドの大切なシンボルは、死者が埋葬されるまで補充されることはない。死者は仲間の隊員のピンバッジを墓場まで持っていくのだ。

シールズのような軍事部隊にとって、死は身近なものだが、だからといってそれを容易に乗り越えられるわけではない。シールズが行なう儀式は、奉仕と犠牲を分かち合う絆を大切にして、会ったことのない仲間であっても、はっきりとした仲間意識を感じさせてくれる。

脳死を宣告されて臓器提供を行なう場合も、同じように敬意に満ちた追悼が行なわれる。多くの病院が行なっているのが「名誉の行進《オナーウォーク》」[10]である。

外科集中治療室の二重扉が開くと、外の廊下は、数十人の病院職員でごった返していた。ベッドが現われると、私たち全員が沈黙した……私服姿の人々が、どこを見ればいいのかという顔で、ベッドのすぐうしろを追っていた。それはベッドに横たわる若い女性の両親だった。私たちは彼らに敬意を表するためにそこに来ていた……服装でどの現場から来ているかがわかる。白衣にネクタイ、しわくちゃの青い手術着、ふくらんだ手術用帽子、そして値が張るピンストライプのスーツ。

「廊下で一五分間、何か厳粛なこと、神聖でさえあることが起こる」と、ヴァーモント大学医療センターの医師であるティム・ラヘイは語る。「私たちは待ちながらさまざまな職業や地位の人と話をする。私たちは大いなる自己犠牲を称える。感謝を捧げる。私たちは底知れぬ喪失感の中で悲しんでいる家族の助けになろうとする」

オナーウォークは全員の意識をそこに集め、たとえ一瞬であっても現実を共有する場へと人々を誘う。

決まった服装、行動、スケジュール、特定の食べ物や飲み物がある喪の儀式は意識を共有する機会であり、亡くなった人へ気持ちを向ける手段である。思い出に浸り、同じ目的のために集まり、喪失をかみしめる時間と場所を与えてくれる。服喪の儀式はまた、自分自身の悲しみに対処するとき、そして他人が遺族を助けようとするために有用な台本も用意してくれる。黒い服はその人の感情の状態を示し、どのように接するべきかについての指針を与えてくれるのだ。

死の未知の部分をなくす

フランスの歴史家フィリップ・アリエスは、二〇世紀を「禁じられた死」の時代[11]と呼び、死に向かっていることを本人に知らせないようにする習慣によって、その恋人も感情的反応を抑えるようになることをたどっている。多くの場合、私たちは本能的に死について考えることを避け、喪失の恐怖から人々を守り、できるだけ早く忘れて前に進もうとする。それが何より顕著なのは、愛する人の死から子どもたちを「守る」ために、葬儀に参加させず家に残し、他のコミュニティの弔いの儀式からも子どもたちを排除する習慣である。これもまた近代の考えであり、現代の他の多くの布告と同じように欺瞞の匂いがぷんぷんする。ルネサンス期の文豪ミシェル・ド・モンテーニュは、不朽の名作『随想録』にこう書いている。

　私たちに対する死の最大の優位性を取り去るために、死の未知の部分をなくそう。それに親しみ、それに慣れよう。何よりも死について考えよう。[12]

　この「死の未知の部分をなくす」は、ジャーナリストでソングライターでもあるマイク・ブリック[13]が、二〇一五年に行なったことだ。彼は何カ月ものあいだ倦怠感と胸の痛みを感じていた。そこで四〇歳のブリックは医師に予約を入れ、単なる精密検査で終わることを願っていた。

　ところがそこで結腸ガンのステージ4と診断され、積極的な化学療法を行なったが、ガンの転移するのを止めることはできなかった。彼は妻のステイシーとともに、死に向かう準備を始めた。彼らは葬儀のミサ――正装で信者席に集まる人々――の話をした。そしてアイルランドの通夜の慣習にのっとった追悼会。彼はソングライターだったので、いい音楽を流そう。彼のバンドが彼を偲んで演奏してくれるし、いい話もたくさん聞ける。彼らはオースティンにある伝説的なミュージシャンのたまり場、ホール・イン・ザ・ウォールを選び、近い将来に来るであろう一日について細かく計画を立てた。

　しかし構想が具体的になり、それほど手をかけた最高のパーティーに彼が実際に出席することはないと気づくと、突然、すべてが間違っているように感じた。

「あなたもそこにいて」とステイシーは彼に言った。「自分の通夜にいるべきよ」

　自分の葬式に参列するには死んでいなければならないと、誰が決めたのだろう。ほんの数時間で、彼らはホール・イン・ザ・ウォールでの計画はすべて取りやめ、その週の後半に空いている会場を押さえた。友人、家族、バンドの元メンバーなど、あらゆる人が全国から駆けつけた。その行動はごくふつうのことに感じられた。最愛の人が亡くなったと聞けば、誰もが予定をキャンセルして飛んでいくだろう。ただこのときはマイクもそこにいた。彼は人生最大のギグ〔短いセッションのこと〕に臨もうとしたのだ。

二〇一六年一月一三日、マイクは愛する人たちでいっぱいの部屋の中で立ち上がり、彼らの目の前で自分が死んでいくのを見た。私はこの勇敢な行動について、彼のジャーナリストの友人たちがこのイベントについて書いた出版物や賛辞を通して知った。それによると、マイクは数百人が集う中、全員に向かってこう言ったという。「僕は人生をすばらしい人たちとおくれてラッキーだった。みんなを愛してる」。そして彼はミュージック・グラインダーズという名のバンドと共に二時間にわたって演奏して場を盛り上げ、その中で大切な友人たちは踊り、幼い子どもたちは照明を浴びながら飛び跳ねていた。バンドが最後にマイクのお気に入りの曲を六分二八秒にわたって演奏すると、マイクは立ち上がって一人ひとりの目を見つめた。「君たちを愛してる」と彼は口にした。

自分の人生で最も重要なイベントに出席しない手はない。マイクはこの数週間後に亡くなったが、それから数日してステイシーと家族はもともと行なう予定だった伝統的な儀式を心の支えとした。しかし彼の子どもたちの記憶に残り、ステイシーがいまでも大切にしているのは、病気の間ずっとマイクが自らの意思で行動していたことだ。無力感におそわれてもおかしくない状況だったのに。

「マイクはもうすぐ死ぬことを知っていた」と彼女は友人に語った。「彼は死にたくなかった。でも彼はまっすぐそれに立ち向かい、他の人たちが悲しみを乗り越えるのを助けたかった。これはそのためのものでした」

他にもこの「死が禁じられた」時代に対抗しようとしている人々がいる。死を語る晩餐《デス・オーバー・ディナー》[14]は食事を共にしながら人生の終わりについて語り合おうという草の根運動である。重苦しいと思われているテーマを楽し気に表現した「ディナーを食べながら死を語りましょう」というキャッチフレーズは、食事を共にしてテーブルを囲むことが、しばしば死について語り合ってつながりあう最良の方法であると伝えている。「人は死について話したがらないという神話が目立っていますが、適切な誘いを受けていないだけだと思います」と、マイケル・ヘブは言う。彼は米国の終末期医療の危機に対処するための組織を設立した人物だ。

死から自分を守りたい、[15]あるいは死を避けたいという文化は裏目に出る可能性がある一方、死と折り合いをつける機会は、たとえそのときは苦しくても、受容を追求するさい有益なものとなるかもしれない。たとえば両親を亡くして葬儀に参列した子どもは、[16]参列しなかった子どもに比べ、喪失感をうまく乗り越えられることが示されている。また死産という悲痛な体験をした親は、[17]別れを告げる前に赤ちゃんを抱くことができれば喪失感にうまく対処できるという報告がある。

日本では老人や孤立している人々の間で、死に際して墓を共有する、ハカトモと呼ばれる〝友達〟を見つけるのを助けるという新たな運動が生まれつつある。これは互いをよく知り、墓地で隣り合った区画を買おうと約束する人々のことだ。現世の友というより来世の友なのだ。彼ら／彼女らは共に死へ向かうことに同意しているのだ。この関係は物悲しく思えるかもしれないが、人類学者のアン・アリソンはこの現象を研究し、もっと穏やかな言葉で説明している。ハカトモは「ホームレスになったり孤独な来世を迎えたりするのを待つのではなく、前向きに死ぬための手段である」[18]

ミシェル・ド・モンテーニュはすべての人に「死に親しむ」ことを強く勧めている。それは容易なことではない。それは不安をともない心細く感じることも多いが、儀式を行なうことが心の支えとなることがある。

受容のピークはない

尊重されている伝来の儀式の多くは時間が限られている。一日だけ（葬儀）というものから数週間にわたるものまで。かつては時間をかけて行なわれていた儀式――たとえば身につけてよい色が変わっていく――は、少なくなっている。私たちは結婚すると毎年その記念日を祝うが、愛する人が亡くなった日を思い出すセレモニーはそれほど一般的ではない。公式に認められた短い喪の期間が終わると、悲しみを共有する段階は突然終わりを告げる。人が亡くなった直後には、追悼や心配の声が押し寄せてくると言う遺族は多い。しかしその声もまもなく小さくなってしまう。葬儀が終わってみんなが車や飛行機で家に戻ると、遺族は喪失感を抱えたままだが、まわりの人々は遺族もまた仕事に戻ると思っている。それが現実だ。米国には遺族のための休暇を義務づける法律はない。[19]

悲嘆を経験した人なら、これで心の整理ができるわけではないと知っている。愛する人の死を経験した二三三人の遺族を、二四カ月にわたって追跡したある研究では、信じられないという気持ちが最も強くなるのは喪失から一カ月後、恋しさが最も募るのが四カ月後、怒りは五カ月後、気持ちが落ち込むのは六カ月を過ぎてからだった。[20] 残念なことに、私たちは前に進むよう自分にプレッシャーをかけ、亡くなった人を忘れ、〝乗り越え〟ようとする。

一九六九年、スイス生まれの精神科医エリザベス・キューブラー・ロスが、末期患者の介護と死の体験について記録した本を書いた。[21] 彼女の現役時代、医療の世界では患者の死期についてはあいまいにしておく、あるいは本当のことを告げない傾向があった。末期患者は自分の病状について知りたくない、知らせる必要はないと考えられていたからだ。そのため婉曲的で回りくどい表現がなされていた。死の現実について話すことは負けを認めることだった。キューブラー・ロスがそのような前提すべてに抵抗して書いたのが、のちにきわめて大きな影響を与えた『死ぬ瞬間』〔鈴木晶訳、中公文庫ほか〕である。彼女の主張は、患者は自分の病状に気づいている、本当の診断を知るという尊厳が守られるべきだということだ。「患者はすべてのもの、すべての愛する人を失うプロセスにある。その悲しみを表に出すことができれば、もっと安らかな気持ちで死を受け入れられるだろう」

キューブラー・ロスは末期患者が死に向かう時にたどる五つの段階の理論を提示した。それは否認、怒り、取引、抑うつ、受容である。この枠組みはもともと死にゆく患者に対する医療界の誤った前提を正すものと考えられ、悲しみへの向き合い方のモデルとなった。こんにちでは彼女のこの理論が浸透しすぎていて、遺族がこの五つの段階を正しく踏んでいないと、完全に死を処理しきれていないと指摘する人まで現われている。

私はキューブラー・ロスのこの五つの段階が直線的であること、つまり次々と段階が進んでいき明確な終着点に達するという感覚が、多くの人の支持を受ける理由だと思っている。とはいえこうした悲嘆の段階の理論には科学的な証拠があるわけでもなく、すべての人が五つの段階を通過するはずだと考える理由もない。三つや四つではいけないのか。先祖との意思伝達が日常的に行なわれ、死は過渡的な状態であるとされる多くの先住民文化では、〝受容〟の段階を正式に迎えることはないかもしれない。それではこれらの文化の悲しみのとらえ方は間違っているということなのだろうか。

北カリフォルニアの死別ピアサポート・グループのある研究では、過去三カ月以内に愛する人を亡くした遺族に、二〇の違う目的のうち、儀式が特に役立ったと感じたものについて尋ねた。最も高く評価された二つは、受容の感覚と密接にかかわるものだった。[22]「悲しみを進行中のプロセスとして受け入れる」と「愛する人の死を受け入れる」である。

それをうまく表現しているのが、ウィリー・ネルソンの曲の「喪失は乗り越えるものではなく、やり過ごすものだ」という歌詞である。悲しみを和らげるのは、すぐに忘れて前に進もうとする姿勢ではなく、喪失後の激しい苦痛の中で生きる精神力を身に着けることなのだ。二三三人の遺族を対象とした調査では、「受容」の段階はピークに達するということはなかった。[23] それは時間の経過とともに徐々に高まっていくにすぎない。

グルーチョ・マルクスの仮面の裏の男

二〇一〇年秋、私の学界のヒーローの一人で、ハーバード大学社会心理学部の愛すべきメンバーでもあるダン・ウェグナーが筋萎縮性側索硬化症（ＡＬＳ）の診断を受けた。ダンというと思考抑圧とシロクマという、画期的かつ革新的な研究を行なった人物として覚えている人もいるかもしれない。学者の世界でダンは本当の型破りな人物として知られていた。強烈な主体性を持ち、この分野の日の当たらない片隅の誰も目を向けない厄介な疑問を追及するのをいとわない知性派である。自由意志とは何か。秘密と強迫の心理学的基盤は何か。しかしダンの心理学者としてのよく知られたキャリアだけでは、彼が大学生活という堅苦しい（こともある）環境にもたらした楽しさや遊び心のすべてを、じゅうぶんに語るきっかけにもならない。まず彼は身長一九〇センチを超える大男で、柄の大きい派手なハワイアンプリントのシャツを着ることにこだわっている。それはスタイリッシュと呼ぶべきか。おそらくそれは違っている。正統派――まさにそれだ。

彼はまた丹念に集めた、ディスプレイケースいっぱいのグルーチョ・マルクスの鼻眼鏡を持っていた。長女が生まれたとき、ダンはお気に入りのメガネを三つケースから出して、一つは自分、一つは妻のトニ、そして一つを生まれたばかりの娘の頭に乗せて写真を撮った。次女が生まれたときも儀式にのっとって家族四人で頭に刺さったように見える偽の矢をつけた。

二〇一三年にダンが六五歳で亡くなったと聞いたとき、私は打ちひしがれた友人や同僚たちとともに彼の死を悼んだ。彼の家族は伝統的な追悼式を開いて、彼の人生を祝福した。しかしダンは亡くなる前に特別なリクエストをしていた。彼は出席者全員にハワイアンシャツとグルーチョ・マルクスのマスクをつけるよう頼んでいたのだ。大勢が参加した会の間、お互いを見ているとまるでダンと交信しているような気になった。ダンはそれぞれみんなの中にいた。グルーチョ・マルクスのマスクが彼を呼び出したのだ。黒でもラベンダーでもない。それまで（そしてそれからも）トロピカル柄の生地とグルーチョの顔で、悲しみと思い出をかみしめる追悼会を計画する人はいないのではないかと思う。

ハワイアンシャツを着る、あるいは黒いクレープ生地のドレスを着るという指示であれ、外からわかりやすい注文は、遺族の生活に規律のようなものを取り戻すことだ。この規律を失う経験自体が悲嘆の強さを判断する材料であり、評価法の多くはこの規律を失った無秩序の感覚に焦点を当てている。[24]感情をコントロールできなくなったり、無力感を感じたり、抑えきれずに泣いてしまったりすることに対する不安を測定するのだ。ジョーン・ディディオンが『悲しみにある者』の中で、夫が突然亡くなった直後の行動についての説明に、そのような規律が必要であることが描かれている。[25]

私は彼のポケットに入っていた現金と、私のバッグに入っていた現金を合わせて、札を伸ばし、二〇ドル札、一〇ドル札、五ドル札、一ドル札をそれぞれまとめたのを覚えています。それをやっていることで、私が自分を見失っていないとわかってくれるだろうと考えていたのを覚えています。

新型コロナと服喪

新型コロナのパンデミックの痛ましい面の一つは、追悼のために集まれなかったことだ。追悼、葬儀、祝いの場で、再び集まれるようになったとき、パンデミック中に愛する人を失った人の多くも、目に見える公的な喪の儀式を行なうことを待ち望み、恋しがっていた。『スレート』誌の相談コーナー『ディア・プルーデンス』で、二〇二〇年三月に父親を亡くした女性が、どのように追悼すればいいのか助言が欲しいと投稿していた。[26]

正直なところ、父が亡くなったらそれまでため込んでいた悲しみや苦悩を、お葬式と埋葬という〝ふつうの〟儀式を通じて解放できると思っていました。でもそれができず、理由を説明しづらいのですが、私と母ときょうだいは二文だけの訃報記事を出すことにしました。それしか公に父を追悼する手段がなかったのです。

私はきちんと悲しみたい。そのための儀式が必要なんです。でも父が死んでからずいぶん時間がたってしまって、どうすればいいかわかりません。読者の中に、同じ問題を抱えている人がいるはずです。どうやって愛する人を追悼したのでしょう。どうやって癒しの場をつくったのでしょう。

彼女の悲痛な嘆きはツイッター上で反響を呼び、昔ながらの儀式をパンデミック下の状況に合わせてどのように改変したか、あるいはあの想定外の環境に合った新しい儀式をつくったかを説明する書き込みが相次いだ。[27] 三年間、人々は悲しむために Z o o m で集まり、ソーシャル・ディスタンスを守った追悼会を行なう方法を見つけ、車でお悔みの列に並ぶドライブスルーを設置した。あれほどすばやく、そしてさまざまな人が、こうした最後の奥深い通過儀礼を行なうために行動を変えるのは感動的な光景だった。

祖父は二〇二〇年一月に亡くなりましたが、私たちはお葬式をできませんでした。昨年、おばが祖父が大好きだった場所で、家族の昼食を計画してくれました、みんなそのために飛行機でかけつけ、それが内輪の告別式のようになりました。祖父の話をして、スピーチを行ない、泣き、抱き合いました。

二〇二〇年六月。私たちはパーティーをして、この夏、彼の灰をお気に入りの場所にまきました。

私はホスピスの牧師です。似たような状況をよく目にします。何もしないという選択をした家族を批判するつもりはありません。しかしこの手紙の主の見解はきわめて健全だと思います。しかし葬式や追悼会をするのに時効はありません。

〝グリーフ・イズ・ア・ファニー・パック〟と称する女性は「私は喪に服さなければならないんです」と言った。しかし回答者の一人は、彼女はすでにそうしていると言い切った。「あなたの嘆きは今も、今までも、そしてこれからも本物です。だから過去数年間が無駄だったとか、何か忘れ物をしたとか感じないでください」

私はこれらの回答が深い真実を明らかにしていると感じた。それは使える行動の要素や演出法が制限されていても、人には死者を悼む方法を見つける能力があるということ、そしてそれを他者から見える形で示し、もっと大きなコミュニティに認められたいという本能的な欲求があるということだ。

思い出すことを思い出させる

服喪の儀式はただ悲しみを乗り越えるためだけのものではない。それは思い出すことと記憶することでもある。それは失った人に対して共に意識を向ける機会を与えてくれる。世界は回り続けるが、私たちはあえて足を止める。ずっとおぼえているために。思い出すために。悼むために。それがうまくいったとき、服喪の儀式は魔法を起こすことがある。ザ・ディナー・パーティーは、愛する人を失ったまったくの他人同士で食事を共にして、悲しみを分かち合う組織である。[28] そこに参加した一人が次のように書いている。

> 母が死んだとき、私は胸が痛くなるくらい孤独を感じました。それまで経験したことのない孤立感でした。でも一月半がたってディナーに参加するようになるとすぐに孤独はやわらぎ始めました。それは『オズの魔法使い』のドロシーになったような気分でした。まったく色彩のない世界から出て、以前よりももっと豊かで生き生きとしたどこかに戻っていったのです。

最悪な喪失感に直面したときでさえ、儀式は希望を吹き込み魔法をかける力を持っている。ファミリー・リブズ・オンという、親を失った子どもたちを助ける非営利団体はトラディション・プログラムを立ち上げた。[29]そこでは悲嘆にくれる子どもたちに、亡くなった親と何をするのがいちばん好きだったか尋ねる。そして毎年そのイベントを子どもたちが、家族にとって意味のある日に行なえるよう手を貸す。たとえばマシューの場合、四歳のとき母を肺ガンで亡くした。そこで彼にふさわしい儀式をつくる手伝いをした。「誕生日とクリスマスは母親にとって特別でした。いつも家族のために楽しそうにケーキを焼いていました。ホスピスで過ごした最後の日々にマシューと母親が一緒に考えて、毎年母親の誕生日にクッキーやカップケーキを焼いて、母を偲ぶことに決めたのです。そして現在、マシューは父親と毎年クッキーかカップケーキを焼いてお母さんを思い出しています」

昔は文化的に喪に服するときの色を決めていたように、人の創意には限りがなく、身の回りにあるものを取り入れ、意味を吹き込み、儀式に使うことで、受け入れるのを容易にしてくれる。調査のさいに出会ったある女性は、慰霊のために庭にアジサイを植えていると語った。仲のよい友人や愛する家族が亡くなるたびに、その人の庭のアジサイを自分の庭に植え替えるのだ。何年もたつ間に、彼女の自宅の裏庭はアジサイが咲き誇る広大な思い出の庭園となったが、どの株が誰のものか――母親、おば、親友の母親、大学時代の親友――正確に把握している。いま彼女は外に出て、花を愛でたり植物の剪定をしたりしながらゆったりと午後を過ごし、自分の人生にとって大切な重要な女性たちの化身とつながっていることを感じられる。

メイン州に住むエイミー・ホプキンスは、メイン州の海岸で冷たい水に飛び込む儀式に参加したことが、両親の死に対する慰めと再出発のきっかけとなった。[30]「体があの闘うか逃げるかの反応を起こすのは、衝撃的です」と、ホプキンスは《ニューヨークタイムズ》に語った。「あれだけ水温が低いとすべてが縮こまり自分を守ろうとします。血液が臓器に流れ込むんです」

その強烈な経験で、ホプキンスは喪失の苦しみの中で息をする方法を見つけた。いったん冬の海に入ると、いまこの瞬間しか生きられない。息を吸って息を吐く。誰もがこうして悲しみを乗り越えるのだ。ホプキンスは凍えるような水の中にみんなで潜ることで、仲間たちが支えてくれているのも感じた。彼女はこの作業――〝潜って立ち上がる《ディップダウン・ライズ・アップ》〟と名づけた――で、共に潜る人たちと手をつなぎ、凍りそうな波の中に入っていった。彼女たちは並んで水中で立ち、無言で数分を過ごし、ハグをして、再び上着と帽子とブーツというぬくもりへと戻っていった。

あいまいな喪失を嘆く

ホプキンスが経験したような儀式は、一つの区切りがついたと感じさせてくれる。この感覚は過小評価するべきではない。よくない別れ方をしたとき、前に進むために破局の儀式を編み出した人を、私たちは見ているが全体としては、そのような儀式は少ない。多くは関係を変えたり終わらせたりすることに取り組むためのリソースが不足している。人間関係の終わり――恋人だけでなく家族や友人も――につきものの特別な形の悲嘆は、たとえメールで連絡が取れるところにいたとしても、強烈な喪失感をもたらす。どんな相談コーナーでも、愛する人が説明もなく電話やメールに返信してくれなくなったという投稿がある。これがゴースティングと呼ばれるのは、喪失感に幽霊のようにまとわりつかれる可能性があるからだ。《ニューヨークタイムズ》のある読者は次のように書いている。

私の妹は五〇年前に交通事故で亡くなりました。私の上の娘は九年前から、家族全員と縁が切れています。多くの意味で、妹の死のほうが受け入れるのが楽でした。私は妹を深く愛していて悲嘆にくれましたが、やがて少しずつその喪失を受け入れるようになったのです。娘は私の最初の子で、まだ地上を歩いています。私は彼女がいないことを全存在かけて悲しんでいます。娘を失ったことは決して受け入れられないと思います。[31]

私たちは死んだ人のために葬儀を行なう。破局したあと、以前のパートナーの写真を焼くことがある。しかしのちのちあとを引く複雑な関係を葬り去るための他の方法も必要なのだ。[32]心理学ではこの種の喪失をあいまいな喪失と呼んでいる。[33]喪失が続いている状態は不確実で、まだけりがついておらず、前に進めないのだ。あいまいな嘆きは忍び寄ってくる感覚で、喪失を悼む機会、つまり儀式を行なわない限り蓄積されていく。

この問題はさまざまな形や様相で何百万人もの人々に影響を及ぼしている。たとえばアルツハイマーのような退行性疾患と診断された人の家族は、愛する人は永遠にいなくなったが、まだこの世に存在しているという感覚をよく知っているはずだ。アルツハイマー病に関するある研究で、インタビューに答えた人がそれを知った苦悩を語っている。

その日の午後、母は私にぼんやりとした目を向けていた。幸福感や親子の絆を感じさせる目ではなかった。母は私が誰かわかっていなかった。ハグしようとすると怯えたように私を見た。その時点で、私は涙を抑えることができなかった。ただ私の目からあふれ……母は私をわからなくなった日に死んだのだ。[34]

介護をしている人は、罪悪感を抱えつつも、愛する人がいなくなったという感覚を受け入れたがっているという報告が数多くある。そのいなくなったという感覚を決定づけるために何かを行なうのは、とても不適切に感じる。そのような喪失を認めるために広く行なわれている儀式は葬式だけだが、それはふさわしくない。こうしたあいまいな喪失の状況における望ましいアプローチは独自の儀式を見つけることだ。それは私たちの特定の感情や生活状況に合わせた特別なものになりうる。

レスリー・マカリスターが初めての子を二三週で流産したとき、まわりの人は早く忘れて前を向くよう助言をした[35]。しかし彼女はそこにあった命を敬い、失われたことを認めつつ、家族の一員として扱い続けた。のちに生まれた二人の子は「天国にいるウィルおにいちゃん」について、寝る前のお祈りでよく口にし、家族は毎年四月のその子の誕生日をアイスクリームケーキで祝う。この儀式はレスリーが喪失を乗り越える助けとなっている。いま彼女はこう言っている。「ずっと悲しいけれどいいこともありました」

死のリハーサル

グリーフ・カウンセラーやスピリチュアルな指導者の大半は、死は避けられないと認めることによってのみ、受容と平穏を得ることができるという点で一致している。そのためのアプリまであり、たとえばウィクロークというアプリは一日の無作為の時間に、メッセージをスマホに送ってくれる[36]。そのメッセージは「忘れてはいけない。あなたはいずれ死ぬ」という簡単なものだ。これは一七世紀の絵画のメメント・モリに相当する。それは「必ず死ぬことを忘れるなかれ」の意味で、絵画には頭蓋骨、ろうそく、果物、花が描かれる。ウィクロークのように、それらの絵画は見ている人すべてに、死は常にこの先にあることを思い出させ、死の予行演習としての役割を果たしている。

一九世紀半ばに写真が発明されるとすぐに、愛する人のメメント・モリ[37]を生み出すために用いられるようになった。亡くなった子どもや家族の姿を、埋葬される前にとらえておく最後のチャンスだったのだ。ビクトリア朝のイングランドでは、麻疹、ジフテリア、結核といった病気という厄災を通して死の恐怖が一般的であったため、立てかけられて人形のようにポーズをとった子どもたちの死体を見てもそれほど恐ろしいとは誰も思わなかった。カメラとフィルムがまだ珍しく高価だったため、子どもが亡くなったときが、写真を撮るため家族が集まる最初で最後の機会になることが多かった。不気味な光景と引き換えに、それらの写真は最後の瞬間を残す機会を与えてくれていたのだ。服喪の儀式の多くがこのような働きを持つ。沈黙の時間であれ、哀歌であれ、独自のアイルランド風通夜であれ。これらをよく見ておこう。その瞬間を見逃してはいけない。

すばらしい絵本作家で『かいじゅうたちのいるところ』の作者であるモーリス・センダックは、晩年、死とその悲しみについて簡潔に説明している。「僕がよく泣くのは人がいなくなるのがさびしいからだ。人はいずれ死んでいき、自分にはそれを止めることができない。彼らがいってしまうと、ぼくはもっと恋しく思う[38]」。悲しみの中にも大きな愛があるとセンダックは気づいた。服喪の儀式は、それまでの愛情を持ち続けながら喪失の痛みに向き合うための重要な要素なのだ。

第四部

職場、そして国際関係における儀式

第一一章　職場での意義をどう見つけるか――トラストフォールその他チームの儀式

儀式についての講演を依頼されたとき、私はまず部屋の前あるいは舞台にのぼる。そして聴衆全員に立つよう言う。そのあとは何も言わず、ボタンを押して次のようなスライドを見せる。


手を一回たたく。右足で床を踏み鳴らす。左足で踏み鳴らす。

手を三回たたく。右足で三回床を踏み鳴らす。手を三回たたく。左足で三回踏み鳴らす。

手を五回たたく。右足で五回床を踏み鳴らす。手を五回たたく。左足で五回踏み鳴らす。

右手をあげ、私が三つ数えたら「レッツ・ゴー」と言う。

もう一度。もっと大きな声で。

もう一度。さらに大きな声で。

すると毎回、同じことが起こる。どこでも例外なく、聴衆が学者でも、学生でも、会社員でも、本当にどんな集団でも同じである。まず戸惑ったような沈黙。その後、誰かが手をたたくと、他の人もたたき始める。何人かがばらばらに右足で床を踏み鳴らす……このへんからみんながやり始める。「手を三回たたく」のところでは、部屋全体で完全に揃っている。たとえ何百人いようと、なぜか魔法のように全員が揃って手をたたき始めるのだ。そしてそのスピードが上がっていく。手をたたくのも足を踏み鳴らすのも速くなる。私が指示するからではなく自然にそうなる。そしてなぜか全員が同じペースで上げていくので、全体でリズムが乱れることはない。まるで何週間も練習してきたかのようだ。

　三回目に「レッツ・ゴー」と叫ぶころには、彼らは本当に経験しているのだ……何かを。私はカルトのリーダーではないが、その瞬間、私が走って部屋を出て行ったら聴衆はあとを追ってくるだろうと感じる。このエクササイズが終わり、私が黙ったままでいると、聴衆はゆっくりと我に返り始める。強烈な集団的な盛り上がったムードが静まると、彼らは互いに顔を見合わせ始める。「いまいったい何が起こっていたんだ？」

　これが集団の儀式の力である。それはエミール・デュルケームが集合的沸騰と呼んだ現象[1]を引き起こすことがある。適当な行動を一緒に続けて行なうだけでも、見知らぬ人の集まりを意味のある団体に変えられる。本当に一緒に部屋を飛び出すとしたら、そこには強い同じ目的意識がある――私たちは本気だ。それが何であろうと。

はっきりさせておこう。この特別な儀式は私がゼロからつくったものだ。しかしこの一連の基本的な行動が儀式となり、水曜日の午後にたまたま集まった見知らぬ人たちが、盛り上がって私たちとして一つになるのを、私は何度も見てきた。

儀式では赤の他人がいなくなる

儀式は共同体や文化をきちんと動かす仕組みの中心的な部分である。私の講演会場での実験とは別の、他の集団的な儀式についても考えてみよう。国歌斉唱やアメリカ国旗を取り巻くさまざまな儀式。観客が同じジャージを着て同じことを叫ぶ満員のスポーツ競技場。大陸や世紀を超えて変わらないままの宗教行事や象徴。こうした集団的な儀式は、さまざまな背景を持つ人々を、大きな距離を越えて、一つにまとめることができる。単なる一つの集団ではなく、もっと強靭なものになることが多い。アイデンティティと信頼関係の共有によって結ばれた国民、文化、国家などだ。「全員の意識が同じ渦に巻き込まれ[2]、個々人の型を民族《レイス》のものと混同しそうになる」と、レイスを単なる所属集団の意味で使いつつデュルケームは説明する。儀式は簡単な行動の共有で共同体感覚を呼び起こすことができる。大したことがないように見える行為を共に行なうだけで団結して絆を深められる能力は、人間の本質の深い部分にあるようだ。このような儀式を経験したことのある人、定期的に参加している人にとって、その強力な共同体意識と連帯感はきわめて大きな意味を持つ。

これらの儀式は、同じくらい強力な社会的代償を伴うこともある。集団で行なう儀式には人々を分断し、ある共同体と強く結びつく一方で他の共同体を排除するよう働きかける力がある。大規模で広範囲で行なわれる儀式は、人々を団結させたり分裂させたりする力があり、場合によってはその過程で生じかねない社会的な溝や亀裂を修復する力もある。

儀式と団結心との結びつきは、人間の発達初期から見られるという調査結果がある。[3] ニコル・ウェン、パトリシア・ハーマン、クリスティーン・レガーレの三人は、放課後プログラムに参加する四歳から一一歳の子どもたち七一人を集め、全員に無料で特定の色（たとえば緑）のリストバンドを渡した。週に三日、二週間にわたって、子どもたちに材料を与え、同じ色の紐と何かの形の部品かネックレスをつくってもらった。一部の子どもには材料だけを渡し、自由に好きな方法で好きな形のネックレスをつくらせた。他の子どもたちは（特定の色の服を着た教師によって）ネックレスづくりの儀式に参加させた。「緑色の紐を持ってください。次に緑色の星でおでこをさわります。次に緑の星にひもをつけます。次に三回手をたたきます」。その後、緑の丸と緑の四角についても同じことをして、もう一度、最初から繰り返す。

二週間後、この儀式に参加した子どもたちは、リストバンドを別の色に変えたいかと聞かれても交換したがる子は少なく、無料でもらえる帽子の色をリストバンドと同じにする子が多かった。さらに彼らはその色が好きなだけでなく、同じ色の集団をよい集団と思うようになった。新入生は緑色のグループに入りたがると考え、緑色のグループの生徒を他の放課後プログラムの特別助手に推薦することも多かった。

生後一六カ月の乳児でさえ儀式的な行動を認識し、[4] 同じ儀式的な行動をする人は仲間だと推測する。ある研究では、二人の人間が（手も使えたのに）頭で電気のスイッチを押すという奇妙な行為をしたのを見た子は、その二人は仲がいいと考えた。

儀式と集団への帰属意識の関係は深い。またその範囲も広い。集団儀式は私たちの生活の至るところにあふれている。教室、兵舎、競技場、職場など、共通の目的のために集まる、あらゆる場所で見られる。大会で優勝したチーム（公平を期すなら、敗退チームの大半も）を見ると、儀式が彼らの関係の土台になっていることがわかる。ニュージーランドの大人気ラグビーチームであるオールブラックス[5]がハカを行なうのは有名だが、これはもともとマオリ族の儀式である。チームのメンバーが太ももをたたき、足を思い切り踏み鳴らしながらこう叫ぶ。「アップ・ザ・ラダー（はしごを登れ）」「アップ・トゥー・ザ・トップ（頂点へ登れ）」。ほぼすべてのプロスポーツのチームが、試合前やタイムアウトのたびに全員で声をあげて士気を高めているのを目にするはずだ。たとえばニューオーリンズ・セインツ[6]の元クォーターバック、ドリュー・ブリーズは、チームを一つにまとめるために試合前に必ず儀式的なチャントを行なっていた。ドリューが「１」と言うと、セインツの選手たちは「２」と返す。「勝つぞ」に「君らのために」。「３」、「４」。「勝つぞ」、「もっとだ！」（私が講演で行なった儀式は、意図的にこのチームの儀式をまねている）。

試合当日にドリュー・ブリーズと同じ場所にいられる人は限られている。たいていの人にとって、チームという言葉を最もよく使うのは職場だろう。それは見知らぬ者同士を結びつけるための集団儀式を、一般的な大人が経験する場所として最も目立つ場所になっている。

ウォルマートには、シフトの始まりに儀式を行なう社員もいる[7]。「ギミ・ア・Ｗ！　ギミ・ア・Ａ！　ギミ・ア・Ｌ！　ギミ・ア・スクイグリー（ふりふり）！　ギミ・ア・Ｍ！　ギミ・ア・Ａ！　ギミ・ア・Ｒ！　ギミ・ア・Ｔ！」そして「これは誰のウォルマートだ？　おれのウォルマートだ！」。指示によると〝スクイグリー〟のところに来たら、従業員が――みんな一緒に――尻を振らなければならない。この集まりが「軍隊のようでもあり、クンバヤ〔感動的に見えるような演出〕でもある[8]」と説明されるのも不思議ではない。これほど大規模で合理化された企業では、常にすべてが効率的で、おかしな儀式を行なう余地などないと思うかもしれない。しかし同社の経営陣はチームスピリットを築き、それを育むことの重要性をよく知っているのだ。

ジップカーがモバイル・ファースト戦略に移行したとき、社員にデスクトップパソコンを叩き割るためのスレッジハンマーが配られた。[9] グーグルの新入社員はプロペラのついたグーグルのロゴの色をしたキャップをかぶる。その帽子すべてに、あざやかな色で新入りを意味するNOOGLER[10]の文字があしらわれている。二〇一八年にスターバックスが開催した年次株主総会では、パートナーのファビオラ・サンチェスとセルジオ・アルバレスがそこにいた三〇〇〇人全員とともに、コーヒーの味見を行なった。そこでは入念にやり方を説明していた。コーヒーの匂いをかぎ、独特の風味を感じる、音を立ててすすり、コーヒーが舌全体をおおって、味蕾すべてに当たるようにする。[11] なぜこのようなことをするのか。会社の大きなミッションを、参加者にも経営者と同じ立場で考えてもらうためだ。

しかし現実的に考えてみよう。このような仕事の儀式には効果があるのだろうか。管理職が強制するチームの儀式（朝の唱和からトラストフォール〔まわりの人を信じて倒れる、研修などで用いられる手法〕まで）が本当に役に立つと心から信じている従業員（営業担当者、コンサルタント、カスタマー・サービスなど誰でも）はめったにいない。肩を動かしたり尻を振ったりすることで、本当に社員の職場経験がよい方向に変わるのだろうか。

チームをつくる

自分の仕事に意義と目的を見出したいという人々の欲求は、近年さらに大きくなっている。その欲求は、いわゆる大量離職《グレイト・レジグネーション》をあとおししたものの一部だが、その傾向はパンデミック以前から始まっていたようだ。米国で二〇〇〇人を超える専門職を対象にしたある調査によると「継続的に意義を感じられる」仕事に対しては、平均して、報酬が二三パーセント減っても構わないと思っている。[12]また現在の仕事に意味を見いだせれば、もっと高給の仕事を断る可能性も高くなる。《ハーバード・ビジネスレビュー》の記事によれば「新たな貨幣《ニューマネー》は意義のある仕事[13]」なのだ。私たちの多くは、人の助けを借りずに独力で淡々と働くよりも、うまくいっているチームの一員として仕事をしたいと感じている。そこで私は同僚たちと、職場での儀式が、仕事や一緒に働く人々に感じることと関わりがあるか調べることにした。儀式はよい影響を与えているのか、あるいは不満を高め、全体的に白い目でみられているのだろうか。

ここで、職場で行なっているグループ活動について考えてみよう。その活動とは何か、そしてあなたと同僚たちは具体的に何をしているのか。いつ、どのくらいの頻度で行なっているか。結局のところ、それについてどう感じているのか。

タミ・キムが中心となって行なった調査で、特に二七五人の専門職の人々にこれらの質問をしたところ、回答の幅広さが多くを伝えていた。儀式はランチか仕事が終わったあとの飲み会[14]に関するものと答える人が多かった。持ち寄りパーティーはよく行なわれていて、あとは一緒にエクササイズすることも一般的だった。儀式の大半はその職場グループか、ある組織の独特のものだった。一つ例をあげると――

私のチームは自分以外四人いて、毎日、地元のレストランにランチを注文しています。各自が週に一日レストランを選び、五人いるので一週間に五つのレストランで頼むことになります。私は月曜日、Tが火曜日、Dが水曜日というように。そしてすべての注文の合計額をその日の担当者が支払うのです。食べるのは会議室ですが、いつものランチ休憩にわくわくできるし、単調にならなくていいと思っています。

インタビューした人の中にも、儀式は何も考えられなかった人もいた。「そういう活動には何も参加していない。仕事をしたら家に帰るだけ」

しかし全体として報告された活動には、私たちが何度も何度も目にした共通する要素があった。儀式は繰り返されるものが多い。それらは平凡で単調な仕事に活気を与えるものらしく「わくわく」とか「楽しい」といった言葉で表現される経験であり、人々をまとめ「分かち合い」や「絆を深める」ものだった。儀式のおかげで、彼らは分刻みで最適化される自動機械の歯車以上の存在になる。彼らはチームのメンバーとなり、目的意識を共有することで元気を出せる。

私たちはまた回答者全員に、グループ活動をどのくらい有意義なものと考えているか、さらにもっと幅広く、仕事をどう感じているか尋ねた。自分の仕事はどのくらい意義があるのか。そこで二つのことが浮かび上がってきた。一つは、グループ活動が儀式的であるほど――金曜日の飲み会から月曜日の歩きながらミーティング、昼食をとりながらの社内教育セッション、会社のジムでの午後のヨガに至るまで――社員はその活動に意義を感じていた。もう一つは、何より重要なことだが、活動が儀式的であるほど、社員は仕事そのものにも意義を見出していたことだ。職場に儀式がないと答えた従業員は、自分の仕事に儀式の要素があると答えた従業員ほど、仕事に思い入れを持っていなかった。

私たちの調査はまだ別の解釈の余地がある。単に自分の仕事やチームが好きな人が儀式をつくる傾向が強いだけかもしれない。その場合、儀式は先行指標ではなく遅行指標となる。私たちはこの疑問をさらに発展させたいと思った。仕事の儀式は意義を生み出すのか、それともすでにある意義を反映しているだけなのだろうか。

ある実験で、私たちはいくつかの集団に創造的な課題に共同で取り組むよう求めた。私たちはまったく面識のない三六〇人を研究室に集め、グループに分けた。そして全員に、これからグループでブレーンストーミングを行ない、協力して六面のサイコロの使い道をできるだけたくさん考えてほしいと伝えた。

しかしまずそのグループで一緒に儀式を行なうよう求めた。その儀式は職場で行なわれている多くの儀式に似たものを、私たちが独自に考案したもので、以下のような手順で行なわれる。

ステップ１：左手で自分の右肩を三回たたく。

ステップ２：右手で自分の左肩を三回たたく。

ステップ３：膝を曲げて右足で床を一回踏み鳴らし、次に左足で踏み鳴らす。

ステップ４：テーブルに置いてある何も描いていない紙を取ってくしゃくしゃにする。それを左手で持つ。

ステップ５：右手でこぶしをつくり、それを自分の心臓の横に七秒置いておく。

全員がまったく同じ儀式を行なうが、一つ大きな違いがある。一部のグループでは互いに向かい合って行ない、別のグループは互いに反対を向いて行なう。反対を向いているということは、個人で何かを行なうことに近い。一方、向かい合うグループは集団で儀式を行ない、ともにそれを経験している。意識を共有して相手が同じことをしているのを見て、反応を確かめる。

すべてのグループが儀式を終えると、作業に取りかかってブレーンストーミングを行なう。向かい合って行なったグループのほうがチームメイトに親密さを感じただけでなく、儀式もブレーンストーミングも意義があると強く感じていた。グループのブレーンストーミングの成果を詳しく調べてみると、儀式を行なうことで生じた意義は、目の前の作業に大きな意味を見出すことへと移行する。まったく同じ〝仕事〟がもっと重要になり始めるのだ。私たちの研究の一つでは、集団で儀式を行なったグループが、実験室以外でも集まれるようeメールのアドレスを交換していいか尋ねてきた。私たちが適当につくった儀式が、グループの絆を深めることになったのだ。

研究者のダグラス・A・レピストは、この現象、つまり従業員の仕事の見方に儀式が与える影響[15]を実際の企業で調査したいと考えた。二〇二二年、レピストは無名のアスレチック・アパレルとフットウェアの会社（匿名性を保つためにフィットコと呼ぶ）についての二一カ月にわたる実地調査を発表した。調査していた期間、フィットコはライヴンという従業員向けのエクササイズクラスを導入しようとしていた。ライヴンに参加するためには、そのためだけに指定された建物まで、古くて汚い道を歩いていかなければならない。開始時間が近づくと、音楽が鳴り響き、インストラクターが「三、二、一、ゴー！」とカウントダウンを始めて、気分を盛り上げていく。実際の運動はセッションによって異なるがすべてハードで、できるだけすばやく、ときには五分くらいで終わるため、社員は全力で取り組まなければならなかった。全体として社員はそれを気に入り、この体験をしたあと何も言えなくなったり、悪態をつくしかできなくなったりした人もいた。

「私たちは、人々にとってとてつもなく強力で、改革的なものを明らかにしたのです」と、フィットコのコミュニケーション担当者がレピストに語った。「それが彼らにとってどのような意味を持つか、実際に説明できる人はいません」と顧客窓口の責任者も言う。「みんなそれがどれほどすばらしく感じるか知っていて、他の人にも感じてほしいと思っている。ただそれを言葉で表現するのに苦労しているのです」

あるレポート・マネジャーは「組織は違うものになったと思います……わからないけれど。ただライヴンがフィットコに目的を与え、その目的は私の人生だけでなく、私の知り合いの人生でも果たされたとしか言いようがありません」

ライヴンの儀式は、そこに参加する人の根本的な何かを変えたのだ。儀式は人々の主観的な状態に影響するだけでなく、仕事、会社、そして意義を共有するという感覚に対する、感じ方も変えたのだ。ある社員にとっては、会社が「シューズやTシャツよりも大きなもののために存在している」ことを明確に示すものだった。

トラストフォールは本当に効果があるのか

チームの儀式すべてが、ライヴンのワークアウトのような感覚をもたらしてくれるわけではない。不快に感じたり、賛同できなかったりすることもあるし、もっと悪いこともある。ブルームバーグ・ニュースが、スペインのバレンシアにあるデイ・トランスレーションズのコンテンツ・マネジャー、クリスティーナ・コンベンにインタビューしたとき、彼女はチームづくりのエクササイズが引き起こした悲惨な結末について語った。[16] そこでは上司がチームにペイントボール（圧縮ガスを利用した銃で塗料入りの弾丸を敵に発射して勝敗を競う）をさせたという。そう、いまあなたが想像したとおり、散々な結果に終わった。「私はうまく狙いをコントロールできませんでした」とコンベンは弁明し「彼を狙ったわけではありませんが、弾は思わぬ方向に飛びました。次に気づいたら（上司が）床に倒れていたんです。ゲームは中断、救急車が来て、そこにいた人たちが肝破裂や腎損傷かもしれないと話し始めました」。コンペンの上司は無事だったが、コンペンの会社でのキャリアは無事にすまなかった。

「私はひどい気分になり、六週間後に会社を辞めました」と彼女は書いている。

明らかな災難は別として、効果的な集団儀式にはどのような共通点があるのだろうか。そしてそこから何が学べるだろうか。チアや聖歌、チーム構築エクササイズで見知らぬ者同士が一つになるとき、彼らを結びつけているのは何なのだろうか。儀式のどのような要素が、求められている目的意識と一体感を生み出すのだろうか。私と同僚たちは、集団を一つにまとめるのは、驚くほど単純な要素の組み合わせであることを発見した。たとえばお決まりのトラストフォールの儀式でさえ、目立たないところで効果を発揮していることがある。

コロラド州のヤンパ川での急流下りを想像してみよう。到着すると知らない人たちのグループが急流に挑む準備をしている。それはたいへんな作業だ。日の出とともに起きて〝グルーバー〟（川下りのためだけにつくられた携帯用のトイレ）を使い、朝の冷え込みの中、ボートに道具を縛り付ける。午前中に漕ぎ、昼に漕ぎ、午後も漕ぐ。しかしこのような作業の中で、それぞれオールを握る個人の集まりである私たちは、いつ団結したチームに変身するのだろうか。その問いに答えるため、研究者のエリック・アーノウルドとリンダ・プライスは、ラフティングのツアー会社がどのように儀式を利用してチームをまとめ、急流を乗り越えるのかを分析した[17]。

ガイドが客を〝キッシング・ロック〟に連れて行くという儀式もあった。川の危険な区間を安全に通過するために、全員がそれにキスしなければいけない。別のところでは、体を使って流れを止めていた。ある回答者は、ラフティングをする人たちが「他ではまったくの他人のはずの人たちと抱き合ったり腕を組んだりする……本当にすばらしい瞬間をともに過ごした」と説明した。

ツアーに参加したラフターたちは、そこに行ったことで見知らぬ人たちが、自分たちにとって重要なグループに変わったと言う。ある人は「私たち全員が、経歴や考え方はそれぞれ違っていたにもかかわらず」翌年も同じグループでまた会おうと言っていた。

このような仲間意識はなぜ生まれるのだろうか。第一に、実験室で見たように、「集団と共に同じ行動をする同調性と、全員がそれを一緒に行なうのを見るという意識の共有」が、信頼を築くということがあげられる。第二に、私たちが見てきたチーム構築の儀式の多くは、接触や身体の動きを取り入れている。パフォーマンスのための儀式でわかったことと同じく、集団儀式における動きは、考えることから離れる助けとなる。第三に、そしておそらく最も重要なことだが、仲間意識の中心となるのが、川下りをするという新しいアイデンティティとなる作業であるということだ。全員が慣れ親しんだ環境、つまり快適な場所や役割を離れて、危険と隣り合わせで団結しないと命に関わる状況に身を投じていることだ。

この川下りに参加した人々は、ガイドが勧めるほとんどのアクティビティに積極的に挑戦していた。しかし一般的に嫌う人が多い儀式でも、ポジティブな効果をもたらすことがある。ときにはチーム構築のための恐ろしい訓練を一緒に経験することが、親密さを高めるための申し分ない方法となることもある。集団儀式の中で特に評判の悪いものでも、急流下りをする人々にとって重要な意味を持っていた。

　次に行なったのはトラストゲームで、円陣をつくり、一人が真ん中に行って体を固くして目を閉じ、他の人は円陣を揺り動かすようにした……これが旅先でのコミュニティに関して、ある種のターニングポイントとなったと思います。

そう、トラストフォールでさえうまくいって有益な効果を生むことがある。それはなぜか。職場では嫌われている儀式も会社にとって役立つことがあるが、その理由はややわかりにくい。社員が互いに不平不満を言い合う、それこそが管理職が目指しているものが現実となる。それは他人同士がチームになるということだ。上司の命令で特に恥ずかしい儀式を行なっているとき、他の従業員と顔を見合わせてあきれ返ることが同調した集団行動となり、効果的な集団行動の要素を数多く備えている。

雨乞いの踊りが危機的状況にあるコミュニティを一つにまとめるように、チーム構築の儀式は、仲間意識を勝ち取ったという感覚を与えてくれる。ときには上司の評判と引き換えに。集団の儀式は、自分たちでつくるものであれ、強制されたものであれ、働く日々と仕事そのものに、より大きな意味と目的をもたらしてくれることがある。本当の意味で効果的な組織には、個人が自分の儀式や個性を持ち込め、どちらのタイプの儀式も生かせる余裕が残されている。朝礼のような集団の儀式で社員が全員落ち着くこともあるだろう。しかし個人が仕事の用意をするための独自の儀式をすることもあるかもしれない。デスクでクロスワードを解きながら一杯のコーヒーを飲む、オフィスを一周して誰が出社したかを確認する、毎日同じ七時一五分発の電車に乗る、出社したら幸運を祈って会社のロゴを軽くたたくなどだ。そのひとつひとつがチーム全体にとって重要なのだ。

なぜほとんどの人はオープンオフィス・プランを嫌うのか

社員の絆に固執しすぎると、個々の社員の不利益となり、ひいてはグループをうまく結びつける妨げとなることがある。それを何よりもよく示すのが、仕切りのないオープンオフィス・プランへの移行で出てくる怒りの声だ。《ガーディアン》紙には「オープンオフィスは、地獄の最も深い穴にいる悪魔が考案した」[18]という見出しが掲げられた。ファラッド・マンジュは、ウィーワークのような共同オフィスについてこう書いている。「それが増えているのは、現代の生活では、人目にさらされず気が散ることのない空間を大切にし、守るためのよい方法がないことが現われている」[19]。ストレッチをする、鼻歌を歌う、足踏みをする、あるいはただ深呼吸を三回する、何であれ、プライバシーが守られていないと、私たちが職場で日々を過ごすために行なっている小さな儀式ができなくなるかもしれない。それを一言にまとめたのが、この《オニオン》の記事の見出しである。「商品の倉庫の片隅でドクターペッパーを飲む――ある小売店の従業員は、毎日行なっているこのちょっとした儀式のおかげで自殺せずにすんでいる」[20]

企業からすると、オープンオフィス・プランは一般的に経済性重視の結果である。その方がスペース利用の費用対効果が高い。しかし多くの場合、このプランは何気なく自然に生まれる会話を増やして、社員同士を結びつけることを目的として販売されている。しかしそれが裏目に出ることもある。仕切りを取り払うことで、社員間のコミュニケーションが活発になるどころか、むしろ減ってしまうことも多いのだ。イーサン・バーンスタインとベン・ウェーバーは、フォーチュン五〇〇企業二社の本社で、オープンオフィス・プランを導入する前とあとの数週間ずつ、社員の対面交流について調査を行なった。オープンオフィスでは対面での交流は増加しなかった[21]。むしろ七〇パーセント減少したのだ。バーンスタインは少しプライバシーを確保したほうが大きな効果をもたらすのではないかと考えた。彼は中国のある工場でマネジャーたちと協力し、いくつかの作業チームの場所をカーテンで仕切ってプライベートな空間をつくり、その効果を調査した。試験的にカーテンを設置したあとで、バーンスタインはある社員がこう言っているのを聞いた。「あのカーテンをライン全体につけてくれればいいのに。そうすればもっと生産性は上がるはずだ」。そこで彼らは広い工場全体を、カーテンで仕切って小さなスペースに分けた。するとそれから数カ月間の調査で、一〇～一五パーセント成績が向上した。[22]

仕事を持ち帰る

オープンフロア・プランの個別スペースとプライバシー侵害への解決策として考えられるのは、パンデミックのときに急増した、家で仕事をするリモートワークである。しかしこの策にも課題がいくつもある。何百万人もの社会人や学生がリビングルームで仕事をするようになると、一日の始まりに〝家の自分〟から〝職場の自分〟に切り替え、仕事が終わるとまた〝家の自分〟に戻るのに苦労するようになった。通勤、仕切られたワークスペース、ビジネスカジュアルの服などは、それぞれ頭痛の種でもあったが、私たちが日常生活で担うさまざまな役割の切り替えを容易にするものでもあった。それがないと優先順位をつけるさいのバランスを保つことが難しくなるのだ。

コラムニストのネリー・ボウルズは在宅勤務生活を始めたとき、平日の儀式を守るためにできることはすべて行なった。

私は儀式をしたくてたまりませんでした。[23] 毎日服を着替え、靴を履き、コーヒーを淹れてマグに注ぎ、二人の同居人に「行ってきます」と声をかけていました。そして部屋を何周か歩いて、ほんの数フィートしか離れていないリビングルームの隅に置いてあるデスクの前に座ります……そうやって頭を切り替えて、仕事が始まったことを実感できるのです。

トロントではカイル・アシュレイが、自分のために同じような儀式をつくっていた。毎朝、自転車で出勤していた彼も、自宅で仕事をするようになった。しかし何かしっくりこなかった。ところがあるとき突然ひらめいた。「ある朝、目が覚めて何か変えなければと思ったんだ」[24]。そして寝室からリビングルームまで、三メートルに満たない距離を自転車で移動するようになった。

人々が職場に戻るようになると、また別の問題に直面した。在宅勤務で行なうようになった儀式を、オープンフロア・プランの職場に持ち込めるものだろうか。ある人が話してくれたことを例としてあげてみよう。

二〇二〇年三月に在宅勤務を始めたとき、私は毎朝、日本の部屋用スリッパに履き替えるようになりました。とても楽なんです。いま平日の大半はまたオフィスにいるようになったので、ネットでさらに一足買ってデスクの下に置いておき、着いたらすぐ履き替えるようにしています。最初は職場でスリッパを履いていることを隠そうとしていましたが、いまは誰も気にしていないとわかっています。みんなも家から快適に過ごすためのものを持ち込んでいたんです。

企業が職場での儀式を増やすことの可能性と落とし穴の両方についてよく検討しようとしているためか、スピリチュアル・コンサルタントや儀式デザイナーの数が増えている。その多くは宗教団体が提供する聖なる言葉や社会的な結束を、二一世紀の経営文化のスローガンと結びつける新しい方法を見つけようとしている。ろうそくを灯すマッキンゼーとでも言おうか。このようなコンサルタントが存在することこそが、現在の企業文化に儀式が関連している証拠だが、職場での儀式の増加が従業員や雇用主にとってよい結果をもたらすかどうかは、時間が経ってみなければわからない。

仕事から離れるための儀式

過去数年間でめまぐるしく起きたたくさんの変化によって、私たちの多くが、自宅やオフィスやその間のどこかからネット接続しながら、個人としてのアイデンティティと職場でのアイデンティティになんとか折り合いをつけようとしてきた。それによって仕事を終えるときの、気持ちを切り替える儀式がさらに重要になっている。オフィスやその建物を出る、ノートパソコンをシャットダウンする、スタジオのドアを閉めるなど、精神的に仕事から離れるために、私たちは何をすればいいのだろうか。もしまだ在宅勤務が続いているなら、仕事のためだけのルーティンや、そのときだけ使う家の空間や物――マグカップやペン、ノートパソコン――を決めておくとよい。そうすることで仕事を始める心構えをして、終えるときの一線を引くことができる。

オフィスや現場での仕事を離れるときは、区切りをつける方法を見つけることが重要だ。それは家まで早足で歩くとか、建物を出る前に冷たい水で手を洗うとか、帰りの電車でクラシック音楽を数分間聴くとか、ごく簡単なことでいい。切り替えの儀式がないということはストレス要因から離れる方法がないということで、そのような状態では燃え尽きたり機能不全におちいったりしやすい。

ベン・ロジャーズを中心に行なわれた研究の中で、私たちはノースカロライナ州の約三〇〇人の看護師（ほとんどが忙しく、ストレスに満ちた仕事を毎日行なっている）を対象に、一日の終わりに行なう儀式を調査した。[25] するとその多くがユニークな儀式を行なっていることがわかった。次はある看護師の答えである。

一日の仕事を終えたあと、私は意識してバッジを外し、仕事用のバッグにしまいます。そうすることで「きょうはもう終わり」と自分に言い聞かせ、その日の患者に対する責任が完了したと考えます。

別の看護師はシャワーを浴びることを複雑な儀式に変えて、特別な解放感を味わっていた。

家に帰ってビールを一本持ってシャワー室に入ります。うちの給湯器は古いので七分しかお湯が出ないんです。体を洗ってからストレッチします。一つのストレッチを三〇秒続けてからビールを一口飲み、それをお湯が出なくなるまで続け、とにかく体をリラックスさせるんです。

実を言うと、看護師たちが自分たちの儀式の目的と最終的な効果を説明するのに使った、共通する二つの言葉は、〝ストレスから解放される〟と、〝くつろがせる〟だった。それは私たち誰にも必要なものだ。もしそういうものが見つけられていなければ、この看護師たちが毎日行なっている簡単な儀式でも、一日の終わりに職場の自分を脱ぎ捨て、本当の自分に戻る助けとなると知ってほしい。

一日に何時間も儀式を行なえば幸福になれるとしても、そんな時間がある人はいないだろう。風刺的なウェブサイトＣｌｉｃｋＨｏｌｅは、この問題を提示し、生活を向上させるために他に何をすべきかを絶えず人々に伝えている。『なぜあなたはまだこれをしていないのか——燃え尽き症候群にならないために毎日すべき41のこと（Why Are You Not Already Doing This: 41 Things You Need to Be Doing Every Day to Avoid Burnout)』[26]はその記事である。すでにある職場での儀式に気づき、それに従うなら余分な時間はまったくかからない。あなたはすでにそれを行なっているのだ。重要なのはいますぐ四一の新しい儀式を生活に加えることではなく、自分に合った儀式を見つけることなのだ。すでに行なっている有意義な儀式を少し修正することでもいいし、ゼロからつくりあげることでもいい。

第一二章　なぜ分断が起こるのか——儀式が緊張とトラブルを生むとき

私は君が選ぶものが大嫌いだ。

——テレビドラマ『ジ・オフィス』マイケル・スコットから
トビー・フレンダーソンへのセリフ

一九五〇年代から二〇〇〇年代までの半世紀にわたり、エスター・ポーリン・レディラーは米国でアドバイス・コラムニストとして活躍してきた。彼女はアン・ランダーズというペンネームで、家族や友人や夫婦間で数え切れないほど生じる摩擦の原因について意見を述べてきた。彼女の名言はメディアを通して全米に伝えられ、読者の賛同を呼んでいた。しかし一九七七年に彼女が書いたあるコラムに、ファンは憤慨して新聞をくしゃくしゃにした。それは何だったのか。目立たないが必ず家にあるもの、トイレットペーパーである。

コラムの中でレディラーは何気なく、トイレットペーパーは紙の先が手前にくる「表向き」ではなく、壁に近いほうになる「裏向き」に架けるほうが好きだと書いた。これが彼女にとって、最も賛否両論を呼ぶコラムになるとは、このときはまだ知る由もない。この問題に対して強烈な感情や激しい怒りが込められた手紙が一万五〇〇〇通以上も寄せられた。これは家庭内で白熱した議論を引き起こすテーマだと、多くの人が認めている。何千人もが回答してくれたある調査では、四〇パーセントがトイレットペーパーの向きが家庭内で言い合いの原因になったことがあると答えた。その議論はいまだ決着していない。そしてそれは人が住む最果ての地まで及んでいた。南極のアムンゼン・スコット基地の窮屈な宿舎に駐在する研究者たちも「表」か「裏」かで、よく衝突していたと報告している。[1]その後何十年たっても、レディラーはこの「トイレットペーパー問題」[2]から逃れることはできなかった。二〇〇二年に彼女が亡くなるまで何十年もの間、彼女宛ての手紙やコラムにこの問題がたびたび登場した。

しかしなぜこれほど害のないものが、深い分断を引き起こすのだろうか。

異なるグループの誓いや特殊な言葉遣い、集団の旗を振るといった行為は「私はこの部族の一員である」とまわりの人々に知らしめることができる。しかしこのように強化されたアイデンティティや帰属意識は諸刃の剣である。自分たちのグループは善であると思うことは、一歩間違えばその他の人たちは悪だという考えにつながりかねない。儀式を逸脱することなく正しく遂行しようとするあまり、他者を遠ざけてしまうことはないだろうか。儀式は集団内の結びつきを加速させる力を持つが、他の集団との分裂、不信、悪意を加速させることもある。

身近なことでもはるか遠くのことでも、ダイニングルームの食卓から国家間の舞台まで、対立は儀式にまつわるささいな〝違反〟をめぐって勃発する。一九二二年九月、ニューヨーク・シティは八日間にわたり暴動に飲み込まれ、けが人や逮捕者であふれた。その原因とは、昔から帽子の衣替え（男性が季節にあったフェルトやシルクハットに切り替える）の日である九月一五日を過ぎても麦わら帽子をかぶっている人がいたことだ。その後のカオスな状況で「ティーンエージャーのギャングが大きな棒を（先端に釘を打ち込んであるものもあった）振り回して通りをうろつき、麦わら帽子をかぶって歩いている男をさがして、抵抗する者を殴った」。逮捕された一人であるA・シルバーマンは三日間の拘留を言い渡されたが[3]、その判事の名がピーター・ハッティングだったのは皮肉である。

その習慣も紛争もいまの私たちには不条理に思える。しかし帽子についての儀式は安定と伝統、社会秩序、そしてそこに住む人たちの役割とアイデンティティが明確だった体制を伝えている。その社会秩序の感覚が崩壊したとき、誰かが一九二二年九月一六日にこう叫んだ。「これじゃだめだ。何かしなければならない！」。ただ帽子の材質が間違っていたことから暴徒が生まれたのだ。

自分は大丈夫と思うかもしれない。「そんな小さなことに目くじらをたてませんよ」と。そこで私は、聴衆に向かって話しているときこう尋ねる。「あなたのパートナーは食器洗い機に正しいやり方で食器を入れていますか」。その言葉に聴衆は色めき立つ。驚くほどの数の人々が、パートナーのやり方は効率が悪く、機械にとって危険なだけでなく、判断力や倫理観に欠けていることの表われだと言うのだ。「上の段にボウルを置くなんて信じられない！」さらに悪いことに、こうした感情はだいたいお互いさまで「下の段にボウル？　誰がやったの！」と対抗してしまう。ちなみに多くの食器洗い機には、各機種に最適な食器の入れ方が書かれたマニュアルがついている。しかしそうしたマニュアルは読まれないことが多く、だいたいはどちらも間違った方法で入れている。しかしそれぞれ自分のやり方が正しく、それ以外のやり方は間違っていると考える。これが対立を生み出す完璧な構図である。

人を結びつける力を持つのと同じ慣習が、人を分断する戦線にもなり得るのだ。社会全体、そして家庭の平和を守るために、儀式が危険なものになるときとその理由、そして儀式がもたらす悪い面に飲み込まれることなく、集団の儀式によって得られる強い絆を維持するにはどうすればいいのかを理解することが重要だ。

儀式と（不）信

聴衆を前にして例の「一回手をたたく。右足を踏み鳴らす」を行なうと、よくおもしろいことが起こる。行動が同調し始めると、人々が笑顔になるのだ。ところが誰かがたたき方を間違えると、それがしかめ面に変わる。何が問題なのか尋ねると「あの人たちが、やり方を間違えたんです」という答えが返ってくる。何のやり方かと言えば、初めて行なうでっちあげの儀式のやり方である。しかし彼らはその場で、正しいやり方があると思ってしまうのだ。そして〝あの人たち〟とは、ただうまく拍手ができなかっただけの人たちだ。

儀式のやり方のささいな違いが、他人に対する感じ方に大きな違いをもたらすことはないと思いたい。しかし実際のところはもっと厄介である。むしろ小さな違いこそが、集団にとって大切と思われる境界の重大な特徴になることもある。ニック・ホブソンが中心で行なった研究の中で、私たちのチームは一〇七人を集めた実験を行なった。その目的は参加者を任意のグループに入れ[4]、儀式における小さな違いが、互いへの信頼感（あるいは不信感）に影響するかを調べることだった。

私たちはまずグループ分けのため、「最小グループパラダイム」（グループ分けの最も基本的な要素[5]）と呼ばれる手法――ここでは小さな点がぎっしり並ぶ画面を見せてその数を推定させる――を用いた。これにより数を多く評価した人と少なく評価した人という、二つのグループに割り振ることができた。これは集団の違いとしては意味を持たないが（画面上のドットが多すぎる文化と少なすぎる文化？）私たちは儀式によって、その集団のアイデンティティを強化できるのではないかと考えた。

参加者は集団儀式として、一週間、毎日同じ一連の行動を一緒に行なった。

> まず目を閉じて五回深呼吸をして、これから行なう行動に意識を集中させる。ゆっくりと頭を下げ、目を閉じ、両手を体から離してワイパーのように動かす。両手を脇に戻して終了。

最後はこうだ。

> 腕を背中のほうに回して両手をつなぐ。腰を少し曲げる。この動きを五回繰り返す。腕を下す。頭を下げ、目を閉じて、ワイパーのような動きをする。最後に腕を脇に下ろす。五回深呼吸する。これで終了。

その週の終わりに全員を研究室に集めて、トラスト・ゲームという、実際のお金を使って参加者間の信頼度を測る実験を行なった。[6] 自分のグループの人と組む人もいれば、他のグループの人と組む人もいた。

その結果から、儀式は人々に〝自分のグループ〟を信頼して報酬を分け与え（恣意的な集団のアイデンティティに意味を持たせる）、〝他者〟は信用せず罰を与えるという力を持つことがわかった。過小評価組は、同じく過小評価した人に多くの金額を与えた（一〇ドルのうち六ドル三〇セント）。これは過大評価した人に与えた金額（五ドル二九セント）より多かった。集団の儀式を行なわなかった人々にもトラスト・ゲームを行なってもらった。その場合、どちらの集団の人々も等しく信頼した。

同様の実験では、参加者に他の人たちがトラスト・ゲームをしているようすを観察してもらい、脳波計を使って脳の活動を測定した。私たちが注目したのはP300という特別な脳波[7]で、これは報酬と罰に関する人の思考を追跡するものだ。集団儀式を行なった人は、自分のグループのメンバーを観察したときには肯定的なパターンを示し、他のグループのメンバーを観察したときには否定的なパターンを示した。人は自分自身が所属する集団を好むが、他の集団だと罰することもいとわない。

集団の儀式は内部の信頼を築いたが、他の集団への不信感を生み出した。まるで儀式が集団の結束を強めて「私は誰が信頼できるか知っている。それは彼らではない」と言わんばかりのことだ。

私たちは儀式のどのような面が、信頼と不信という二つの感覚につながるのか考えた。そこで私たちは複雑で手間のかかる儀式や、簡単で短時間ですむ儀式など、いくつかの異なる儀式を含む実験のバリエーションを開発した。イケア効果における労力の役割に関する研究（労力をかけると価値が上がると感じることを示した）を踏まえると、儀式のやり方を間違える人に感じる懲罰的な感情は、かけた労力が影響するかもしれないと考えた。

労力が、現存する多くの集団儀礼の構成要素であるのは確かだ。ヒンドゥー教で毎年行なわれるお祭りタイプサムで、二つの宗教儀式に参加する人々についての調査がある。儀式の一つは「難度が低い」（歌と集団での祈りがある）もので、もう一つは「難度が高い」（何本もの針で体を貫き、重い祠を肩に担ぐ）ものだった。これらの儀式のあとで、参加者の信仰の強さを測定するために、研究者たちが寺院への寄付を求めた。難度の高い儀式に参加した人のほうが、難度の低い儀式に参加した人よりも寄付金額が多かった（それぞれ一三二ルピーと八〇ルピー）。人が経験した痛みは寄付金額と相関関係にあった。痛みが大きいほど、寄付金額と集団への忠誠心が大きくなったのだ。[8]

そこまで徹底できなかったが、私たちも労力の効果を測るために最終的な実験を行なった。一つの集団には労力の少ない儀式（動作も繰り返しも少ない）、もう一つ別の集団には労力の多い儀式（動作も繰り返しも多い）を割り当てた。そして全員にトラスト・ゲームを二回やってもらった。一回は自分の集団に所属する人と、もう一回は別の集団の人と。労力の少ない儀式を行なった人も、自分の集団の人に渡した金額のほうが多かったが、その差は平均三一セントだった。しかし難度の高い儀式を行なった人では〝よい私たち〟と〝悪い彼ら〟の差は約二倍の七二セントだった。

食事の作法

　聴衆に儀式を行なってもらうとき、私はいつもある反応を正確に予測できる。参加を拒否する人が一人いることだ。だいたいは誰よりも賢く見られたいと思っている男性である。（この一人は「Aだと思う人」とか「Bだと思う人」といった質問にも手をあげない。しかし「手を挙げたくない人」と聞くと、嬉々としてすぐに手を挙げる）。またこのような参加を拒否する人に対して他の聴衆が、一種独特な軽蔑の目を向けることも確実である。なぜなら儀式には傍観者がいないからだ。それを正しく行なって自らもその集団の一員になるか、そうでなければ間違っているかのどちらかなのだ。

　自分たちの儀式に深い意味を持たせ、それが神聖なものとなったとき、道から外れることは違反行為であり、何らかの結果に従う必要がある。他の集団が自分たちと対立する儀式を行なうと、そこに明らかな不信感が生じる。儀式によって引き起こされる二つ目の系統の憎悪は、前の対立とは対照的な、他の集団ではなく、自分たちの儀式を間違って行なっている内部の人たちに向けられるものだ。これは黒羊効果と呼ばれる。[9] 人は他の集団の人よりも、同じ集団の人が悪い行ないをしたときのほうが、見方が厳しくなる。自分の結婚式に同僚が欠席するより妹が欠席したときのほうが、あるいは元恋人が知らない人とデートするより、自分の親友とデートする場合のほうが、強い怒りを感じるのだ。

子どものころからともに熱狂的なニューヨーク・ニックス〔バスケットボールのチーム〕のファンだった親友が、信じられないことに、大学卒業後はボストン・セルティックスの応援をするようになったらどうだろう。期待が大きくなると、その人は信頼できると思い込んでしまうのだ。

自分の信仰とは違う宗教儀式に参加するとき、私はいつも、「彼ら」の儀式と「私」の儀式を比較して似ているところや違うところをさがしていることに気づいてはっとする。私たちはこの部分では立つ、彼らはあれをする前に握手をする、私たちはあのフレーズをあではなく、こういう風に言う。
当時カリフォルニア大学バークレー校の博士課程に在籍していたダン・スタインが率いるプロジェクトで、私はある同僚と、集団内の儀式に違反した場合の反応を調べたいと思った。[10] 怒りが爆発する前に、どのくらい儀式を変えたり、少し手を加えたりできるのだろうか。まず一つ、次にもう一つ、さらにもう一つと手を加えていくと、いつ違反探知機が作動するのだろうか。どこまでなら許容できるのか、そして警報はいつなり始めるのだろうか。

それを調べるために、ユダヤ教の信者に次のようなシナリオを考えてもらった。

> 最近ある地域に引っ越して、新しい教会の集会に参加したと想像してほしい。そこでは信徒の自宅でいくつかのセダー〔過ぎ越しの祭りの最初の日のディナー〕が開かれる。そこで申し込むと地元の過越祭のセダーに招待される。主催者の家に着くと、その日のホストが出迎えてくれる。ホストはあなたと一緒に歩いてセダーの食卓まで連れて行ってくれる。

私たちは次に、主催者からセダーの品目を変更すると告げられたらどう感じるかを参加者に尋ねた。主催者の変更が一つの場合、二つの場合、それが三つ、四つ、五つ、六つと増えていくところを想像してもらった。そして何に変更するかを伝えた。たとえば卵（ベイツァ）はチーズに、子羊のすねの骨（ゼローア）は鶏肉の脚骨で代用する。

私たちは参加者全員に、変更ごとの怒りのレベルと、主催者の（非）倫理観についてどう感じるか尋ねた。対照群のグループでは、主催者による変更は何もないと告げた。

一つの予想としては、変更が増えるにつれて少しずつ否定的な反応が増えることが考えられる。しかし儀式が神聖視されている場合、つまりその集団が伝統に手を加えることをよしとしないのであれば、たった一つ変更しただけでも、儀式全体を変更するのと同じくらいの怒りや感情的な爆発を引き起こすかもしれない。私たちの調査の結果は後者だった。怒りや倫理的な反発が最も大きかったのは、最初の変更、それも一つだけ変更があったときである。それ以降の変更はわずかな影響しかない。否定的な反応は大きくはなるが、ダメージがいちばん大きいのは、最初の変更なのだ。

儀式上の違反に対して厳しい反応が起きるのは、ユダヤ教に限ったことではない。別の実験ではカトリック信者に十字を切る動作をする人々のビデオを見てもらった。この動作は正しくは、右手で（1）額（2）胸（3）左肩（4）右肩という順番に触れる。それを正しく行なっている人の映像、それとは別に、このステップのいくつかを省略している人の映像を見せる。次に自分が教会の年末の大イベントを計画する委員になり、信徒にトイレ掃除などの不快な仕事を割り振らなければならないと想像してもらった。すると十字を切る動作を間違えたのを見た人は、その違反者にトイレ掃除を割り当てることが多かった。

これらの知見は実践的なアドバイスにもなる。自分たちだけのために私的な儀式をつくるだけなら、どんな変更をしても影響するのは自分たちだけだ。しかし他の人々が大切にしている儀式を変えようとすれば、たとえ自分たちのグループは気にしないだろうと思っても、思ったよりはるかに荒れた世界に足を踏み入れることになる。多くの場合、儀式を変更したり取りやめたりすることを検討している人は、儀式を重んじる人たちを刺激しないよう、儀式のごく小さな面だけ変更することを考える。「今年はおばあちゃんのレシピで焼いた七面鳥の代わりにハムにしよう」と考えたとする。ところがこの一つの変更で、完全につくり替えるのと同じくらいの怒りを買うことが多い。

これとは違う、もっと大胆な戦略があるかもしれない。この話は既存の儀式に手を加えることが人の神経を逆なでするということなので、まったく新しい儀式を一からつくったほうがいいのかもしれない。祝日に家に子どもがいないと、何をしても前ほど楽しく感じないというなら、家族全員で大切にしていた儀式にこだわらないほうがいい。新しい儀式を一から始めてみよう。今年は街を離れて、暖かい場所で祝日を迎えるのもいいかもしれない。

憎しみの要素

集団の儀式は私たちを結びつけると同時に、争いの原因にもなりやすいことは証明されている。では争いの種になりやすいのは、儀式のどのような要素なのだろうか。特に目立つのが関連する二つの要素、脅威と信念である。

他の集団が自分たちの信念や儀式に疑問を投げかけたり、その脅威になったりすると、[11]私たちはその集団に対して厳しい反応をしてしまう。儀式はアイデンティティを規定するので、集団としてのアイデンティティの表現を、他者が規制しようとしているかのような反応をしてしまうのだ。このような感覚は「クリスマスとの戦い」[12]〔キリスト教徒以外の米国民に配慮して行政機関などの建物ではクリスマス色の強いディスプレイや言葉を避けるようにする〕といった言葉にも表れている。この場合、主に白人のキリスト教徒が自分たちの生活様式と儀式が脅かされたと感じる。そのため「メリー・クリスマス」が「ハッピー・ホリデー」に変わっただけでも怒りと炎上を引き起こし〝私たちVS彼ら〟というメンタリティになるのだ。もう一つの見方としては、他の集団にはキリスト教とは異なる冬の儀式があるので「ハッピー・ホリデー」のほうがより包括的で広い範囲をカバーしているじゃないかと言われたような気分になるということだ。脅威と信念はつながっていて、信念が脅威を感じさせ、脅威を感じると自分たちの信念が正しいという確信が高まる。

一九二二年の帽子から始まった暴動を思い出してほしい。あそこに怒りがあったのは否定できない。しかし脅威はどうだろう。今にして思えば、何かが脅威にさらされたとはあまり思えない。儀式効果が私たちの思考を歪めてしまうことは頭に留めておこう。儀式は人をより緊密に結びつける（自分たちのアイデンティティとなる）ことはあるが、その結びつきが他者を排除し、代償をともなうこともある。儀式が単に行なうものではなく、行なわなければならないものとなったとき、儀式はプラスの効果を生み出すものから、違う儀式を持つ人々への不信感、嫌悪感、懲罰を生み出すものへと変化する可能性がある。他人に自分の儀式を強要したり、他の人たちにも独自の儀式があることを考えなかったりすると、必然的に衝突が生じる。それがトイレットペーパーや食器洗い機をめぐるいざこざのように日常的なことの場合もあるが、根本から破壊をもたらすこともある。異なる宗教集団が抱く憎しみから、何世紀にもわたる争いが生じてきた。三〇年戦争の原因を突き詰めれば[13]儀式をめぐる対立である。教会でウエハースを食べワインを口にすることは、実際にキリストの体を取り込んでいるのか、それとも比喩的に取り込んでいるのかという問題である。カトリックは本当に取り込んでいると言い、プロテスタントは比喩であると言った。こうしてヨーロッパは三〇年間戦争に明け暮れたのだ。

憎しみを取り消す

私たちには彼らに対する怒りを抑えるための安全装置が組み込まれている。私たちはいくつもの集団に属しているので、彼らとは誰なのかは、常に変わっている。一人の民主党員と一人の共和党員を考えたとき、最初に頭に浮かぶのは、それらが互いにどれほど違っているかだ。彼らは互いに異なる信念を持ち、異なる儀式を実践している（毎朝一番のナショナル・パブリック・ラジオとフォックス・ニュース）。しかしその二人が野球の試合場でひいきのチームを応援しているときは、ウェーブに一緒に参加する前に、相手が誰に投票したかは気にしない。調査によると、このような分野横断的な協力は[14]、相容れないと思われる集団の差異を埋めてくれる可能性があるという。サハラ砂漠以南の一八カ国、二万八〇〇〇を超える人々を対象としたある調査から、サッカーの試合で国家の代表チームが勝利すると、その国の人たちのアイデンティティが民族から国へと変わることが示された。その効果が特に顕著だったのは、国の代表チームの民族的多様性が、国全体の民族的多様性に近い場合だった[15]。それはまるで彼らがこう自分に言い聞かせているようなものだ。「彼らが互いをあれだけ理解して、チームとしてうまくプレーできるなら、自分たちにだってできるはずだ」

二〇一九年、ラジオパーソナリティのジャド・アブムラドがポッドキャスト『ドリー・パートンのアメリカ』[16]という番組の司会をした。その前提は、政治と文化が激しく二極化しているいま、ほとんどすべての人が支持できるもの、というより、支持できる一人の人間がいるということだった。その一人というのが、ドリー・パートンである。アイデンティティの枠組みを〝ドリー・パートンのファン〟に移すことで、私たちは社会を結束させる要素を共有する機会を得られるとアブムラドは主張する。そして互いの不満に、より深く耳を傾けるチャンスかもしれない。

儀式はよくも悪くも集団のアイデンティティを強固にする社会的な接着剤の役割を果たす。よいニュースはそうしたアイデンティティは、幅広い人々や慣習を取り込んでいく形へ変わっていくということだ。部族が大きくなり、政治的に極端なアイデンティティから、スポーツや音楽、その他の文化的側面におけるアイデンティティへと枠組みが変わっていけば、対立が和らぎ、生産的な変化を目指し、集団の一員となる経験を広げる機会を得ることができる。

第一三章　どう癒すか――儀式と和解

委員たちは行列になって会場に入り、[1] この行列で犠牲者のための神聖な空間がつくられる。その神聖な空間には、ろうそく、死者への祈禱、追悼の黙とうなどの、畏敬の念を示すものがある。そして犠牲者が決められた席に案内される。犠牲者がその席の前に立つと、委員長と委員全員があいさつに回る。その場に来てくれたことに感謝して、一人ひとりと握手を交わす。全員が立っている間に委員長がろうそくを灯し、犠牲者と死者の名前が読み上げられる。そのあと沈黙の時間がもうけられる。そして聖句や祈り、歌、黙とうによって、聴聞会が開始される。

この儀式はアパルトヘイトという魂を引き裂かれるような歴史と折り合いをつけるための、国家による取り組みの一環である、南アフリカの真実和解委員会による公聴会が開始されるときに行なわれているものだ。ジャーナリストのアントジー・クロッグは、このような活動を、新しい〝国家儀式〟をつくりだそうとする取り組みと呼んだ。名前を読み上げることは、アパルトヘイト政権が国民に行なってきた悪事を認めることだった。政府は何十年もの間、南アフリカで白人至上主義を組織的かつ暴力的に押しつけてきた。ネルソン・マンデラらに率いられた活動家たちが過酷な長期にわたる戦いに挑み、ようやくそのような体制に終止符を打つことができた。しかしその後はどうすればいいのか。血と涙を流したあとの国家を、どのように癒せばいいのだろう。

　真実和解委員会は儀式から始める必要があると判断した。それは少なくとも再出発の象徴となり、多くの紛争を経たあとで、互いに礼を尽くし敬意を示すものでなければならない。その儀式は形式化され、芝居がかってはいるが、平和と理解が可能であることを示せるようつくられている。これは単に見栄えの問題ではない。シエラレオネの真実和解委員会の委員長であるジョセフ・ハンパー司教は、国家的な儀式は新たなスタートを示すだけでなく、過去を思い出し、真実を国民に周知するものでなければならないと明言した。理解すること、思い出すことの両方が、和解には不可欠なのだ。これについても、思い出すことに重きを置いているとか、「許し、忘れる」ことを優先しているとかといった批判もあった。しかしハンパー司教はこのプロセスの必要性を説くために、こう問いかけた。「なぜ私たちはここに集い、ふたたび傷を開くのでしょう。[2]なぜ過去を思い出すのでしょう。傷は癒えていないのだから、また開かなければならない。表面的な癒しでは、傷はまた破裂してしまう。私たちは傷をきちんと癒すために、過去を何度でも思い出さなければならない」

　言いかえると、癒しというのは、謝罪の前に理解があったときのみに起きる。

謝罪の機が熟するとき

　失敗をしたとき、たとえば友だちを傷つけてしまい、自分が悪かったとき、私たちはどうすればいいのだろうか。親やコーチ、教師で、喧嘩している二人の子どもに対処したことがあれば、正しい手順を知っている。何よりもまず謝らなければならない。謝罪は、対立している相手への対処法としていちばんよく行なわれる行動だろう。

しかし謝罪は私たちが思っているよりもはるかに複雑なものだ。ただ「ごめんなさい」と言うだけでは終わらない。逆に、最も効果的な謝罪には儀式のような順序とパターンがある。隣人同士のいさかいを解決するのに用いられる謝罪の分類法の一つでは、[3] 求められる手順が一〇もある。まず1．言葉による謝罪（だいたいの場合ここで止まる）、2．何が悪かったかを確認、3．責任を取る、4．悪かったことを説明しようとする、5．気持ちを伝える、6．相手の感情や損害に対処する、7．間違いを認める、8．自制することを約束、9．補償を申し出る、10．謝罪の受け入れを要請――形式に沿って相手が謝罪を受け入れてくれるようお願いする。「私の行動があなたを傷つけたのであれば申し訳ありません」で始まる謝罪は、責任を取ろうとせず、非を認めてもいない。自分の行動が間違っていたことを認めておらず、怒っている相手が過剰に反応しているとほのめかしているのだ。

この違いは謝罪を成功させるための重大な側面の一つに関わっている。つまり傷つけた側が自分を理解し、なぜ自分が傷ついたのかを理解してくれたという感覚だ。紛争解決の専門家は謝罪の準備がどのくらいできているかを示すのに、熟成度という言葉を使う。[4] そして熟成するためには、傷つけた側がその害を理解していると感じることが必要だ。ある研究では、人々に自分が不当な扱いを受けたときのことを思い出してもらったところ、傷つけた側は謝る前に、相手側のニーズを満たすことが重要だとわかった。それはたとえば「相手が言っていることを理解するために質問する」ことや、「相手の感情や見方を理解する」といったことだ。残念ながら現実の生活でもポップカルチャーでも、先走った謝罪が当たり前に行なわれている。テレビの登場人物で、まったく違うタイプの二人の父親が、責任を取ろうとしてやり方を間違えたとき、トニー・ソプラノは「何のために謝っているのかわかっていない」と言われ、ホーマー・シンプソンは「なぜ謝っているのかさえわかっていない」と言われていた。理解することはきわめて重要であり、理解する前に謝罪してしまうことは、[5]まったく謝罪しないのと同じくらい意味がないことが多い。

うまく伝えられた謝罪が和解への道を歩み始めるきっかけにはなるが、多くの場合、それは最初の一歩に過ぎない。多くの文化に和解への手がかりとして受け入れられてきた動作があるのはそのためだろう。理解と好意の代名詞になった動作を一つだけあげるとすれば、それはごくありふれた握手という行為である。謝罪して握手ができれば――そしてそれが本心であれば――そのシンプルな動作はしばしば言葉よりも雄弁である。

握手は最も広く行なわれている儀式である。短時間で終わるが、心理学的に強い力を持っている。それが見られる領域は、義理の両親との対面から、草野球の試合におけるスポーツマンシップの表明、交渉の開始と終結まで多岐にわたる。国際政治は握手が生むドラマに左右されることがある。特に握手のエチケット違反はときどき起こっている。二〇〇五年、ジョージ・W・ブッシュは握手する前に手袋を外さず、意図せずスロバキア政府関係者に無礼をはたらいてしまった。二〇一三年、イランのハッサン・ルハニ大統領がバラク・オバマと握手しなかったことは「歴史的な握手拒否」[6]として「交渉に取り返しのつかないダメージを与えた」とされた。逆に、手順を踏んで握手という行為をきちんと完了させることは、しばしば友好の証とみなされる。二〇一四年、日本の安倍晋三と中国の習近平は、握手するというたった一つの目的のために会うことに合意し、メディアは「小さな動作が大きな意味を持つ」[7]と指摘した。

このような何でもない行為が、どうしてこれほど重要な意味を持つようになったのだろうか。マーガレット・アトウッドはこう言う。「触れることは、見ることや話すことの前に来る。[8]それは最初の言語であり最後の言語でもある。そしてそれはいつも真実を語る」。握手は人が目の前にいれば、誰にでもどんな場面でもできることだ。握手の起源ははっきりしないが、最も一般的な二つの説明はその単純さと平易さを反映している。手をしっかり握ることは破られない誓いを象徴している、あるいは――ロマンチックではないが実際的な説としては――隠してある短剣が出てくるから[9]、というものだ。

現代では誰かが袖に短剣を仕込むことはまずない。それなのになぜまだ握手が行なわれるのだろうか。

家族や夫婦といった親密な関係の中には、ある程度の信頼関係が自然に存在する。あなたがどこから来たのかを理解したいし、あなたも私がどこから来たのか理解しようとしてくれると信じている。見知らぬ者同士では、それが必ずしも明らかではない。しかし握手ができれば、たとえ知らない者同士であっても、相手が進んで関わろうとしてくれていることがわかる。これによって緊張がほぐれ、関わり合いが生まれ始めるのだ。

とは言え、会う人すべてに手を差し出す前に、友人で練習しておくといいかもしれない。しっかり力を込めて握手しなければならないという、古い格言は真実だからだ。ある研究で、就職のための面接という設定で学生たちと最初に握手をした。このとき握手が「力が弱い」あるいは「長さが不自然」と思われた学生は、相手から否定的な評価を受けた。申し込んできた地位にふさわしくないとさえ見られた[10]。

握手は自分の立ち位置を確立するために行なう小型の儀式の一つだが、理解や和解を求めるときに行なう、シンプルな行動は他にもたくさんあり、それぞれの土台に独自の論理がある[11]。

ハイタッチについて考えてみよう。広く行なわれている動作ではあるが、実はハイタッチは最近生まれた新しい儀式だ[12]。一九七七年、野球選手のダスティ・ベイカーが、ホームランを打ったあと、チームメイトが両手を上げているのを見て、それをたたこうと思いついた。特に意味のない行動だったが、それが広がって何度も行なわれるようになり、意味のある儀式となった。

あるいはハグという単純な動作はどうだろう。[13]友人をハグすること、その原理は奥深く複雑だ。私たちはまず「筋肉を緊張させたあとで弛緩させることで、滑らかでゆったりした動きをする」。しかしハグが長引くと、そこで切り上げてすぐに離れるか、互いの背中を軽くたたくかしてハグを終わらせる。

あるいはただ歩くことはどうか。なぜ世界のリーダーたちは一緒に散歩するのだろうか。なぜ米国大統領は議会指導者たちと連れだってローズガーデンを歩くのだろうか。他の人と並んで歩くだけでスムーズに話せるようになり、容易に協力できるようになる。人と並んで歩くと自然に動きが同調し、〝注意の共有〟（同じものを見る）[14]を経験して、それが相手の視点を理解するきっかけとなるという調査結果がある。

謝罪、握手、ハイタッチ、すべてに意味がある。しかしもっと強力な薬を必要とする紛争も多い。和解の儀式は、互いを理解して合意に達するためだけでなく、異質な集団をまとめるという目的を果たす上でも重要なものだ。まったく違う経験を持つ集団の間に存在する溝は、どうすれば埋まるだろうか。

1＋1を1にする

友人との内輪の冗談を思い浮かべてほしい。短くて意味のなかったフレーズでも、そこまでに少しずつ意味が加わってきたはずだ。ちょっと見る、あるいは眉を上げるだけで、考えていることすべてが親友には伝わる。互いへの理解がその段階にまで達するには、どれほどの時間がかかっただろうか。友情から小型の共通文化へと変化したのはいつだっただろうか。

集団がどのように形成され、絆を深め、独自の文化をつくっていくのか、そして文化が衝突したときに何が起こるのかは、心理学者や社会学者が常に関心を持つテーマである。二〇〇〇年代初頭、研究者のロベルト・ウェバーとコリン・キャメラーは、これらの疑問を解決するための巧妙なゲームを考案した[15]。この実験は「セレブリティ」のようなパーティーゲームの考え方に似ている。こうしたゲームでは、ラウンドを重ねるごとに両者が一回目のラウンドで見つけた手がかりを表わす省略語やジェスチャーを考え出し、制約が増えておもしろくなっていく。

あなたがメンバー二人の小さなチームにいるとしよう。あなたが〝マネジャー〟で、パートナーが〝従業員〟だ。それぞれが一六枚の写真を持っていて、写真にはオフィス環境の異なる場面が写っている。一六枚の写真には共通する特徴もあるが（人物や家具、ベージュの色合いなど）、違う特徴もある。たとえば人物の性別、民族、服装、あるいは行動（写真内の他の人と会話している、電話で話している、コンピュータに向かって仕事をしている）などだ。ゲームが始まるとマネジャーであるあなたには八枚の写真が特定の順番で渡され、それらの写真について好きなように説明するよう言われる。そして従業員である相手は、その説明を聞き、相手がどの写真を、どのような順番で持っているのか当てなければならない。この推理ゲームを二〇ラウンドにわたって一緒にプレイしてもらい、どれだけ早く当てられたかによって、二人に報酬が支払われる。

ひとたびゲームを始めると、二人の間で通じる独特の言い方が生まれ、どんどん速く作業をこなせるようになった。たとえば第一ラウンドで、あるペアは一枚の写真について次のように説明した。「三人いる。男二人と女一人。女が左側に座っている。全員で二台のコンピュータを見てて、そこにはパワーポイントでつくったグラフや表みたいなのがある。男二人はネクタイを締め、女はブロンドのショートヘア。片方の男が一つの表を指差している」。

しかし何度か繰り返すと、二人はこの写真を単に「パワーポイント」と呼ぶようになった。

その後、この二人に驚くべきことが告げられる。この社員二人の〝会社〟が、別の社員二人の会社と合併し、ゲームはそのまま新しいパートナーたちとともに続けられるということだ。さて、ここで問題が起きる。この二人は、ある写真を「パワーポイント」と呼んでいた。他のペアも短い言葉でその写真を表現するようになっていたが、彼らと同じ言葉ではなかった。あるペアは「女性が座って笑っている」、また別のペアは「背を丸めた男」という言葉を使っていた。大きくなった会社は、早急に新しい共通語を見つけなければならなかった。

合併後に何が起こったか。二人で決めた共有言語のおかげで、最初のうちはとても効率的にゲームを進めることができた。しかし異なる言語を持つ新しいメンバーが加わったことで、後半は新会社の作業スピードが落ちてしまった。想像してみてほしい。「パワーポイント！」と繰り返し叫ぶマネジャーと、それがどの写真を意味しているのか伝わらず、呆然と座っている新入社員を見ているもどかしさを。新入社員は何も悪いことはしていないが、独自の言葉（と文化）が理解されなければ、やはりマネジャーは怒りをおぼえる。合併でやってきた新しい社員は新しいマネジャーを「伝える力が低い」という理由で、前のマネジャーよりはるかに低く評価した。

欠けていたのは集団としてのアイデンティティと、理解されているという感覚だった。理解されていると感じることは、感情的、さらには身体的な幸福につながる。ある研究では「きょうの生活にどのくらい満足しているか」とか「きょう他人と接する中で、どのくらい理解されていると感じたか」といった質問に答えてもらった。理解されていると感じた人ほど満足度が高く、[16]頭痛や腹痛やめまいなど身体的な不調の報告も少なかった。

この研究は、異なる文化が一つになるとなぜすぐ争いが起こるのかの縮図だった。二つの会社が合併したとき、二つの家族が一つになるとき、友人グループが一緒になったとき、それぞれが独自の内輪のジョーク、思い出、儀式を持ち込む。それが衝突につながる。人はどうやって二つを一つにしているのだろうか。

研究者のドーン・ブレイスウェイト、レスリー・バクスター、アネリーゼ・ハーパーは、この疑問に答えようと、特に親が再婚した家族を調べることにした。家族を一つにしようとする場合、親は何か新しいことをつくろうとするが、子どもたちは生まれたときの家族の慣習を続けたがる傾向がある。うまくいくことといかないことを理解するため、ブレイスウェイト、バクスター、ハーパーは、二〇人の継父母と三三人の継子に、前のものと新しいものを組み合わせる緊張感に、どのように折り合いをつけてきたかを尋ねた。[17] これはうまくいかないこともある。次は彼らの研究に子どもの立場で登場したある女性の経験である。

元の家では毎週土曜日の夜は同じレストランに行っていました。母が大好きだったお店です。いつも同じテーブルで、ついてくれるウェイターも同じ、毎週土曜の夜です。父が再婚してそこに行き始めました。しばらくはそこに行っていましたが、あるとき私がうっかり「ここはママのお気に入りのレストランなの」と言ってしまったんです。そうしたら新しい母が「もうここに来るのはやめましょう」って。それで新しいレストランに行くようになりました。いまでは名前も覚えていません。同じではなくなったどころではありません。ひどかったです。

休日や祝祭日には、愛情をめぐる戦いが起こることがある。私の側（そして私たちの儀式）につくか、相手（そして相手の儀式）につくか。実際には、二つの家族が独自性を保ったままのほうが、敵対的買収のようなことをするよりも、うまくいっている。

一つの手は、すでにある儀式を尊重することだ。同じ調査に参加したある父親は、新しい妻の実家の儀式に従うことはいとわなかった。しかし「大晦日には豚肉とザウアークラウトを食べるんだが、そのザウアークラウトが固いんだ。食べたくない！　大嫌いだ！　でも食べるんだ！」と言った。嫌いにもかかわらずそれを食べるのは「一体感や絆を感じるから」だ。また新しい家族が既存の儀式に確実に入れるようにする人もいる。たとえばある父親は義理の娘のためのクリスマス・プレゼントを贈るとき、息子にするのと同じように、彼女の好みに合わせたものを選んだ。その娘は「私は彼の本当の娘みたいに感じます……連れ子ではなく彼の息子と同じです」

多くの家族は第三の戦略を選ぶ。新しい儀式を一緒につくるのだ。多くの場合、最適なやり方は、以前の儀式の要素の一部を残して、その過去の儀式の重要性を認めつつ、新しい儀式を家族特有のものと感じられるように、十分なオリジナリティを持たせることだ。たとえばある母親は、新しい家族が毎年自分たちでクリスマスの飾りをつくり、そのたびに新しいオーナメントが（新しい）家族としての年月を刻んでいると話してくれた。

それは仲間が集まって、チームワークを発揮するときで、[18] 以前の休暇やクリスマス、そして一緒に過ごした日々を思い出しています。作業を終えるといつも感嘆します。「ああ、私たちがこれをつくったんだ。とてもいいね」。それをつくるのに全員が何かしらの仕事をしているんです。

親が離婚して新しいパートナーと結婚すると、子どもはどちらの家族を選ぶのかというプレッシャーを感じ、破局に対処することの難しさは高まるばかりだ。しかし元の家族の子どもの儀式もできるようにしたり、親が以前からの儀式に子どもたちを迎え入れたり、最終的に新しい家族が新しい儀式をつくって、それを共有して完全に自分たちのものであると感じられるようになれば、子どもたちは感情的な重荷からいくらか解放される。儀式は新しい家族の絆を固め、それを自分たちのものにすることで、新しい一つの単位となる。

家族を一つにするときに用いる戦略は、企業が合併するとき最適な方法でもある。合併が最も成功するのは、企業が儀式を使い、古いものの一部を残し、一部を手放し、組織独自のものを新たにつくることができたときである。

米国とスウェーデンに本社を置く企業の、五〇件の合併を調査したある研究で、それぞれの会社の合併の有効性を「成功した合併」から「同化のレベルがきわめて低い」までの尺度で評価した。最低の評価は、継続的に強い文化的衝突が起こり、組織としての文化の共有がほとんどない状態と説明された。ここで勝者と敗者の違いは何だったのだろうか。この調査を行なった研究者たちは「大事なことはただ一つ、合併の影響を受けた社員を、社交的な活動に参加させることだ。それはたとえば導入プログラム、研修、相互交流、合宿、祝賀会、その他の社交上の儀式である」と述べている。それは正しい。儀式を用いて双方を迎え入れることが重要だ。そうすることで、そして社員をそのような儀式の中心に置くことで、理解したという共通の感覚が下から生まれた。米国企業とスウェーデン企業、中小企業と大企業など、あらゆる種類の合併でこうした儀式の恩恵は有効だった。特筆すべきは、社員がつくった儀式のほうが[19]、移行チームの設置や人事異動といった〝公式な〟活動よりも重要だったことだ。

エグゼクティブ・コーチのブライアン・ゴーマンは、買収ではなく融合させることを重視し、それによって古いものと新しいものをうまく混合させた企業の合併について次のように語っている。社員は紙に合併後に手放したいものと、新会社に引き継ぎたいものを書くよう告げられた。そして「手放したいもの」が書かれた紙を火の中に放り込んだ。数日後、合併した会社は新しいアイデンティティを考えるために従業員を集めた。彼らは「続けたいこと」が書かれた紙を読むよう促され、それを壁に貼っていった。これは共通のアイデンティティをいっぺんにつくろうとする試みだった。

これはいい思いつきで終わったのか。それとも効果があったのか。その答えは、従業員自身の行動にある。その集まりの一環として、会社は「続けたいこと」を貼った壁の写真を撮り、社員に公開した。数年たったときでも、その写真をデスクトップ画像にしている社員もいた。[20]

癒しのプロセス

二つの家族、あるいは会社が一つになるとき、最初はそれが火薬箱のように見えるかもしれない――まだ誰もマッチを擦っていないだけで、一触即発の状態だ。火がついて炎が燃え上がり、まだ濃い煙が立ちこめているとき、私たちは何をすればいいのだろうか。パートナーにめちゃくちゃにされた結婚、何十年も続く家族の争い、あるいは何世紀にもわたり地域や文化を超えて続く不公正など、地を焼き尽くす対立をどう乗り越えればいいのだろう。

一九一〇年、エリック・ミョベリは恐ろしい罪を犯した。彼はオーストラリアに住むスウェーデン人で、アボリジニの土地から盗んだ財宝を持ってスウェーデンに逃げ帰った。彼が持ち去ったのは美術品や金塊ではない。もっと悪いものだ。一五個の頭蓋骨とその他の骨の一部を持ち出し、それらはやがてストックホルムの民族誌学博物館に収蔵されることになった。この犯罪は一世紀近く放置されていたが、二〇〇四年に博物館はついに正義を求める声に応えた。盗んだ頭蓋骨を返し、文化的な代償を清算する時が来たのだ。

返還は秘密裏に行なうものであってはならない。これだけの傷を癒す簡単な方法などなかった。そんなものはあるはずがない。オーストラリアのアボリジニ代表団のメンバーと博物館のスタッフは、返還を意義あるものにするための儀式をつくりあげた。帰郷するものに敬意を表するとともに、与えられた損失の大きさをスウェーデン人に理解させるための儀式である。そこで生まれたセレモニーは、一般的にアボリジニが精神浄化のために用いているもので、二つの文化を結びつけることを可能にするための共同作業だった。最初の犯罪とはまったく対照的だ。見物していた人は次のように説明している。

やがてよい香りのする白い煙が、緑を背景に立ちのぼった。その瞬間、さまざまな土地の植物の煙が混ざっていることが重要だと感じた。特別な緑色の小枝——誰かが「桜の木」と言った——がオーストラリアから飛行機で運ばれていた。他の木の棒はキュレーターの一人がストックホルム群島の島から持ってきたものだった。白いひげを生やした代表団のリーダーは、先祖を本来いるべき場所に連れ帰ることがいかに満足できることか、短いながらも優しい言葉を口にした。一人の男がディジェリドゥを演奏し始めた。そして時が来て、彼らは煙の中を進んでいった。

アボリジニの代表団にとっては、自分たちのアイデンティティのすべてを表現し、相手にそのアイデンティティと過去に犯した過ちと、それをずっと看過していたことの両方を理解させることが不可欠だった。そしてその罪の重さを認識するために、もう一人の重要人物が出席した。エリック・ミョベリの親族のロッテ・ミョベリである。輸送用の木箱の蓋をねじで留めたのはロッテだった。これは祖先の行動をできるだけ元に戻そうとする試みである。あまりにも大きい罪のために、儀式のこの面において、心理的に元に戻るために物理的に元に戻すということだ[21]。

オーストラリアのアボリジニが、自分たちの伝統に由来する儀式にスウェーデン人を引き入れるためにその儀式を変更したというのは意外に思われるかもしれない。しかしこれは癒しの儀式に共通する流れであり、家族や企業を一つにするための儀式と共通する特徴がたくさんある。目指すところは、双方を巻き込んで参加させることだ。最初の犯罪の責任を共有することも重要だが、双方の間の障壁を取り払い、関係を修復することも同じくらい重要なのだ。南アフリカにおけるアパルトヘイト撤廃後の儀式を思い出してほしい。彼らが求めたのは、真実と明瞭さだけでなく、新しい国家が共有できる新たな儀式をつくり、過去の苦しみを超える可能性に満ちた未来につなげることだった。

このような状況すべてにおいて、人は他の集団に理解されていると感じられない限り、傷は癒されないし、他集団と同じ場所にいるとは感じられない。五〇〇〇人を超えるスコットランド人に、スコットランドが独立することに賛成か反対かを尋ねたある調査では、イングランド人がスコットランド人の意見や価値観を理解していると感じられるかどうかが重要だった。答えを左右するのは、イングランド人が好きかどうかではなく、イングランド人が自分たちをどのくらい理解してくれていると感じられるかだった。人は自分たちが理解されていると感じると国としてうまく機能させたいと思い、より大きな国の一部であり続けたいと考える傾向があった[22]。

集団の間の亀裂を修復する儀式は、多くの場合、共同のアイデンティティを形成するためのものだが、その前にそれぞれの集団のアイデンティティを認める必要がある。『ハーバード流交渉術』〔金山宣夫、浅井和子訳、三笠書房）の著者で、イスラエルとパレスチナの調停に何度か関わった紛争交渉の専門家であるウィリアム・ユーリーによると、特に難航する交渉には、個々の敬意が欠けていることが多い。「それは交渉人としてできる譲歩として、最も安上がりなものだ[23]。まったくコストはかからないというのに、相手にそれを示さないことが多いことには驚いてしまう」

儀式は敬意と理解を相手に伝え、新たなスタートを切るために全員で一緒に行なえる一連の行動を示してくれる。これは国家や大組織にも当てはまり、その内部に長年存在する分断を修復する鍵でさえある。

トムとサガン・ルイスは、離婚して二二年後、最初に結婚した日からきっちり三五年と一日目に再婚して式を挙げた。（二人はそもそも儀式が好きだった。一九九三年に離婚したときは最後の記念パーティーを開き、ゲストに「プレゼントを持ってくるなら二つ持ってきてください」と告げた。）同じ人と再婚するのは珍しいが、結婚セラピストのミシェル・ワイナー＝デイヴィスによれば、それが実現した場合、どちらのパートナーも「以前よりも成熟し、そもそもなぜ破局したのか学ぼうとする意欲をもって、その関係に臨む……各自が前と変えられることは何かを考えつつ、同じ轍を踏まないようにするのです」。トムとサガンは離婚してからの二〇年間もお互いを恋しく思っていたが、再婚を考えられるようになったのは、最初の結婚ではもっぱら対立していて、協力的になれなかったのを認められたからだ。二人はなぜ以前は本当のことが言えなかったのか、そして「いつまでも幸せに暮らしました」という結末を続けるためには何が必要だったのか理解しなければならなかった。相手への理解をもっと深めることを新たに誓った二人は、（二回目の）結婚式の招待状にこう書き添えた。「二二年たって、離婚がうまくいかなくなりました[24]」

儀式は共に行なう行動に意味を生み出し、人々を一つにまとめるために用いられる。一方で儀式は、自分たちとは違う儀式を持つ人々への不信を生み出し、分断することもある。幸いにも、混乱が収まったときには、儀式は和解の助けとなる。儀式は互いに理解するよう働きかける。多くの場合、それを儀式そのものの一部として、参加者が自分の真実を語り、互いの話を聞く機会を与えるのだ。結婚（再婚を含む）、（混合）家族、合併や買収、平和を見出そうと切望する国々、どこでも和解の儀式は、心機一転して前へ進む助けとなる。

エピローグ　儀式的な生活

月曜日の朝。朝日が昇る前に、フラナリー・オコナーは朝の祈りとポットのコーヒーで一日を始め、マヤ・アンジェロウは壁からすべての美術品を取りはずしてあるモーテルの部屋のドアを開ける。国の反対側に住んでいる別の女性は、スマートフォンをベッドサイドに置いたまま、カーテンを引いて深呼吸をして一日のことを考える。そのころある男性はバスルームに入って、一番低い温度に設定してあるシャワーの蛇口をひねる。凍えるような水を三回すくって（常に三回）顔にかけ、活を入れて一日を始める。

午前九時ごろ、ヴィクトル・ユゴーは裸になり、毎日の執筆目標を達成するまで服を隠すよう従者に指示する。それからしばらくたったころ、ある最高マーケティング責任者はチーム・ミーティングを行ない、社員が週末の出来事を話す、月曜日の朝の〝ショートスピーチ〟に聞き入っている。彼女は二杯目のコーヒーを飲む。二杯目はいつもオフィスで飲むのだが、オフィスのデスクの引き出しには母が子どものころ使っていたマグカップが置いてある。コーヒーの香りを楽しみながら、マグカップの縁を指で撫でる。これでいつも母の手の記憶がよみがえる。

午後三時半ちょうどにイマヌエル・カントがスペイン製の杖を片手に午後の散歩のために玄関を出

るころ、あるファンドマネジャーは今年度最大のプレゼンの準備を始めているかもしれない。彼はオフィスにそっと入って、すっかり身についている太陽礼拝を行なう。それで自信がわいてきてリラックスできる。オフィスを出るときは必ず右足から、そして縁起かつぎとしてドアの上のプレートを三回たたく。それからようやく、同僚や顧客でいっぱいの会議室へと入っていく。

就業時間が終わり、アガサ・クリスティーが風呂に入ってリンゴを食べるころ、三年生の担任教師は家に戻り、仕事着を脱ぎ捨てて長々とシャワーを浴びて一日のストレスを洗い流す。問題児についての心配が体からすべり落ちて、渦を巻きながら排水溝へと流れていくところを思い描く。夕食のとき、彼女の息子が「ローズ、ソーン、バッド」〔よいこと、悪いこと、中立のことを言っていくゲーム〕で先陣を切り、全員がその日のよかったことや悪かったことを話し、その後、次の日に楽しみにしていることを語る。彼女は深呼吸をして、自分にとってよいことは、夕食を一緒に食べるというごくふつうの美徳への感謝の気持ちであると家族に伝えた。

月曜日が終わろうとしている。チャールズ・ディケンズは磁石を取り出して、自分のベッドが北を向いていることを確かめる。どこかの若い母親は、ずっと同じ二冊の本と四つの歌で子どもを寝かしつけ、地球の反対側にいる、誰かのおばあちゃんはろうそくに火を灯して健康に感謝している。あるティーンエージャーは、サッカーの試合を終えてへとへとでも、気持ちよく落ち着いていられる順番でパジャマを着る。いつもまずシャツから、そしてズボンは左足が先で次に右足。世界中どこでも、たったいま「こうでないと落ち着かない」と感じられるやり方で一日を終わらせようとしている人がいる。

こうしたシンプルな行動は外の世界を変えることはないかもしれないが、私たち全員の内部に影響を与える。当事者意識を持たせる、あるいはアイデンティティや帰属意識を支える、より大きな意味を感じさせる。なんであれ、儀式は適切な時に、適切な感情的、心理的効果をもたらす人類最強のツールの一つなのだ。儀式はどこにでもあり、人間の平凡な行為に並外れた力を吹き込んでいる。私たちは誰もが儀式にあふれた生活をおくっているのだ。

世界の偉大なパフォーマー、科学者、アーティスト、アスリートらからインスピレーションを得てパフォーマンスの前に独自の儀式を行なう、職場や家庭での絆や責任を保つ、喪失感に対処する方法を模索する――目的はなんであれ、そうした奇妙で反復的な行動パターンが存在するのは、私たち人間が常にそれに頼ってきたということで、それを思い出させてくれるのが儀式の効果である。儀式は誰もが、いつでもどこでも利用できる。ほんの少しの労力、そしてさらにいいことに、自分の個性を少し加えるだけで、その強力な魔法を呼び出すことができるのだ。

これまで語ってきたのは、二一世紀のいま、儀式がもたらしてくれる大きな機会である。儀式はすべての人に、人生をより豊かなものにする方法を与えてくれる。外に出て実験してみよう。日常のあらゆる場面で、平凡な行動が、途方もないものに変わるかもしれない。きょうあなたは愛し、感謝し、笑い、嘆き、味わい、経験するために何をしただろうか。そして明日はさらに何ができるだろうか。

謝辞

以下のすばらしい人々に感謝の気持ちを伝えたい。

儀式の調査に協力してくれた、たくさんのたくさんの人々。これはあまり見ない研究テーマであり、それを大切な経歴書に載せてくれることをいとわなかった一人ひとりに感謝する。

エージェントのアリソン・マッキーンとセレステ・ファインがこの本のアイデアをかってくれたというだけで、私はこれを書く決心ができた。

担当編集者リック・ホーガンとナン・グレアムの二人は、この本をより説得力があり、より読者にとって有用なものにするよう手助けをしてくれた。

アリソン・マッキーン、キャンベル・シュネブリー、ジョン・コックス、アン・マリー・ヒーリーは本書のアイデアを生み出し練り上げるのを助けてくれた。

ノーマ・ヘルスタインは校正に熟練の技を発揮し、ケイティ・ボーランドは注釈を見事に整理し、コリー・パウエルとピーター・グザルディは本書の構成に対して有益な助言を与え、クリス・マクグローリーは説得力のある事例をさがすことに協力してくれた。

私がハーバード大学で教えていた三つの一年生のゼミの学生たちは、儀式が私たちの生活の中でどのような働きを持つかについて、多くの興味深い議論をしてくれた（彼らがいなければ今世紀のあらゆる文化的なイベントについて言及することはできなかっただろう）。

　そして何よりも、母、父、兄弟姉妹、そしてアイルランドのカトリック信者の親戚一同、あなたがたが私に伝えてくれた儀式に、そしてディールとトゥッチには、ともにつくり上げてくれた儀式に感謝する。

訳者あとがき

儀式という言葉からどのようなイメージを思い浮かべるだろうか。私の場合、最初に出てくるのは即位の礼や結婚の儀といった皇室行事である。それらがどのような儀式なのかよくは知らないのだが、そのくらいの重厚さをこの言葉に感じるということだ。

また宗教的な儀式のイメージもついてまわる。完全な偏見ではあるが、カルト系の新興宗教とかスピリチュアル系のヒーラー（と呼ばれるような人たち）が、独特の儀式を行なっているというような、やや胡散臭さを感じることもある。

もう少し身近で日常的なものだと、入学式や卒業式といった学校関連、またお食い初めや七五三、成人式、結婚式といった、人生の節目を祝う儀式もある。

伝統的な儀式には昔から受け継がれている行動やルールがあり、それを守ることで独特な重厚さが生まれ、決まった形式があれば、時間をかけて打ち合わせしなくてもスムーズに式を進められるという合理的な面もある。たとえば人が亡くなったとき、遺族はショックや悲しみを抱えつつも、通夜や葬儀といった形式に沿って行動することで、冷静さを保って頭の中を整理していくうちに、悲しみが和らいでいくとはよく言われることだ。

しかしその一方で、ルールや手順を重視するあまり、違反に対して必要以上に厳しくなったり、何が正しく何が間違っているのかをめぐり、関係者の間で意見が対立して不毛な議論になったりもする。最近、お葬式のマナーで女性の喪服はスカート、黒でもタイツはNG、○○デニールくらいのストッキングをはくべし、という意見がSNSに投稿され、批判コメントでなかなかに盛り上がっているのを見た。葬儀にある程度のルールがあるのは当然としても、ストッキングのデニールまで指定するのはやりすぎというのが一般的な感覚ではないかと思う。しかしそれが炎上するくらい話題になるということは、儀式でのマナー違反をとがめる人、そしてそれを恐れる人が多いということだろう。

本書の著者であるマイケル・ノートンはハーバード・ビジネス・スクールの教授であり、人間の行動や心理を科学的に調査する行動科学者でもある。幼いころは教会の礼拝で決まった行動を強いられるのが嫌で、儀式の意味を疑問視するいわば懐疑派だった。その見方が大きく変わったのは、子どもが生まれたことだった。子どもを寝かしつけるために、いつも同じ手順でぬいぐるみを並べたり、同じ子守唄を歌ったりするのが、毎夜の決まりとなった。これは彼と妻と子どもでつくりあげた一つの儀式であり、少しでも手順を間違えたら、子どもが寝ないのではないかと感じ、変えられなくなったと言う。

ノートンによれば、宗教などに関わる伝統的な儀式は減っているものの、世俗の儀式は急増している。たとえば音楽フェスやオンライン・フィットネス集会、一定時間デジタル・デバイスから離れる〝デジタル安息日〟なども一種の儀式である。人は思った以上に儀式的な行動を行なっていて、精神的な頼りにもしている。それでノートンは、これが科学的な研究にあたいすると感じたのだ。

儀式は人間に大きな力を与えてくれるものだ。宗教組織や学校、あるいは企業など、大きな集団で行なわれる儀式は、アイデンティティの確立や、集団への帰属意識を高める役に立つ。また個人的な儀式は、精神的な支えとなり、求めている〝以上〟の力を引き出してくれる。

また儀式は何らかの感情を生む行為で、それがルーティンや習慣と違う点である。英語でルーティンとは朝の洗顔や歯磨きなど、習慣化して機械的に行なっている行動である。それが洗顔や歯磨きの順番や使う石鹼まで毎日同じでないと気持ち悪いとなると、それは儀式となる。儀式によって一日を気持ちよくはじめ、今日もがんばろうと気持ちを引き締める。そこに感情が生まれているわけだ。日本で言う願掛けやジンクスもこの儀式《リチュアル》という言葉に含まれると思われる。

儀式は人間関係を豊かにし、精神的な安定を保ち、悲しみを癒してくれるなど、いろいろな効果がある。儀式とか形式とか聞くと、とかく表面的で心がこもっていないと思われがちだが、人は思っている以上に独自の儀式をつくって実践し、精神的に頼っているのだ。

本書では各章でさまざまな状況で行なわれている儀式についてとりあげ、行動科学の視点からそれらを分析して幅広く論じている。その中で訳していて特に印象的で、いまの時代にこそ必要な考え方だと思ったのは、第一三章の謝罪のための儀式についての部分である。

謝罪はとても複雑で、ただ言葉で謝ればいいというものではない。まず謝罪する側とそれを受ける側の双方が、何が問題だったのかを理解して、害を与えた側がその非を認めていなければならない。そして傷ついた側が望んでいることをしっかりと受け止め、入念な準備をしたのち、適切な手順に従って行なう必要がある。責任を認識しないままの謝罪は意味がないどころか逆効果にさえなる。特に「もしあなたを傷つけたのであれば申しわけない」という類の謝罪は、怒っている相手が過剰に反応しているとほのめかすもので、自らの非を認めていないし、責任を回避しようとしているとみなされると釘を刺している。

昨今、日本では政治や芸能の世界で不祥事が多発して、公人、著名人がカメラの前で、あるいはSNSで謝罪するのを見る機会が増えた。しかし謝罪の方法を間違えて、火に油を注ぐ結果となってしまうことがままある。心からの謝罪を適切に伝えるにはどうしたらいいのか。本書にはそれを実践するためのヒントが書かれている。特に世間の目を集める業界で、今後、謝罪する必要がでてきそうな人たちにはぜひとも読んでいただきたいと思う。

二〇二五年一月

原　注

序文　儀式の再発見

1. Howard Thompson, "Quiet Murders Suit Miss Christie; Visiting Writer Still Prefers to Keep Crime in Family," *New York Times*, October 27, 1966, https://www.nytimes.com/1966/10/27/archives/quiet-murders-suit-miss-christie-visiting-writer-still-prefers-to.html; James Surowiecki, "Later," *New Yorker*, October 4, 2010, https://www.newyorker.com/magazine/2010/10/11/later; Emmie Martin, "14 Bizarre Sleeping Habits of Super-Successful People," *Independent*, April 26, 2016, https://www.independent.co.uk/news/people/14-bizarre-sleeping-habits-of-supersuccessful-people-a7002076.html; Mason Currey, *Daily Rituals: How Artists Work* (New York: Alfred A. Knopf, 2013).
2. David Sanderson, "Keith Richards Finds Satisfaction in Pre-concert Shepherd's Pie," *Times*, June 8, 2018, https://www.thetimes.co.uk/article/stones-find-satisfaction-in-pre-concert-shepherds-pie-qn80glfmh; "Chris Martin Gig Ritual," *Clash Magazine*, March 10, 2009, https://www.clashmusic.com/news/chris-martin-gig-ritual/; Nanny Fröman, "Marie and Pierre Curie and the Discovery of Polonium and Radium," Nobel Prize, https://www.nobelprize.org/prizes/themes/marie-and-pierre-curie-and-the-discovery-of-polonium-and-radium/; Julie Hirschfeld Davis, "Obama's Election Day Ritual: Dribbling and Jump Shots," *New York Times*, November 8, 2016, https://www.nytimes.com/2016/11/09/us/politics/obama-election-day.html.

第一章　儀式とは何か

1. Charles Taylor, *A Secular Age* (Cambridge, MA: Belknap Press of Harvard University Press, 2018).〔チャールズ・テイラー『世俗の時代』上・下　千葉眞監訳、名古屋大学出版会、2020〕
2. Reem Nadeem, "How U.S. Religious Composition Has Changed in Recent Decades," Pew Research Center's Religion & Public Life Project, September 13, 2022, https://www.pewresearch.org/religion/2022/09/13/how-us-religious-composition-has-changed-in-recent-decades/.
3. Jeffrey M. Jones, "Confidence in U.S. Institutions Down; Average at New Low," Gallup, July 5, 2022, https://news.gallup.com/poll/394283/confidence-institutions-down-average-new-low.aspx.
4. Max Weber, *Economy and Society* (1922; repr., New York: Bedminster, 1968).〔マックス・ウェーバー『経済と社会』武藤一雄訳、創文社、1960ほか〕

5. Jeffrey M. Jones, "Belief in God in U.S. Drops to 81%, a New Low," Gallup, July 17, 2022, https://news.gallup.com/poll/393737/belief-god-dips-new-low.aspx.
6. "Religiously Unaffiliated," Pew Research Center, December 18, 2012, https://www.pewforum.org/2012/12/18/global-religious-landscape-unaffiliated/.
7. Penelope Green, "How Much Hip Can the Desert Absorb?," *New York Times*, April 12, 2019, https://www.nytimes.com/2019/04/12/style/coachella-desert-hipsters-salton-sea.html.
8. Melissa Fiorenza, "Project: Hell Week—Preview & Expert Tips," Orangetheory Fitness, https://www.orangetheory.com/en-us/articles/project-hell-week.
9. Julie Hirschfeld Davis, "A Beat and a Bike: The First Lady's Candlelit Habit," *New York Times*, January 10, 2016, https://www.nytimes.com/2016/01/11/us/politics/a-beat-and-a-bike-michelle-obamas-candlelit-habit.html.
10. Rachel Strugatz, "How SoulCycle Got Stuck Spinning Its Wheels," *New York Times*, May 27, 2020, https://www.nytimes.com/2020/05/19/style/soulcycle-peloton-home-exercise-bikes-coronavirus.html.
11. Mark Oppenheimer, "When Some Turn to Church, Others Go to CrossFit," *New York Times*, November 27, 2015, https://www.nytimes.com/2015/11/28/us/some-turn-to-church-others-to-crossfit.html.
12. Anand Giridharadas, "Exploring New York, Unplugged and on Foot," *New York Times*, January 24, 2013, https://www.nytimes.com/2013/01/25/nyregion/exploring-red-hook-brooklyn-unplugged-and-with-friends.html; Kostadin Kushlev, Ryan Dwyer, and Elizabeth Dunn, "The Social Price of Constant Connectivity: Smartphones Impose Subtle Costs on Well-Being," *Current Directions in Psychological Science* 28, no. 4 (2019): 347–52.
13. Alex Vadukul, " 'Luddite' Teens Don't Want Your Likes," *New York Times*, December 15, 2022, https://www.nytimes.com/2022/12/15/style/teens-social-media.html.
14. "Home," Seattle Atheist Church, https://seattleatheist.church/.
15. Nellie Bowles, "God Is Dead. So Is the Office. These People Want to Save Both," *New York Times*, August 28, 2020, https://www.nytimes.com/2020/08/28/business/remote-work-spiritual-consultants.html.
16. Elizabeth Dunn and Michael I. Norton, *Happy Money: The Science of Happier Spending* (New York: Simon & Schuster, 2014).〔エリザベス・ダン、マイケル・ノートン『「幸せをお金で買う」５つの授業』古川奈々子訳、KADOKAWA、2014〕
17. Michael I. Norton and George R. Goethals, "Spin (and Pitch) Doctors: Campaign Strategies in Televised Political Debates," *Political Behavior* 26, no. 3 (2004): 227–48.
18. Malia F. Mason et al., "Wandering Minds: The Default Network and Stimulus-Independent Thought," *Science* 315, no. 5810 (2007): 393–95.
19. Sheryl Gay Stolberg, Benjamin Mueller, and Carl Zimmer, "The Origins of the COVID Pandemic: What We Know and Don't Know," *New York Times*, March 17, 2023, https://www.nytimes.com/article/covid-origin-lab-leak-china.html.

20. Lisa Guernsey, "M.I.T. Media Lab at 15: Big Ideas, Big Money," *New York Times*, November 9, 2000, https://www.nytimes.com/2000/11/09/technology/mit-media-lab-at-15-big-ideas-big-money.html.
21. Ann Swidler, *Talk of Love: How Culture Matters* (Chicago: University of Chicago Press, 2013).
22. Lynn Hirschberg, "Strange Love: The Story of Kurt Cobain and Courtney Love," *Vanity Fair*, September 1, 1992, https://www.vanityfair.com/hollywood/2016/03/love-story-of-kurt-cobain-courtney-love.
23. Nicholas M. Hobson et al., "When Novel Rituals Lead to Intergroup Bias: Evidence from Economic Games and Neurophysiology," *Psychological Science* 28, no. 6 (2017): 733–50.
24. B. F. Skinner, "Operant Behavior," *American Psychologist* 18, no. 8 (1963): 503.
25. Charles Duhigg, *The Power of Habit: Why We Do What We Do in Life and Business* (New York: Random House, 2012).〔チャールズ・デュヒッグ『習慣の力』渡会圭子訳、ハヤカワ文庫 NF、早川書房、2019〕
26. Richard H. Thaler and Cass R. Sunstein, *Nudge: Improving Decisions about Health, Wealth, and Happiness* (New York: Penguin, 2009).〔リチャード・セイラー『実践 行動経済学 健康、富、幸福への聡明な選択』遠藤真美訳、日経 BP、2009〕
27. Tom Ellison, "I've Optimized My Health to Make My Life as Long and Unpleasant as Possible," *McSweeney's*, March 3, 2023, https://www.mcsweeneys.net/articles/ive-optimized-my-health-to-make-my-life-as-long-and-unpleasant-as-possible.
28. Aaron C. Weidman and Ethan Kross, "Examining Emotional Tool Use in Daily Life," *Journal of Personality and Social Psychology* 120, no. 5 (2021): 1344.
29. Jordi Quoidbach et al., "Emodiversity and the Emotional Ecosystem," *Journal of Experimental Psychology: General* 143, no. 6 (2014): 2057.
30. "Pablo Picasso's Blue Period—1901 to 1904," Pablo Picasso, https://www.pablopicasso.org/blue-period.jsp.
31. Nicole Laporte, "How Hollywood Is Embracing the World's Blackest Black Paint," *Fast Company*, September 21, 2021, https://www.fastcompany.com/90677635/blackest-black-vantablack-hollywood.
32. Paul Ekman, "Basic Emotions," *Handbook of Cognition and Emotion* 98, no. 45–60 (1999): 16.
33. Alan S. Cowen and Dacher Keltner, "Self-Report Captures 27 Distinct Categories of Emotion Bridged by Continuous Gradients," *Proceedings of the National Academy of Sciences* 114, no. 38 (2017): E7900–E7909; Carroll E. Izard, *Human Emotions* (New York: Springer Science & Business Media, 2013).
34. Ximena Garcia-Rada, Övül Sezer, and Michael I. Norton, "Rituals and Nuptials: The Emotional and Relational Consequences of Relationship Rituals," *Journal of the Association for Consumer Research* 4, no. 2 (2019): 185–97; Övül Sezer et al., "Family Rituals Improve the Holidays," *Journal of the Association for Consumer Research* 1, no.

4 (2016): 509–26; Tami Kim et al., "Work Group Rituals Enhance the Meaning of Work," *Organizational Behavior and Human Decision Processes* 165 (2021): 197–212; Benjamin A. Rogers et al., "After-Work Rituals and Well-Being," working paper.
35. Somini Sengupta, "To Celebrate Diwali Is to Celebrate the Light," *New York Times*, November 14, 2020, https://www.nytimes.com/2020/11/14/us/diwali-celebration.html; Oscar Lopez, "What Is the Day of the Dead, the Mexican Holiday?," *New York Times*, October 27, 2022, https://www.nytimes.com/article/day-of-the-dead-mexico.html; Elizabeth Dias, " 'This Is What We Do': The Power of Passover and Tradition across Generations," *New York Times*, April 9, 2020, https://www.nytimes.com/2020/04/08/us/passover-seder-plagues-coronavirus.html.
36. Andrew D. Brown, "Identity Work and Organizational Identification," *International Journal of Management Reviews* 19, no. 3 (2017): 296–317.

第二章　手をかけるほど大切になる

1. Daniel Kahneman, Jack L. Knetsch, and Richard H. Thaler, "Anomalies: The Endowment Effect, Loss Aversion, and Status Quo Bias," *Journal of Economic Perspectives* 5, no. 1 (1991): 193–206.
2. *Living* (New York: Street & Smith,1956).
3. Laura Shapiro, *Something from the Oven: Reinventing Dinner in 1950s America* (London: Penguin Books, 2005); Emma Dill, "Betty Crocker Cake Mix," Mnopedia, January 23, 2019, http://www.mnopedia.org/thing/betty-crocker-cake-mix.
4. Mark Tadajewski, "Focus Groups: History, Epistemology and Non-individualistic Consumer Research," *Consumption Markets & Culture* 19, no. 4 (2016): 319–45.
5. Liza Featherstone, "Talk Is Cheap: The Myth of the Focus Group," *Guardian*, February 6, 2018, https://www.theguardian.com/news/2018/feb/06/talk-is-cheap-the-myth-of-the-focus-group.
6. Ximena Garcia-Rada et al., "Consumers Value Effort over Ease When Caring for Close Others," *Journal of Consumer Research* 48, no. 6 (2022): 970–90.
7. Michael I. Norton et al., "The IKEA Effect: When Labor Leads to Love," *Journal of Consumer Psychology* 22, no. 3 (July 2012): 453–60.
8. Andy Saunders, "Today's Final Jeopardy—Wednesday, March 24, 2021," Jeopardy! *Fan*, March 24, 2021, https://thejeopardyfan.com/2021/03/final-jeopardy-3-24-2021.html.
9. Lauren Marsh, Patricia Kanngiesser, and Bruce Hood, "When and How Does Labour Lead to Love? The Ontogeny and Mechanisms of the IKEA Effect," *Cognition* 170 (2018): 245–53.

第三章　儀式の効果

1. Kurt Streeter, "GOATs Are Everywhere in Sports. So, What Really Defines Greatness?," *New York Times*, July 3, 2023, https://www.nytimes.com/2023/07/03/

sports/tennis/greatest-athlete-of-all-time.html.
2. Ashley Fetters, "Catching Up with Noted Underwear Model (and Tennis Player) Rafael Nadal," *GQ*, September 20, 2016, https://www.gq.com/story/rafael-nadal-underwear-model-interview#:~:text=Not%20only%20is%20Nadal%20a,chronic%20underwear%20adjuster%20in%20history.
3. Rafael Nadal, *Rafa* (Paris: JC Lattès, 2012).
4. B. F. Skinner, "Operant Conditioning," *Encyclopedia of Education* 7 (1971): 29–33.
5. B. F. Skinner, " 'Superstition' in the Pigeon," *Journal of Experimental Psychology* 38, no. 2 (1948): 168–72.
6. Bronislaw Malinowski, *Magic, Science and Religion* (Redditch, England: Read Books, 2014).〔B. マリノフスキー『呪術・科学・宗教・神話』宮武公夫、高橋巌根訳、人文書院、1997〕
7. W. Norton Jones Jr., "Thousands Gather to Entreat Their Gods for Water to Bring a Good Harvest to the Dry Mesas," *New York Times*, July 26, 1942, https://timesmachine.nytimes.com/timesmachine/1942/07/26/223791632.html?pageNumber=72; " 'Cat People' Parade in Uttaradit in Prayer for Rains," *Nation*, May 7, 2019, https://www.nationthailand.com/in-focus/30368970.
8. George Gmelch, "Baseball Magic," *Transaction* 8 (1971): 39–41.
9. Eric Hamerman and Gita Johar, "Conditioned Superstition: Desire for Control and Consumer Brand Preferences," *Journal of Consumer Research* 40, no. 3 (2013): 428–43.
10. Robin Vallacher and Daniel Wegner, "What Do People Think They're Doing? Action Identification and Human Behavior," *Psychological Review* 94, no. 1 (1987): 3–15.
11. Derek E. Lyons, Andrew G. Young, and Frank C. Keil, "The Hidden Structure of Overimitation," *Proceedings of the National Academy of Sciences* 104, no. 50 (2007): 19751–56.
12. Rohan Kapitany and Mark Nielsen, "Adopting the Ritual Stance: The Role of Opacity and Context in Ritual and Everyday Actions," *Cognition* 145 (2015): 13–29.
13. Vanessa Friedman, "Ruth Bader Ginsburg's Lace Collar Wasn't an Accessory, It Was a Gauntlet," *New York Times*, September 20, 2020, https://www.nytimes.com/2020/09/20/style/rbg-style.html; Marleide da Mota Gomes and Antonio E. Nardi, "Charles Dickens' Hypnagogia, Dreams, and Creativity," *Frontiers in Psychology* 12 (2021): 700882.
14. Bess Liebenson, "The Traditions and Superstitions That Rule at the Wedding," *New York Times*, July 27, 1997, https://www.nytimes.com/1997/07/27/nyregion/the-traditions-and-superstitions-that-rule-at-the-wedding.html.

第四章　どのように行なうか

1. Errol Morris, "The Pianist and the Lobster," *New York Times*, June 21, 2019, https://www.nytimes.com/interactive/2019/06/21/opinion/editorials/errol-morris-lobster-

sviatoslav-richter.html.
2. Serena Williams, "Mastering the Serve," MasterClass, https://www.masterclass.com/classes/serena-williams-teaches-tennis/chapters/the-serve#-class-info; Jon Boon, "Very Superstitious Ronaldo, Messi, Bale and Their Bizarre Superstitions Including Sitting in Same Bus Seat and Drinking Port," *U.S. Sun*, November 25, 2022, https://www.thesun.com/sport/349126/football-superstitions-messi-ronaldo/; Martin Miller, "Batter Up! Not So Fast . . . ," *Los Angeles Times*, September 20, 2006, https://www.latimes.com/archives/la-xpm-2006-sep-30-et-nomar30-story.html.
3. George Gmelch, "Baseball Magic," *Transaction* 8 (1971): 39–41.
4. Suzanne Farrell and Toni Bentley, *Holding On to the Air* (New York: Penguin Books, 1990).
5. Paul Sehgal, "Joan Didion Chronicled American Disorder with Her Own Unmistakable Style," *New York Times*, December 23, 2021, https://www.nytimes.com/2021/12/23/books/death-of-joan-didion.html.
6. Walter Isaacson, "Grace Hopper, Computing Pioneer," *Harvard Gazette*, December 3, 2014, https://news.harvard.edu/gazette/story/2014/12/grace-hopper-computing-pioneer/.
7. Martin Lang et al., "Effects of Anxiety on Spontaneous Ritualized Behavior," *Current Biology* 25 (2015): 1–6.
8. Stephanie Clifford, "Calming Sign of Troubled Past Appears in Modern Offices," *New York Times*, November 22, 2009, https://www.nytimes.com/2009/11/23/business/media/23slogan.html.
9. Daniel M. Wegner et al., "Paradoxical Effects of Thought Suppression," *Journal of Personality and Social Psychology* 53, no. 1 (1987): 5.
10. C. D. Spielberger and R. L. Rickman, "Assessment of State and Trait Anxiety," *Anxiety: Psychobiological and Clinical Perspectives* (1990): 69–83.
11. Alison Wood Brooks, "Get Excited: Reappraising Pre-performance Anxiety as Excitement," *Journal of Experimental Psychology: General* 143, no. 3 (2014): 1144–58.
12. Marlou Nadine Perquin et al., "Inability to Improve Performance with Control Shows Limited Access to Inner States," *Journal of Experimental Psychology: General* 149, no. 2 (2020): 249–74.
13. Jules Opplert and Nicolas Babault, "Acute Effects of Dynamic Stretching on Muscle Flexibility and Performance: An Analysis of the Current Literature," *Sports Medicine* 48, no. 2 (2018): 299–325.
14. Samantha Stewart, "The Effects of Benzodiazepines on Cognition," *Journal of Clinical Psychiatry* 66, no. 2 (2005): 9–13.
15. Peter L. Broadhurst, "Emotionality and the Yerkes-Dodson Law," *Journal of Experimental Psychology* 54, no. 5 (1957): 345.
16. Jeff Benedict, "To Bill Belichick, Tom Brady Beat Out Drew Bledsoe for QB Job in Summer 2001," *Athletic*, September 2, 2020, https://theathletic.

com/2034943/2020/09/02/tom-brady-drew-bledsoe-the-dynasty-excerpt/.
17. Nick Hobson, Devin Bonk, and Mickey Inzlicht, "Rituals Decrease the Neural Response to Performance Failure," *PeerJ* 5 (2017): e3363.
18. Arthur R. Jensen and William D. Rohwer Jr., "The Stroop Color-Word Test: A Review," *Acta Psychologica* 25 (1966): 36–93.
19. Jim Bouton, *Ball Four* (New York: Rosetta Books, 2012).〔ジム・バウトン『ボール・フォア：大リーグ・衝撃の内幕』帆足実生訳、恒文社、1978〕
20. Joe Posnanski, "The Baseball 100: No. 47, Wade Boggs," *Athletic*, February 9, 2020, https://theathletic.com/1578298/2020/02/09/the-baseball-100-no-47-wade-boggs/.
21. Joe Posnanski, "60 Moments: No. 43, Jim Palmer Outduels Sandy Koufax in the 1966 World Series," *Athletic*, May 17, 2020, https://theathletic.com/1818540/2020/05/17/60-moments-no-43-jim-palmer-outduels-sandy-koufax-in-the-1966-world-series/.
22. Eric Longenhagen and Kiley McDaniel, "Top 42 Prospects: Minnesota Twins," *FanGraphs*, December 16, 2019, https://blogs.fangraphs.com/top-43-prospects-minnesota-twins/.

第五章　味わうための儀式

1. "How to Pour Perfection," Stella Artois, https://www.stellaartois.com/en/the-ritual.html.
2. David Nikel, "Swedish *Fika*: Sweden's 'Premium Coffee Break' Explained," *Forbes*, January 3, 2023, https://www.forbes.com/sites/davidnikel/2023/01/03/swedish-fika-swedens-premium-coffee-break-explained/?sh=556cb-6be5ec1.
3. Rajyasree Sen, "How to Make the Perfect Chai," *Wall Street Journal*, https://www.wsj.com/articles/BLIRTB-19020.
4. Elisabetta Povoledo, "Italians Celebrate Their Coffee and Want the World to Do So, Too," *New York Times*, December 3, 2019, https://www.nytimes.com/2019/12/03/world/europe/italy-coffee-world-heritage.html.
5. Tom Parker, "Milk and Graham Crackers Being Served to Nursery School Children in a Block Recreation Hall," UC Berkeley, Bancroft Library, December 11, 1942, https://oac.cdlib.org/ark:/13030/ft2k4003np/?order=2&brand=oac4.
6. Patricia Wells, "Food: Time for Snacks," *New York Times*, September 25, 1988, https://www.nytimes.com/1988/09/25/magazine/food-time-for-snacks.html.
7. Claude Fischler, "Food, Self and Identity," *Social Science Information* 27, no. 2 (1988): 275–92.
8. Lizzie Widdicombe, "The End of Food," *New Yorker*, May 5, 2014, https://www.newyorker.com/magazine/2014/05/12/the-end-of-food.
9. Bruce Schoenfeld, "The Wrath of Grapes," *New York Times*, May 28, 2015, https://www.nytimes.com/2015/05/31/magazine/the-wrath-of-grapes.html.
10. *Sideways*, directed by Alexander Payne (Searchlight Pictures, Michael London

Productions, 2004).〔映画 アレクサンダー・ペイン監督『サイドウェイ』2004〕
11. Kathryn Latour and John Deighton, "Learning to Become a Taste Expert," *Journal of Consumer Research* 46, no. 1 (2019): 1–19.
12. Ryan Buell, Tami Kim, and Chia-Jung Tsay, "Creating Reciprocal Value through Operational Transparency," *Management Science* 63, no. 6 (2017): 1673–95.
13. Clotilde Dusoulier, "Dinner at El Bulli," *Chocolate & Zucchini*, August 18, 2006, https://cnz.to/travels/dinner-at-el-bulli/.
14. Sue Ellen Cooper, *The Red Hat Society: Fun and Friendship after Fifty* (New York: Grand Central Publishing, 2004); Careen Yarnal, Julie Son, and Toni Liechty, "'She Was Buried in Her Purple Dress and Her Red Hat and All of Our Members Wore Full "Red Hat Regalia" to Celebrate her Life': Dress, Embodiment and Older Women's Leisure: Reconfiguring the Ageing Process," *Journal of Aging Studies* 25, no. 1 (2011): 52–61; "The Red Hat Society," https://redhatsociety.com/; Associated Press, "Marketers Flocking to Network for Older Women," *Deseret News*, February 20, 2005.
15. Emily Moscato and Julie Ozanne, "Rebellious Eating: Older Women Misbehaving through Indulgence," *Qualitative Market Research: An International Journal*, 2019.
16. Setareh Baig, "The Radical Act of Eating with Strangers," *New York Times*, March 11, 2023, https://www.nytimes.com/2023/03/11/style/optimism-friendship-dinner.html.
17. Balazs Kovacs et al., "Social Networks and Loneliness during the COVID-19 Pandemic," *Socius* 7 (2021): 2378023120985254.
18. Francine Maroukian, "An Ode to a Classic Grandma-Style Chicken Noodle Soup," *Oprah Daily*, April 15, 2022, https://www.oprahdaily.com/life/food/a39587412/chicken-soup-recipe-essay/.
19. Jordi Quoidbach et al., "Positive Emotion Regulation and Well-Being: Comparing the Impact of Eight Savoring and Dampening Strategies," *Personality and Individual Differences* 49, no. 5 (2010): 368–73.
20. Ting Zhang et al., "A 'Present' for the Future: The Unexpected Value of Rediscovery," *Psychological Science* 25, no. 10 (2014): 1851–60.
21. Tim Wildschut et al., "Nostalgia: Content, Triggers, Functions," *Journal of Personality and Social Psychology* 91, no. 5 (2006): 975.
22. Ronda Kaysen, "How to Discover the Life-Affirming Comforts of 'Death Cleaning,'" *New York Times*, February 25, 2022, https://www.nytimes.com/2022/02/25/realestate/how-to-discover-the-life-affirming-comforts-of-death-cleaning.html.
23. Tina Lovgreen, "Celebrating Renewal at Nowruz," CBS News, March 20, 2021, https://newsinteractives.cbc.ca/longform/nowruz-rebirth-and-regrowth/.
24. "Margareta Magnusson, *The Gentle Art of Swedish Death Cleaning: How to Free Yourself and Your Family from a Lifetime of Clutter* (New York: Simon & Schuster,

2018).
25. Jayne Merkel, "When Less Was More," *New York Times*, July 1, 2010, https://archive.nytimes.com/opinionator.blogs.nytimes.com/2010/07/01/when-less-was-more/.
26. J.K., "Spring Cleaning Is Based on Practices from Generations Ago," *Washington Post*, March 25, 2010, https://www.washingtonpost.com/wp-dyn/content/article/2010/03/23/AR2010032303492.html.
27. Derrick Bryson Tyler, "Spring Cleaning Was Once Backbreaking Work. For Many, It Still Is," *New York Times*, April 11, 2023, https://www.nytimes.com/2023/04/11/realestate/spring-cleaning-tradition.html#:~:-text=The%20number%20of%20Americans%20who,from%2069%20percent%20in%202021.
28. Joanna Moorhead, "Marie Kondo: How to Clear Out Sentimental Clutter," *Guardian*, January 14, 2017, https://www.theguardian.com/lifeandstyle/2017/jan/14/how-to-declutter-your-life-marie-kondo-spark-joy.
29. Mondelez International, "OREO Puts New Spin on Iconic Dunking Ritual with Launch of OREO Dunk Challenge," Cision PR Newswire, February 08, 2017, https://www.prnewswire.com/news-releases/oreo-puts-new-spin-on-iconic-dunking-ritual-with-launch-of-oreo-dunk-challenge-300404389.html.
30. "Ujji—a Liquid Ritual," ujji, https://www.ujji.co/.
31. Joe Posnanski, "What the Constitution Means to Me," *JoeBlogs*, June 24, 2019, https://joeposnanski.substack.com/p/what-the-constitution-means-to-me.

第六章　道をはずれないために

1. Gillian Welch, "Look at Miss Ohio," Genius, https://genius.com/Gillian-welch-look-at-miss-ohio-lyrics.
2. Wilhelm Hofmann et al., "Everyday Temptations: An Experience Sampling Study of Desire, Conflict, and Self-Control," *Journal of Personality and Social Psychology* 102, no. 6 (2012): 1318.
3. David Neal et al., "The Pull of the Past: When Do Habits Persist despite Conflict with Motives?," *Personality and Social Psychology Bulletin* 37, no.11 (2011): 1428–37.
4. Michael Walzer, *The Revolution of the Saints: A Study in the Origins of Radical Politics* (Cambridge, MA: Harvard University Press, 1982).〔マイケル・ウォルツァー『聖徒の革命 急進的政治の起源』萩原能久監訳、風行社、2022〕
5. Zeve Marcus and Michael McCullough, "Does Religion Make People More Self-Controlled? A Review of Research from the Lab and Life," *Current Opinion in Psychology* 40 (2021): 167–70.
6. Ken Jeremiah, *Living Buddhas: The Self-Mummified Monks of Yamagata, Japan* (Jefferson, NC: McFarland, 2010).
7. Simon Critchley, "Athens in Pieces: The Happiest Man I've Ever Met," *New York Times*, April 3, 2019, https://www.nytimes.com/2019/04/03/opinion/mount-athos-

monks.html.
8. Sander Koole et al., "Why Religion's Burdens Are Light: From Religiosity to Implicit Self-Regulation," *Personality and Social Psychology Review* 14, no. 1 (2010): 95–107.
9. Walter Mischel, *The Marshmallow Test: Understanding Self-Control and How to Master It* (London: Bantam, 2014).〔ウォルター・ミシェル『マシュマロ・テスト──成功する子・しない子──』柴田裕之訳、ハヤカワ文庫 NF、早川書房、2017〕
10. Veronika Rybanska et al., "Rituals Improve Children's Ability to Delay Gratification," *Child Development* 89, no. 2 (2018): 349–59.
11. Shauna Tominey and Megan McClelland, "Red Light, Purple Light: Findings from a Randomized Trial Using Circle Time Games to Improve Behavioral Self-Regulation in Preschool," *Early Education & Development* 22, no. 3 (2011): 489–519.
12. David Sedaris, "A Plague of Tics," *This American Life*, January 31, 1997, https://www.thisamericanlife.org/52/edge-of-sanity/act-three-0.
13. Orna Reuven-Magril, Reuven Dar, and Nira Liberman, "Illusion of Control and Behavioral Control Attempts in Obsessive-Compulsive Disorder," *Journal of Abnormal Psychology* 117, no. 2 (2008): 334; American Psychiatric Association, *Diagnostic and Statistical Manual of Mental Disorders*, 5th ed. (Washington, DC: American Psychiatric Association Publishing, 2013): 591–643.〔米国精神医学会『DSM-5-TR 精神疾患の診断・統計マニュアル』高橋三郎、大野裕監訳、医学書院、2023〕
14. Richard Moulding et al., "Desire for Control, Sense of Control and Obsessive-Compulsive Checking: An Extension to Clinical Samples," *Journal of Anxiety Disorders* 22, no. 8 (2008): 1472–79.
15. Kara Gavin, "Stuck in a Loop of 'Wrongness': Brain Study Shows Roots of OCD," University of Michigan Health Lab, November 29, 2018, https://labblog.uofmhealth.org/lab-report/stuck-a-loop-of-wrongness-brain-study-shows-roots-of-ocd.
16. Siri Dulaney and Alan Page Fiske, "Cultural Rituals and Obsessive-Compulsive Disorder: Is There a Common Psychological Mechanism?," *Ethos* 22, no. 3 (1994): 243–83.
17. Catherine Francis Brooks, "Social Performance and Secret Ritual: Battling against Obsessive-Compulsive Disorder," *Qualitative Health Research* 21, no. 2 (2011): 249–61.
18. Deborah Glasofer and Joanna Steinglass, "Disrupting the Habits of Anorexia: How a Patient Learned to Escape the Rigid Routines of an Eating Disorder," *Scientific American*, September 1, 2016, https://www.scientificamerican.com/article/disrupting-the-habits-of-anorexia/.
19. Edward Selby and Kathryn A. Coniglio, "Positive Emotion and Motivational Dynamics in Anorexia Nervosa: A Positive Emotion Amplification Model (PE-AMP)," *Psychological Review* 127, no. 5 (2020): 853.
20. N. H. Azrin and R. G. Nunn, "Habit-Reversal: A Method of Eliminating Nervous

Habits and Tics," *Behaviour Research and Therapy* 11, no. 4 (1973): 619–28.
21. Michael Winkelman, "Complementary Therapy for Addiction: 'Drumming Out Drugs,'" *American Journal of Public Health* 93, no. 4 (2003): 647–51.

第七章　何者かになるために

1. Andrew Juniper, *Wabi Sabi: The Japanese Art of Impermanence* (North Clarendon, VT: Tuttle Publishing, 2011).
2. Arnold van Gennep, *Les rites de passage* (Paris: Nourry, 1909).〔ファン・ヘネップ『通過儀礼』綾部恒雄訳、岩波文庫、岩波書店、2012〕
3. Tom Shachtman, *Rumspringa: To Be or Not to Be Amish* (New York: Macmillan, 2006).
4. Rachel Nuwer, "When Becoming a Man Means Sticking Your Hand into a Glove of Ants," *Smithsonian Magazine*, October 27, 2014, https://www.smithsonianmag.com/smart-news/brazilian-tribe-becoming-man-requires-sticking-your-hand-glove-full-angry-ants-180953156/.
5. Michael Hilton, *Bar Mitzvah: A History* (Lincoln: University of Nebraska Press, 2014).
6. William A. Corsaro and Berit O. Johannesen, "Collective Identity, Intergenerational Relations, and Civic Society: Transition Rituals among Norwegian Russ," *Journal of Contemporary Ethnography* 43, no. 3 (2014): 331–60.
7. Patrick Olivelle, *Dharmasutras: The Law Codes of Apastamba, Gautama, Baudhayana and Vasistha* (New Delhi: Motilal Banarsidass, 2000).
8. Victor Turner, "Betwixt and Between: The Liminal Period in Rites de Passage," in *The Forest of Symbols: Aspects of Ndembu Ritual* (Ithaca, NY: Cornell University Press, 1970).
9. Jeffrey Kluger, "Here's the Russian Ritual That Ensures a Safe Space Flight," *Time*, February 26, 2016, https://time.com/4238910/gagarin-red-square-ritual/.
10. Nissan Rubin, Carmella Shmilovitz, and Meira Weiss, "From Fat to Thin: Informal Rites Affirming Identity Change," *Symbolic Interaction* 16, no. 1 (1993): 1–17.
11. Associated Press, "Norwegian Church Holds Name Change Ceremony for a Transgender Woman," NBC News, July 20, 2021, https://www.nbcnews.com/nbc-out/out-news/norwegian-church-holds-name-change-ceremony-transgender-woman-rcna1466.
12. Tim Fitzsimons, "News Sites Backtrack after 'Deadnaming' Transgender Woman in Obituary," NBC News, May 15, 2020, https://www.nbcnews.com/feature/nbc-out/news-sites-backtrack-after-deadnaming-transgender-woman-obituary-n1207851.
13. Ari Kristan, "Opening Up the Mikvah," *Tikkun* 21, no. 3 (2006): 55–57.
14. Amy Oringel, "Why 83 Is the New 13 for Bar Mitzvahs," *Forward*, October 19, 2017, https://forward.com/culture/jewishness/384977/why-83-is-the-new-13-for-bar-mitzvahs/.
15. Elodie Gentina, Kay Palan, and Marie-Hélène Fosse-Gomez, "The Practice of Using

Makeup: A Consumption Ritual of Adolescent Girls," *Journal of Consumer Behaviour* 11, no. 2 (2012): 115–23.
16. Sara Lawrence-Lightfoot, *Exit: The Endings That Set Us Free* (New York: Macmillan, 2012).
17. Suzanne Garfinkle-Crowell, "Taylor Swift Has Rocked My Psychiatric Practice," *New York Times*, June 17, 2023, https://www.nytimes.com/2023/06/17/opinion/taylor-swift-mental-health.html.
18. Bret Stetka, "Extended Adolescence: When 25 Is the New 18," *Scientific American*, September 19, 2017, https://www.scientificamerican.com/article/extended-adolescence-when-25-is-the-new-181/.
19. Daniel Mochon, Michael I. Norton, and Dan Ariely, "Bolstering and Restoring Feelings of Competence via the IKEA Effect," *International Journal of Research in Marketing* 29, no. 4 (2012): 363–69.
20. Ronald Grimes, *Deeply into the Bone: Re-inventing Rites of Passage* (Berkeley: University of California Press, 2000).
21. Samuel P. Jacobs, "After Fumbled Oath, Roberts and Obama Leave Little to Chance," Reuters, January 18, 2013, https://www.reuters.com/article/us-usa-inauguration-roberts/after-fumbled-oath-roberts-and-obama-leave-little-to-chance-idUSBRE90H16L20130118.
22. Arnold van Gennep in a 1914 article on *The Golden Bough*, quoted in Nicole Belmont, *Arnold van Gennep: The Creator of French Ethnography* (Chicago: University of Chicago Press, 1979), 58.

第八章　調和を保つには

1. *This Is Us*, season 1, episode 14, "I Call Marriage," directed by George Tillman Jr., written by Dan Fogelman, Kay Oyegun, and Aurin Squire, featuring Milo Ventimiglia et al., aired February 7, 2017.〔ドラマ『THIS IS US/ディス・イズ・アス』シーズン１、エピソード 14〕
2. Ximena Garcia-Rada, Michael I. Norton, and Rebecca K. Ratner, "A Desire to Create Shared Memories Increases Consumers' Willingness to Sacrifice Experience Quality for Togetherness," *Journal of Consumer Psychology*, April 2023.
3. Ximena Garcia-Rada, Övül Sezer, and Michael Norton, "Rituals and Nuptials: The Emotional and Relational Consequences of Relationship Rituals," *Journal of the Association for Consumer Research* 4, no. 2 (2019): 185–97.
4. Kaitlin Woolley and Ayelet Fishbach, "Shared Plates, Shared Minds: Consuming from a Shared Plate Promotes Cooperation," *Psychological Science* 30, no. 4 (2019): 541–52.
5. Kaitlin Woolley, Ayelet Fishbach, and Ronghan Michelle Wang, "Food Restriction and the Experience of Social Isolation," *Journal of Personality and Social Psychology* 119, no. 3 (2020): 657.
6. Lisa Diamond, Angela Hicks, and Kimberly Otter-Henderson, "Every Time You Go

Away: Changes in Affect, Behavior, and Physiology Associated with Travel-Related Separations from Romantic Partners," *Journal of Personality and Social Psychology* 95, no. 2 (2008): 385.
7. Arlie Russell Hochschild, *The Outsourced Self: What Happens When We Pay Others to Live Our Lives for Us* (New York: Metropolitan Books, 2012).
8. Tami Kim, Ting Zhang, and Michael I. Norton, "Pettiness in Social Exchange," *Journal of Experimental Psychology: General* 148, no. 2 (2019): 361.
9. Maya Rossignac-Milon et al., "Merged Minds: Generalized Shared Reality in Dyadic Relationships," *Journal of Personality and Social Psychology* 120, no. 4 (2021): 882.
10. Drew Magary, "'We Treat Our Stuffed Animal like a Real Child. Is That Whackadoodle Stuff?,' " *Vice*, March 3, 2020, https://www.vice.com/en_us/article/wxe499/we-treat-our-stuffed-animal-like-a-real-child-is-that-whackadoodle-stuff-drew-magary-funbag.
11. Joshua Pashman, "Norman Rush, the Art of Fiction no. 205," *Paris Review* 194 (Fall 2010), https://www.theparisreview.org/interviews/6039/the-art-of-fiction-no-205-norman-rush.
12. David Bramwell, "The Bittersweet Story of Marina Abramović's Epic Walk on the Great Wall of China," *Guardian*, April 25, 2020, https://www.theguardian.com/travel/2020/apr/25/marina-abramovic-ulay-walk-the-great-wall-of-china; Marina Abramović, *Walk through Walls* (New York: Crown, 2018).
13. "Stand By Your Man," *New Yorker*, September 18, 2005, https://www.newyorker.com/magazine/2005/09/26/stand-by-your-man.
14. Carolyn Twersky, "Olivia Wilde Gives the People What They Want: Her Salad Dressing Recipe," *W*, October 19, 2022, https://www.wmagazine.com/culture/olivia-wilde-special-salad-dressing-recipe-jason-sudeikis-nanny.
15. Lalin Anik and Ryan Hauser, "One of a Kind: The Strong and Complex Preference for Unique Treatment from Romantic Partners," *Journal of Experimental Social Psychology* 86 (2020): 103899.
16. Kennon M. Sheldon and Sonja Lyubomirsky, "The Challenge of Staying Happier: Testing the Hedonic Adaptation Prevention Model," *Personality and Social Psychology Bulletin* 38, no. 5 (2012): 670–80.
17. Ximena Garcia-Rada and Tami Kim, "Shared Time Scarcity and the Pursuit of Extraordinary Experiences," *Psychological Science* 32, no. 12 (2021): 1871–83.
18. Charity Yoro, "Why I Had a Closing Ceremony Ritual instead of a Breakup," *Huffington Post*, September 28, 2018, https://www.huffpost.com/entry/closing-ceremony-breakup_n_5b9bef57e4b046313fbad43f.
19. Paul Simon, "Hearts and Bones," Genius, November 4, 1983, https://genius.com/Paul-simon-hearts-and-bones-lyrics.
20. Colleen Leahy Johnson, "Socially Controlled Civility: The Functioning of Rituals in the Divorce Process," *American Behavioral Scientist* 31 no. 6 (1988): 685–701.

21. Ardean Goertzen, "Falling Rings: Group and Ritual Process in a Divorce," *Journal of Religion and Health* 26, no. 3 (1987): 219–39.
22. Rachel Aviv, "Agnes Callard's Marriage of the Minds," *New Yorker*, March 6, 2023, https://www.newyorker.com/magazine/2023/03/13/agnes-callard-profile-marriage-philosophy.
23. "Happy Annivorcery! The New Singles Parties," *Evening Standard*, July 19, 2010, https://www.standard.co.uk/lifestyle/happy-annivorcery-the-new-singles-parties-6493345.html.

第九章　祝日をどう乗り切るか

1. Övül Sezer et al., "Family Rituals Improve the Holidays," Special Issue on the Science of Hedonistic Consumption, *Journal of the Association for Consumer Research* 1, no. 4 (2016): 509–26.
2. Jeremy Frimer and Linda Skitka, "Political Diversity Reduces Thanksgiving Dinners by 4–11 Minutes, not 30–50," letter to the editor, *Science* 360, no. 6392 (2019).
3. Michelle Slatalla, "The Art of Cramming People around Your Thanksgiving Table," *Wall Street Journal*, November 12, 2019, https://www.wsj.com/articles/the-art-of-cramming-people-around-your-thanksgiving-table-11573579298.
4. Harriet Lerner, *The Dance of Anger* (Pune, India: Mehta Publishing House, 2017).〔ハリエット・ゴールダー・レーナー『怒りのダンス：人間関係のパターンを変えるには』園田雅代訳、誠信書房、1993〕
5. Barbara Fiese et al., "A Review of 50 Years of Research on Naturally Occurring Family Routines and Rituals: Cause for Celebration?," *Journal of Family Psychology* 16, no. 4 (2002): 381.
6. Jenny Rosenstrach, *How to Celebrate Everything: Recipes and Rituals for Birthdays, Holidays, Family Dinners, and Every Day in Between: A Cookbook* (New York: Ballantine, 2016).
7. Carolyn Rosenthal, "Kinkeeping in the Familial Division of Labor," *Journal of Marriage and the Family* 47, no. 4 (1985): 965–74.
8. Carolyn Rosenthal and Victor Marshall, "Generational Transmission of Family Ritual," *American Behavioral Scientist* 31, no. 6 (1988): 669–84.
9. Rembert Brown, "Thank You God, for Black Thanksgiving," *Bon Appéit*, November 1, 2017, https://www.bonappetit.com/story/rembert-browne-thanksgiving.
10. Julie Beck, Saahil Desai, and Natalie Escobar, "Families' Weird Holiday Traditions, Illustrated," *Atlantic*, December 24, 2018, https://www.theatlantic.com/family/archive/2018/12/families-weird-holiday-traditions-illustrated/578731/.
11. Rosenthal and Marshall, "Generational Transmission," 669–84.
12. Tara Parker-Pope, "How to Have Better Family Meals," *New York Times*, August 3, 2018, https://www.nytimes.com/guides/well/make-most-of-family-table.
13. Jill Anderson, "The Benefit of Family Mealtime," *Harvard Graduate School of*

Education, April 1, 2020, https://www.gse.harvard.edu/ideas/edcast/20/04/benefit-family-mealtime.
14. Mary Spagnola and Barbara H. Fiese, "Family Routines and Rituals: A Context for Development in the Lives of Young Children," *Infants & Young Children* 20, no. 4 (2007): 284–99; "The Importance of Family Dinners VII," Columbia University Report, September 2011.
15. Yesel Yoon, Katie Newkirk, and Maureen Perry-Jenkins, "Parenting Stress, Dinnertime Rituals, and Child Well-Being in Working-Class Families," *Family Relations* 64, no. 1 (2015): 93–107.
16. Family Dinner Project, https://thefamilydinnerproject.org/.
17. Marshall Duke et al., "Of Ketchup and Kin: Dinnertime Conversations as a Major Source of Family Knowledge, Family Adjustment, and Family Resilience," Working Paper 26, Emory Center for Myth and Ritual in American Life, 2003.

第一〇章　人を悼む

1. Willie Nelson, "Something You Get Through," Genius, April 6, 2018, https://genius.com/Willie-nelson-something-you-get-through-lyrics.
2. Drew Gilpin Faust, *This Republic of Suffering: Death and the American Civil War* (New York: Vintage, 2009).〔ドルー・ギルピン・ファウスト『戦死とアメリカ　南北戦争62万人の「死」の意味』黒沢眞里子訳、彩流社、2010〕
3. Irwin W. Kidorf, "The Shiva: A Form of Group Psychotherapy," *Journal of Religion and Health* 5, no. 1 (1966): 43–46.
4. Andrew George, *The Epic of Gilgamesh: A New Translation* (London: Allen Lane, Penguin Press, 1999).
5. "Colours in Culture," Information Is Beautiful, https://informationisbeautiful.net/visualizations/colours-in-cultures/.
6. Corina Sas and Alina Coman, "Designing Personal Grief Rituals: An Analysis of Symbolic Objects and Actions," *Death Studies* 40, no. 9 (2016): 558–69.
7. William L. Hamilton, "A Consolation of Voices: At the Park Avenue Armory, Mourning the World Over," *New York Times*, September 11, 2016, https://www.nytimes.com/2016/09/12/arts/music/mourning-installation-taryn-simon-park-avenue-armory.html; Sarah Hucal, "Professional Mourners Still Exist in Greece," *DW*, November 15, 2020, https://www.dw.com/en/professional-mourners-keep-an-ancient-tradition-alive-in-greece/a-55572864.
8. Evan V. Symon, "I'm Paid to Mourn at Funerals (and It's a Growing Industry)," *Cracked*, March 21, 2016, https://www.cracked.com/personal-experiences-1994-i-am-professional-mourner-6-realities-my-job.html.
9. John Ismay, "Edward Gallagher, the SEALs and Why the Trident Pin Matters," *New York Times*, November 21, 2019, https://www.nytimes.com/2019/11/21/us/navy-seal-trident-insignia.html.

10. Tim Lahey, "Rituals of Honor in Hospital Hallways," *New York Times*, April 2, 2019, https://www.nytimes.com/2019/04/02/well/live/rituals-of-honor-in-hospital-hallways.html.
11. Philippe Ariès, *Western Attitudes toward Death: From the Middle Ages to the Present* (Baltimore: John Hopkins University Press, 1975).〔フィリップ・アリエス『死と歴史【新装版】』伊藤晃、成瀬駒男訳、みすず書房、2022〕
12. Michel de Montaigne, *The Essays* (London: Penguin UK, 2019).〔ミシェル・ド・モンテーニュ『エセー』宮下志朗訳、白水社、2005-2016 ほか〕
13. Dane Schiller, "Michael Brick, Songwriter and Journalist, Remembered," *Chron,* February 9, 2016, https://www.chron.com/news/houston-texas/texas/article/Michael-Brick-6815603.php; Bob Tedeschi, "A Beloved Songwriter Wanted a Wake. He Got One Before He Was Gone," *Stat*, July 25, 2016, https://www.statenews.com/2016/07/25/michael-brick-author-living-wake/.
14. Richard Harris, "Discussing Death Over Dinner," *Atlantic*, April 16, 2016, https://www.theatlantic.com/health/archive/2016/04/discussing-death-over-dinner/478452/.
15. Paul Clements et al., "Cultural Perspectives of Death, Grief, and Bereavement," *Journal of Psychosocial Nursing and Mental Health Services* 41, no. 7 (2003): 18–26; Charles Kemp and Sonal Bhungalia, "Culture and the End of Life: A Review of Major World Religions," *Journal of Hospice & Palliative Nursing* 4, no. 4 (2002): 235–42.
16. Mary Fristad et al., "The Role of Ritual in Children's Bereavement," *Omega—Journal of Death and Dying* 42, no. 4 (2001): 321–39.
17. Kirsty Ryninks et al., "Mothers' Experience of Their Contact with Their Stillborn Infant: An Interpretative Phenomenological Analysis," *BMC Pregnancy and Childbirth* 14, no. 1 (2014): 1–10.
18. Anne Allison, *Being Dead Otherwise* (Durham, NC: Duke University Press, 2023).
19. Lisa Belkin, "A Time to Grieve, and to Forge a Bond," *New York Times,* January 14, 2007, https://www.nytimes.com/2007/01/14/jobs/14wcol.html.
20. Paul Maciejewski et al., "An Empirical Examination of the Stage Theory of Grief," *JAMA* 297, no. 7 (2007): 716–23.
21. Elisabeth Kübler-Ross, *Living with Death and Dying* (New York: Simon & Schuster, 2011).〔E. キューブラー・ロス『死ぬ瞬間の子供たち』川口正吉訳、読売新聞社、1982〕
22. Jason Castle and William Phillips, "Grief Rituals: Aspects That Facilitate Adjustment to Bereavement," *Journal of Loss & Trauma* 8, no. 1 (2003): 41–71.
23. Maciejewski et al., "Empirical Examination," 716–23.
24. Nancy Hogan, Daryl Greenfield, and Lee Schmidt, "Development and Validation of the Hogan Grief Reaction Checklist," *Death Studies* 25, no. 1 (2001): 1–32.
25. Joan Didion, *The Year of Magical Thinking* (New York: Vintage, 2007).〔ジョーン・ディディオン『悲しみにある者』池田年穂訳、慶應義塾大学出版会〕

26. Jenée Desmond-Harris, "Help! I Never Got to Properly Mourn My Father's Death," *Slate*, March 3, 2023, https://slate.com/human-interest/2023/03/pandemic-mourning-dear-prudence-advice.html.
27. Elizabeth Diaz, "The Last Anointing," *New York Times*, June 6, 2020, https://www.nytimes.com/interactive/2020/06/06/us/coronavirus-priests-last-rites.html; Rachel Wolfe, "One Way to Say Good Riddance to 2020? Light Your Planner on Fire," *Wall Street Journal*, December 18, 2020, https://www.wsj.com/articles/one-way-to-say-good-riddance-to-2020-light-your-planner-on-fire-11608306802?mod=mhp.
28. Alix, "About," Dinner Party, https://www.thedinnerparty.org/about.
29. "Why Tradition?: Healthy Grieving Isn't about Forgetting, It's about Remembering. Traditions Help Kids Maintain a Healthy Connection with the Parent Who Died," Family Lives On Foundation, https://www.familyliveson.org/tradition_stories/.
30. Greta Rybus, "Cold-Plunging with Maine's 'Ice Mermaids,'" *New York Times*, August 1, 2022, https://www.nytimes.com/2022/08/01/travel/cold-plunge-maine.html.
31. David Brooks, "What's Ripping Apart American Families?," *New York Times*, July 29, 2021, https://www.nytimes.com/2021/07/29/opinion/estranged-american-families.html#commentsContainer.
32. Holly Prigerson et al., "Inventory of Complicated Grief: A Scale to Measure Maladaptive Symptoms of Loss," *Psychiatry Research* 59, no.1–2 (1995): 65–79.
33. Pauline Boss, *Ambiguous Loss: Learning to Live with Unresolved Grief* (Cambridge, MA: Harvard University Press, 2009).
34. Rikke Madsen and Regner Birkelund, "'The Path through the Unknown': The Experience of Being a Relative of a Dementia-Suffering Spouse or Parent," *Journal of Clinical Nursing* 22, no. 21–22 (2013): 3024–31.
35. Anna Sale, *Let's Talk about Hard Things* (New York: Simon & Schuster, 2021).
36. Ruth La Ferla, "Outing Death," *New York Times*, January 10, 2018, https://www.nytimes.com/2018/01/10/style/death-app-we-croak.html.
37. Bethan Bell, "Taken from Life: The Unsettling Art of Death Photography," BBC News, June 5, 2016, https://www.bbc.com/news/uk-england-36389581.
38. Terry Gross, "Maurice Sendak: On Life, Death, and Children's Lit," NPR, December 29, 2011, https://www.npr.org/transcripts/144077273.

第一一章　職場での意義をどう見つけるか

1. Tim Olaveson, "Collective Effervescence and Communitas: Processual Models of Ritual and Society in Emile Durkheim and Victor Turner," *Dialectical Anthropology* 26 (2001): 89–124.
2. Emile Durkheim, *The Elementary Forms of Religious Life* (1912; repr., Oxford: Oxford University Press, 2001).〔エミール・デュルケーム『宗教生活の基本形態』上・下　山崎亮訳、ちくま学芸文庫、筑摩書房、2014〕

3. Nicole Wen, Patricia Herrmann, and Cristine Legare, "Ritual Increases Children's Affiliation with In-Group Members," *Evolution and Human Behavior* 37, no. 1 (2016): 54–60.
4. Zoe Liberman, Katherine Kinzler, and Amanda Woodward, "The Early Social Significance of Shared Ritual Actions," *Cognition* 171 (2018): 42–51.
5. Telegraph Sport, "How to Do the Haka: Master the Fearsome Maori Dance in 11 Steps (with Pictures)," *Telegraph*, November 6, 2014, https://www.telegraph.co.uk/sport/rugbyunion/international/newzealand/11214585/How-to-do-the-Haka-Master-the-fearsome-Maori-dance-in-11-Steps-with-pictures.html.
6. Gregg Rosenthal, "Brees Reveals Text of Pre-game Chant," NBC Sports, February 10, 2010, https://www.nbcsports.com/nfl/profootballtalk/rumor-mill/news/brees-reveals-text-of-pre-game-chant.
7. Richard Metzger, "America circa 2013 in a Nutshell: The 'Wal-Mart Cheer' Is the Most Depressing Thing You'll Ever See," *Dangerous Minds*, July 3, 2013, https://dangerousminds.net/comments/america_circa_2013_in_a_nutshell_the_wal_mart_cheer_is_the_most_depressing.
8. Stephanie Rosenbloom, "My Initiation at Store 5476," *New York Times*, December 19, 2009, https://www.nytimes.com/2009/12/20/business/20walmart.html.
9. Soren Kaplan, "Zipcar Doesn't Just Ask Employees to Innovate—It Shows Them How," *Harvard Business Review*, February 1, 2017, https://hbr.org/2017/02/zipcar-doesnt-just-ask-employees-to-innovate-it-shows-them-how.
10. Rachel Emma Silverman, "Companies Try to Make the First Day for New Hires More Fun," *Wall Street Journal*, May 28, 2013, https://www.wsj.com/articles/SB10001424127887323336104578501631475934850.
11. "Complete Coverage of Starbucks 2018 Annual Meeting of Shareholders," *Starbucks Stories & News*, March 21, 2018, https://stories.starbucks.com/stories/2018/annual-meeting-of-shareholders-2018/.
12. Jing Hu and Jacob Hirsh, "Accepting Lower Salaries for Meaningful Work," *Frontiers in Psychology* 8 (2017): 1649.
13. Tammy Erickson, "Meaning Is the New Money," *Harvard Business Review*, March 23, 2011, https://hbr.org/2011/03/challenging-our-deeply-held-as.
14. Tami Kim et al., "Work Group Rituals Enhance the Meaning of Work," *Organizational Behavior and Human Decision Processes*, 165 (2021): 197–212.
15. Douglas A. Lepisto, "Ritual Work and the Formation of a Shared Sense of Meaningfulness," *Academy of Management Journal* 65, no. 4 (2022): 1327–52.
16. Katie Morell, "CEOs Explain Their Most Awkward Team-Building Experiences," Bloomberg, April 5, 2017, https://www.bloomberg.com/news/articles/2017-04-05/what-s-your-most-awkward-team-building-experience.
17. Eric Arnould and Linda Price, "River Magic: Extraordinary Experience and the Extended Service Encounter," *Journal of Consumer Research* 20, no. 1 (1993): 24–45.

18. Oliver Burkeman, "Open-Plan Offices Were Devised by Satan in the Deepest Caverns of Hell," *Guardian*, November 18, 2013, https://www.theguardian.com/news/2013/nov/18/open-plan-offices-bad-harvard-business-review.
19. Farhad Manjoo, "Open Offices Are a Capitalist Dead End," *New York Times*, September 25, 2019, https://www.nytimes.com/2019/09/25/opinion/wework-adam-neumann.html.
20. "Retail Employee Has Little Daily Ritual Where He Drinks Dr Pepper in Quiet Corner of Stock Room and Doesn't Kill Himself," *Onion*, September 19, 2019, https://www.theonion.com/retail-employee-has-little-daily-ritual-where-he-drinks-1838234948.
21. Ethan Bernstein and Ben Waber, "The Truth about Open Offices," *Harvard Business Review*, November–December 2019, https://hbr.org/2019/11/the-truth-about-open-offices.
22. Ethan Bernstein, "Privacy and Productivity," *Harvard Business School Newsroom*, March 25, 2014, https://www.hbs.edu/news/articles/Pages/privacy-and-productivity-ethan-bernstein.aspx.
23. Nellie Bowles, "God Is Dead. So Is the Office. These People Want to Save Both," *New York Times*, August 28, 2020, https://www.nytimes.com/2020/08/28/business/remote-work-spiritual-consultants.html.
24. Jennifer Levitz, "Welcome to the Fake Office Commute (Turns Out People Miss the Routine)," *Wall Street Journal*, January 11, 2021, https://www.wsj.com/articles/welcome-to-the-fake-office-commute-turns-out-people-miss-the-routine-11610383617.
25. Benjamin A. Rogers et al., "After-Work Rituals and Well-Being," working paper.
26. "Why Are You Not Already Doing This: 41 Things You Need to Be Doing Every Day to Avoid Burnout," ClickHole, September 1, 2021, https://clickhole.com/why-are-you-not-already-doing-this-41-things-you-need-to-be-doing-every-day-to-avoid-burnout/.

第一二章　なぜ分断が起こるのか

1. Karl Smallwood, "What Is the Correct Way to Hang Toilet Paper?," *Today I Found Out*, April 25, 2020, http://www.todayifoundout.com/index.php/2020/04/what-is-the-correct-way-to-hang-toilet-paper/.
2. David Rambo, *The Lady with All the Answers* (New York: Dramatists Play Service, 2006).
3. "The Straw Hat Riot of 1922," B Unique Millinery, https://www.buniquemillinery.com/pages/the-straw-hat-riot-of-1922.
4. Nicholas M. Hobson et al., "When Novel Rituals Lead to Intergroup Bias: Evidence from Economic Games and Neurophysiology," *Psychological Science* 28, no. 6 (2017): 733–50.
5. Henri Tajfel, "Social Identity and Intergroup Behaviour," *Social Science Information* 13, no. 2 (1974): 65–93.

6. Joyce Berg, John Dickhaut, and Kevin McCabe, "Trust, Reciprocity, and Social History," *Games and Economic Behavior* 10, no. 1 (1995): 122–42.
7. Yuan Zhang et al., "Brain Responses in Evaluating Feedback Stimuli with a Social Dimension," *Frontiers in Human Neuroscience* 6 (2012): 29.
8. Dimitris Xygalatas et al., "Extreme Rituals Promote Prosociality," *Psychological Science* 24, no. 8 (2013): 1602–5.
9. José Marques, Vincent Yzerbyt, and Jacques-Philippe Leyens, "The 'Black Sheep Effect': Extremity of Judgments towards Ingroup Members as a Function of Group Identification," *European Journal of Social Psychology* 18, no. 1 (1988): 1–16.
10. Daniel Stein et al., "When Alterations Are Violations: Moral Outrage and Punishment in Response to (Even Minor) Alterations to Rituals," *Journal of Personality and Social Psychology* 123, no. 1 (2021).
11. Frank Kachanoff et al., "Determining Our Destiny: Do Restrictions to Collective Autonomy Fuel Collective Action?," *Journal of Personality and Social Psychology* 119, no. 3 (2020): 600.d
12. Liam Stack, "How the 'War on Christmas' Controversy Was Created," *New York Times*, December 19, 2016, https://www.nytimes.com/2016/12/19/us/war-on-christmas-controversy.html.
13. "Thirty Years' War," History, August 21, 2018, https://www.history.com/topics/european-history/thirty-years-war.
14. Marilynn Brewer, "The Psychology of Prejudice: Ingroup Love or Outgroup Hate?," Journal of Social Issues 55 (1999): 429–44.
15. Emilio Depetris-Chauvin, Ruben Durante, and Filipe Campante, "Building Nations through Shared Experiences: Evidence from African Football," *American Economic Review* 110, no. 5 (2020): 1572–1602.
16. Lindsay Zoladz, "Is There Anything We Can All Agree On? Yes: Dolly Parton," *New York Times*, November 21, 2019, https://www.nytimes.com/2019/11/21/arts/music/dolly-parton.html.

第一三章　どう癒すか

1. Antjie Krog, "The Truth and Reconciliation Commission: A National Ritual?," Missionalia: Southern African Journal of Mission Studies 26, no. 1 (1998): 5–16.
2. Rosalind Shaw, "Memory Frictions: Localizing the Truth and Reconciliation Commission in Sierra Leone," International Journal of Transitional Justice 1, no. 2 (2007): 183–207.
3. Johanna Kirchhoff, Ulrich Wagner, and Micha Strack, "Apologies: Words of Magic? The Role of Verbal Components, Anger Reduction, and Offence Severity," Peace and Conflict: Journal of Peace Psychology 18, no. 2 (2012): 109.
4. Peter Coleman, "Redefining Ripeness: A Social-Psychological Perspective," Peace and Conflict 3, no. 1 (1997): 81–103.

5. Cynthia McPherson Frantz and Courtney Bennigson, "Better Late than Early: The Influence of Timing on Apology Effectiveness," *Journal of Experimental Social Psychology* 41, no. 2 (2005): 201–7.
6. Mark Landler, "Obama and Iranian Leader Miss Each Other, Diplomatically," *New York Times,* September 25, 2013, https://www.nytimes.com/2013/09/25/world/middleeast/obama-and-iranian-leader-miss-each-other-diplomatically.html.
7. Martin Fackler, "For Japan, Small Gesture Holds Great Importance," *New York Times*, October 18, 2014, https://www.nytimes.com/2014/10/19/world/asia/for-japan-and-china-small-gesture-holds-great-importance.html.
8. Margaret Atwood, *The Blind Assassin* (Toronto: McClelland and Stewart, 2000).〔マーガレット・アトウッド『昏き目の暗殺者』上・下　鴻巣友季子訳、ハヤカワ文庫、早川書房、2019〕
9. Evan Andrews, "The History of the Handshake," History, August 9, 2016, https://www.history.com/news/what-is-the-origin-of-the-handshake.
10. Greg Stewart et al., "Exploring the Handshake in Employment Interviews," *Journal of Applied Psychology* 93, no. 5 (2008): 1139.
11. Sabine Koch and Helena Rautner, "Psychology of the Embrace: How Body Rhythms Communicate the Need to Indulge or Separate," *Behavioral Sciences* 7, no. 4 (2017): 80.
12. Kelly Cohen, "Has the Coronavirus Ruined the High-Five?," ESPN, May 22, 2020, https://www.espn.com/mlb/story/_/id/29200202/has-coronavirus-ruined-high-five.
13. Koch and Rautner, "Psychology of the Embrace,"80.
14. Christine Webb, Maya Rossignac-Milon, and E. Tory Higgins, "Stepping Forward Together: Could Walking Facilitate Interpersonal Conflict Resolution?," *American Psychologist* 72, no. 4 (2017): 374.
15. Roberto Weber and Colin Camerer, "Cultural Conflict and Merger Failure: An Experimental Approach," *Management Science* 49, no. 4 (2003): 400–415.
16. Janetta Lun, Selin Kesebir, and Shigehiro Oishi, "On Feeling Understood and Feeling Well: The Role of Interdependence," *Journal of Research in Personality* 42, no. 6 (2008): 1623–28.
17. Dawn Braithwaite, Leslie Baxter, and Anneliese Harper, "The Role of Rituals in the Management of the Dialectical Tension of 'Old' and 'New' in Blended Families," *Communication Studies* 49, no. 2 (1998): 101–20.
18. Ibid.
19. Rikard Larsson and Michael Lubatkin, "Achieving Acculturation in Mergers and Acquisitions: An International Case Survey," *Human Relations* 54, no. 12 (2001): 1573–1607.
20. Brian Gorman, "Ritual and Celebration in the Workplace," *Forbes,* January 14, 2020, https://www.forbes.com/sites/forbescoachescouncil/2020/01/14/ritual-and-celebration-in-the-workplace.

21. Lotten Gustafsson Reinius, "The Ritual Labor of Reconciliation: An Autoethnography of a Return of Human Remains," *Museum Worlds: Advances in Research* 5, no. 1 (2017): 74–87.
22. Andrew Livingstone, Lucía Fernández Rodríguez, and Adrian Rothers, "'They Just Don't Understand Us': The Role of Felt Understanding in Intergroup Relations," *Journal of Personality and Social Psychology* 119, no. 3 (2020): 633.
23. Roger Fisher, William L. Ury, and Bruce Patton, *Getting to Yes: Negotiating Agreement without Giving In* (New York: Penguin, 2011).〔R・フィッシャー、W・ユーリー『ハーバード流交渉術』金山宣夫、浅井和子訳、知的生きかた文庫、三笠書房、1990〕
24. Abby Ellin, "You Married Them Once, but What about Twice?," *New York Times*, March 3, 2016, https://www.nytimes.com/2016/03/06/fashion/weddings/remarriage-divorce.html.

なぜ一流《いちりゅう》ほど験《げん》を担《かつ》ぐのか

2025年4月10日　初版印刷
2025年4月15日　初版発行

＊

著　者　マイケル・ノートン
訳　者　渡会《わたらい》圭子《けいこ》
発行者　早川　浩

＊

印刷所　三松堂株式会社
製本所　三松堂株式会社

＊

発行所　株式会社　早川書房
東京都千代田区神田多町2－2
電話　03-3252-3111
振替　00160-3-47799
https://www.hayakawa-online.co.jp
定価はカバーに表示してあります
ISBN978-4-15-210422-9　C0030
Printed and bound in Japan
乱丁・落丁本は小社制作部宛お送り下さい。
送料小社負担にてお取りかえいたします。